Berthel/Lapp · Kriminalstrategie

Grundlagen

Die Schriftenreihe der „Kriminalistik“

Kriminalstrategie

Konzepte zur Verbrechensbekämpfung

von

Ralph Berthel und Matthias Lapp

2., neu bearbeitete Auflage

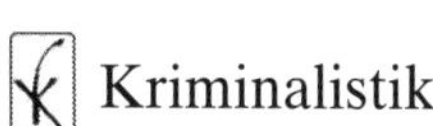

Ralph Berthel, Leitender Kriminaldirektor a. D., studierte Rechtswissenschaften an der Humboldt-Universität zu Berlin. Er ist Dozent im Masterstudiengang Kriminalistik an der Hochschule der Polizei des Landes Brandenburg sowie im Masterstudiengang Kriminologie, Kriminalistik und Polizeiwissenschaft an der Ruhr-Universität Bochum. Ralph Berthel ist Autor bzw. Herausgeber einer Vielzahl von Veröffentlichungen zu kriminalwissenschaftlichen Themen sowie zu den Themenbereichen „Polizei in der digitalen Welt“ und „polizeiliches Bildungswesen“. Darüber hinaus ist er Gründungsmitglied der Deutschen Gesellschaft für Kriminalistik e. V.

Matthias Lapp, Leitender Kriminaldirektor im Hochschuldienst, studierte an der Humboldt-Universität zu Berlin Kriminalistik und absolvierte die Polizei-Führungsakademie in Münster (heute: Deutsche Hochschule der Polizei). Er leitet seit 2019 das Fachgebiet Kriminalistik – Grundlagen der Kriminalstrategie an der Deutschen Hochschule der Polizei in Münster und ist dort als Dozent für Kriminalistik tätig. Er vertritt die DHPol in der AG Kripo. Zu seinen Themengebieten zählen neben der Allgemeinen Kriminalstrategie u. a. die Bekämpfung der Massen- und Straßenkriminalität, die Organisation der Kriminalitätsbekämpfung sowie die Kriminalitätsanalyse. Matthias Lapp ist Mitglied der Deutschen Gesellschaft für Kriminalistik e. V. und war zeitweise im Vorstand aktiv.

Bibliografische Information Der Deutschen Nationalbibliothek

Die Deutsche Nationalbibliothek verzeichnet diese Publikation in der Deutschen Nationalbibliografie; detaillierte bibliografische Daten sind im Internet über <https://portal.dnb.de>abrufbar.

Print: ISBN 978-3-7832-4058-0
ePub: ISBN 978-3-7832-4059-7

E-Mail: kundenservice@cfmueller.de

Telefon: +49 6221/1859 599
Telefax: +49 6221/1859 598

www.cfmueller.de
www.kriminalistik-verlag.de

Satz: preXtension, Grafrath
Druck: Stückle Druck, Ettenheim

Geleitwort

Kriminalstrategie ist eine Teildisziplin der Kriminalistik. Auf den Punkt gebracht, kann darunter ein konkretes Konzept zum gesellschaftlichen oder zumindest institutionellen Umgang mit Kriminalität und den damit verbundenen Handlungen verstanden werden.

Die Erarbeitung und Umsetzung solcher Konzepte erfolgen stets im gesellschaftlichen Kontext. Dabei ist eine Reihe von Spannungsfeldern zu beachten. Zudem wird das kriminalstrategische Handeln von einer Vielzahl von Rahmenbedingungen beeinflusst, etwa soziokultureller, politischer oder wirtschaftlicher Natur.

Die Kriminalstrategie hat insoweit wichtige Scharnierfunktionen, z. B. zur Kriminal-, Sicherheits- oder Justizpolitik. Zugleich ist ihr ein gestaltender Charakter u. a. hinsichtlich der polizeilichen Aufbau- und Ablauforganisation immanent.

Seit dem Erscheinen der ersten Auflage des Handbuches der Kriminalstrategie im Jahr 2017 scheint der Bedarf an der Entwicklung und Umsetzung kriminalstrategischer Konzepte noch einmal größer geworden zu sein.

Der technische Fortschritt, die Klimaveränderungen, der gesellschaftliche Wandel aber auch die jüngsten kriegerischen Auseinandersetzungen werden begleitet von vielfältigen Kriminalitätserscheinungen, auf die sowohl der Staat als auch andere gesellschaftliche Akteure mit unseren demokratischen Werten vereinbare Antworten geben müssen.

Auch in der aktualisierten zweiten Auflage bleibt das Handbuch der Kriminalstrategie daher ein wichtiges Buch. Es schlägt die Brücke von der kriminologischen Erforschung möglicher Ursachen von Kriminalität zu ganz konkreten Handlungen im Umgang mit Kriminalität. Dabei lenkt das Buch den Blick von der einzelnen Straftat hin zum Kriminalitätsphänomen, vom einzelnen Tatort hin zum kriminalgeografischen Raum und von der Bearbeitung des Einzelfalles hin zur Organisation der Kriminalitätsbekämpfung in seinen vielfältigen Facetten.

Das Buch beschreibt konzeptionelle Ansätze für kriminalstrategisches Handeln im Alltag und stellt eine Methode vor, wie unter Beachtung der Rahmenbedingungen und Spannungsfelder, der Erwartungen von Öffentlichkeit und Politik, der gesetzlichen Vorgaben und des taktisch Möglichen angelegte Kriminalstrategien erfolgversprechend entwickelt und umgesetzt werden können. Insofern besitzt es eine hohe Praxisrelevanz.

Das Handbuch führt Erkenntnisse zum kriminalstrategischen Denken, wie sie insbesondere im Bundeskriminalamt, den Landeskriminalämtern, an der Deutschen Hochschule der Polizei, aber auch in den Länderdienststellen entwickelt wurden, weiter und systematisiert sie.

Neben dem methodischen Leitfaden bietet das Buch dem Leser eine Vielzahl von Begriffsdefinitionen. Sinnvoll erscheinen zudem die Einordnung der Kriminalstrategie in die Kriminalistik, die Darstellung des Verhältnisses zur Polizeiwissenschaft und zur Kriminalpolitik. Es liefert zudem einen Abriss der Geschichte kriminalstrategischen Denkens und Handelns. Damit leisten die Autoren einen wichtigen Beitrag zum wissenschaftlichen Diskurs in Bezug auf die Weiterentwicklung der Kriminalistik.

Die Autoren sprechen sich für einen ressortunabhängigen Begriff von Kriminalstrategie aus, der nicht auf Sicherheitsbehörden beschränkt ist. Daher können sich von diesem Handbuch nicht nur Führungskräfte von Sicherheitsbehörden angesprochen fühlen, sondern auch all jene, die außerhalb von Sicherheitsbehörden mit Kriminalitätsphänomenen befasst sind und strategische Entscheidungen treffen müssen.

Prof. Dr. Hans-Jürgen Lange, Präsident der Deutschen Hochschule der Polizei

Geleitwort zur 1. Auflage

Kriminalstrategisches Handeln vollzieht sich im Rahmen einer Vielzahl von Spannungsfeldern. Dabei sind jene zwischen Sicherheit und Freiheit sowie Aufgabenerfüllung und Ressourcen wohl die augenfälligsten. Strategisches Agieren ist dabei beeinflusst von einer Vielzahl von Rahmenbedingungen, etwa soziokultureller, politischer oder wirtschaftlicher Natur. Diese haben mehr oder weniger Einfluss auf strategische Handlungsspielräume. Gleichzeitig befinden sich diese auch in einer ständigen Wechselwirkung mit strategischem Handeln. Kriminalstrategisches Agieren hat insoweit wichtige Scharnierfunktionen, etwa zur Kriminal-, Sicherheits- oder Justizpolitik. Zugleich ist ihm ein gestaltender Charakter etwa hinsichtlich aufbau- und ablauforganisatorischer Prozesse immanent.

Die Autoren legen mit diesem Buch zu Rahmenbedingungen, Inhalten und Methoden der Kriminalstrategie ein wichtiges Werk vor. Es beschreibt konzeptionelle kriminalistische Arbeit und vermittelt strukturiert Anhalte für kriminalstrategisches Handeln im Alltag.

Das Buch stellt eine Methode vor, wie unter Beachtung der Rahmenbedingungen und Spannungsfelder, der Erwartungen von Öffentlichkeit und Politik, der gesetzlichen Vorgaben und des taktisch Möglichen, Kriminalstrategien erfolgversprechend entwickelt werden können.

Von besonderer Bedeutung sind die Praxisrelevanz der vorgestellten Methode und in diesem Kontext die Bezugnahme auf erfolgreiche kriminalstrategische Modelle.

Die Darstellung baut auf den Erkenntnissen zum kriminalstrategischen Denken, wie es insbesondere im Bundeskriminalamt, den Landeskriminalämtern, an der Deutschen Hochschule der Polizei, aber auch in den Länderdienststellen entwickelt wurde auf und systematisiert diese.

Neben dem methodischen Leitfaden bietet das Buch dem Leser eine Vielzahl von Begriffsdefinitionen. Sinnvoll erscheinen zudem die Einordnung der Kriminalstrategie in die Kriminalistik, die Darstellung des Verhältnisses zur Polizeiwissenschaft und zur Kriminalpolitik sowie ein Abriss der Geschichte kriminalstrategischen Denkens und Handelns. Damit leisten die Autoren einen wichtigen Beitrag zur Weiterentwicklung der Kriminalistik als Wissenschaftsdisziplin.

Die Bedeutung dieses Buches liegt auch in der Hinwendung zu einem ressortunabhängigen Begriff von Kriminalstrategie. So sollen sich nicht nur polizeiliche Führungskräfte angesprochen fühlen, sondern auch all jene, die außerhalb des polizeilichen Bereichs kriminalistisch handeln und strategische Entscheidungen zu treffen haben.

Jörg Ziercke, Präsident Bundeskriminalamt a. D., Ehrenvorsitzender Weisser Ring e. V.

Vorwort

Seit dem Erscheinen der ersten Auflage von „Kriminalstrategie" im Jahr 2017 haben sich nicht nur die gesellschaftlichen Rahmenbedingungen, unter denen sich strategisches Handeln der Akteure der inneren Sicherheit vollzieht, teilweise dramatisch geändert. Mittlerweile existiert auch eine Vielzahl von oft bemerkenswerten Beispielen für konzeptionelle Arbeit ganz unterschiedler Akteure bei der Vorbeugung und Bekämpfung von Kriminalität auf verschiedenen Ebenen und zu sehr unterschiedlichen Themen. Die Palette der praktischen Anwendungsfälle von Kriminalstrategie in Deutschland hat sich also deutlich erweitert.

Die Autoren haben diese Entwicklungen in dieser Auflage aufgegriffen und das Buch gerade mit Blick auf praktische Beispiele vollständig überarbeitet und teilweise deutlich erweitert.

Die zweite Auflage stellt unter Bezugnahme auf sicherheitsrelevante Megatrends einerseits die Herausforderungen an die Akteure der inneren Sicherheit dar. Andererseits werden Erfordernisse und Möglichkeiten der Konzeptionierung von Vorbeugung und Bekämpfung von Straftaten vermittelt.

Bewährtes wurde gleichwohl beibehalten. So erwartet den Leser

- eine strukturierte Übersicht über Inhalte, Mittel und Methoden der Kriminalstrategie als Teil der Kriminalistik
- Beispiele nationaler und teils internationaler Modelle und Konzepte, die die Vorbeugung und Bekämpfung von Kriminalität zum Gegenstand haben und
- ein praxistauglicher Instrumentenkasten zur Entwicklung von Kriminalstrategien.

Besonderes Augenmerk widmen wir deren Wirkungen und ihrer Nachhaltigkeit.

Das Buch wendet sich nach wie vor an alle, die sich mit konzeptioneller Arbeit im Zusammenhang mit dem Erkennen, Aufdecken, Aufklären und Bekämpfen von kriminellem Handeln befassen. Daher soll es neben den staatlichen Sicherheitsakteuren auch jene aus dem

Bereich der privaten Sicherheit sowie der Bildungslandschaft ansprechen.

Nicht zuletzt wird es auch für die Lehre in Bachelor- und Masterstudiengängen mit Bezug zur inneren Sicherheit empfohlen.

Ein ausdrücklicher Dank gilt dem C. F. Müller Verlag für die professionelle und geduldige Begleitung unseres Vorhabens.

Ralph Berthel, Matthias Lapp

Frankenberg, Münster
im Februar 2024

Inhaltsverzeichnis

I. Die praktische Bedeutung von Kriminalstrategie – Eine thematische Einführung

Seit dem Erscheinen der ersten Auflage von „Kriminalstrategie“ im Jahre 2017 haben sich nicht nur Kriminalitätserscheinungsformen, etwa durch die eine Vielzahl von Deliktsbereichen durchdringende Digitalisierung oder durch neue Formen der staatenübergreifenden bzw. globalen Tatbegehung, verändert. Durch das Netz ermöglichte Anonymität bzw. Verflüchtigung der Orte der Tatbegehung stellen ebenso teilweise völlig neue Herausforderungen für die Sicherheitsakteure dar, wie die Anforderungen an die Sicherheitskommunikation.

Zudem fand die Kriminalstrategie nicht nur in der Theorie Eingang in die Kriminalistik. Eine Vielzahl von strategischen Konzepten, sowohl auf internationaler, nationaler, aber auch auf regionaler Ebene waren einerseits Folge dieser Entwicklungen. Andererseits trugen sie auch zur Weiterentwicklung der strategischen Komponenten der Kriminalistik bei.

Diese zweite Auflage will diesen Entwicklungen gerecht werden und sie für den Leser abbilden.

1. Zur Notwendigkeit, bei der Verbrechensbekämpfung strategisch zu handeln

Ob das Konzept der Kriminalpolizeiinspektion (KPI) Aschaffenburg zu sog. Altfallermittlungen (Cold Case-Ermittlungen) aus dem Jahr 2020[1] oder die Strategie zur Bekämpfung der Schweren und Organisierten Kriminalität des Bundesministeriums des Innern und für Heimat aus 2022[2], Begriffe wie „Strategie“ und „Konzept“ oder „Kon-

1 *Albrecht* (2023) 265 – 267.
2 BMI (2022).

zeption“ sind prägend für die öffentliche Wahrnahme von Kriminalitäts- bzw. Verbrechensbekämpfung geworden.[3]

Wenn es um Bekämpfung und Vorbeugung von Kriminalität geht, sind in Deutschland Schlagzeilen, Projekte, Konzepte wie diese mittlerweile Bestandteil des gesellschaftlichen Diskurses.

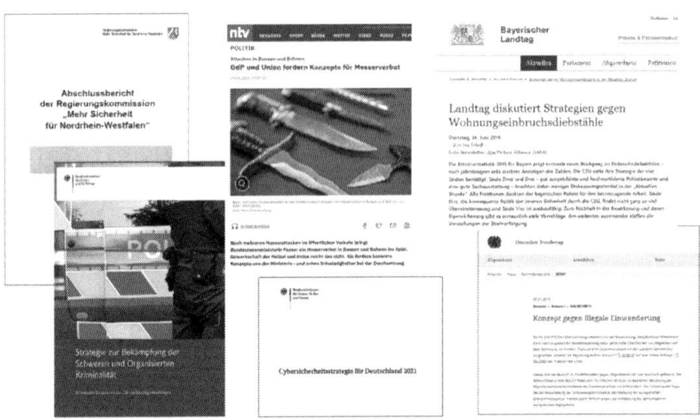

Abb. 1: Beispiele für kriminalstrategische Dokumente bzw. für die Berichterstattung darüber.

Mit Blick auf die aktuellen nationalen und internationalen gesellschaftlichen Entwicklungen, die zunehmende Komplexität, Überörtlichkeit, Überregionalität und Internationalität des Handelns von Straftätern gewinnt fundiertes, konzeptionelles Handeln der Akteure der inneren Sicherheit auf allen Ebenen zunehmend an Bedeutung für ein funktionierendes Gemeinwesen.

Während sich Kapitel III dieses Buches der Rolle der Kriminalstrategie als Bestandteil der Kriminalistik widmen wird, sollen hier zunächst praktische Erfordernisse für die Entwicklung von strategischen Konzepten bei der Bekämpfung von Kriminalität dargestellt werden. Dabei erscheint allerdings auch ein kritischer Blick auf die Positionierung der Kriminalistik angebracht.

3 Die Begriffe Kriminalitäts- bzw. Verbrechensbekämpfung werden in diesem Buch synonym verwendet.

2. Kriminalistik ist mehr als die Untersuchung der einzelnen Straftat!

Das über lange Zeit in der deutschen Kriminalistik vorherrschende Selbstbild orientierte sich an einer Straftatenuntersuchungskunde. In Standardwerken, die insbesondere an polizeilichen Bildungseinrichtungen zur Pflichtliteratur gehörten und gehören und mit denen mittlerweile Generationen von „Verbrechensbekämpfern“ in die Praxis entlassen werden, findet die Kriminalstrategie entweder keine Erwähnung oder sie findet gerade mal am Rande Erwähnung.

Noch heute haben selbst einige renommierte Autoren Vorbehalte hinsichtlich der Rolle der Kriminalstrategie in der Kriminalistik.[4] Oder sie billigen der Kriminalstrategie bestenfalls einen empfehlenden Charakter zu.[5] Das muss schon deshalb nicht verwundern, weil, wie bereits erwähnt, in der Selbstwahrnehmung die gesellschaftliche Rolle der Kriminalistik weitgehend auf die Straftatenuntersuchung und die Ermittlungsarbeit bezogen auf das Einzeldelikt, bestenfalls Serien, reduziert wird. „Der rote Faden“, ein bekanntes Standardwerk der deutschsprachigen Kriminalistik, widmet der Kriminalstrategie gerade einmal sieben (!) Zeilen.[6] „Kriminalistisches Denken“, ein anderer Klassiker, stellt die These auf, dass einen guten Kriminalist Eigenschaften wie „Fantasie“, „Ausdauer“ und „Geduld“ sowie Menschlichkeit auszeichneten.[7] Die Fähigkeit zum konzeptionellen, also (kriminal-)strategischen Denken und Handeln ist nach Auffassung der Autoren hingegen keine der Eigenschaften eines „guten Kriminalisten“. Aber zumindest findet sich in der aktuellen Auflage dieses Werkes ein Hinweis, dass man prognostisches und strategisches Denken und Agieren als Elemente kriminalistischen Denkens erwägen sollte.[8]

4 *Ackermann/Clages/Roll* (2022) 44 f.

5 „Kriminalistik … gibt kriminalstrategische Empfehlungen zur Kriminalitätskontrolle und Bekämpfung von Straftaten.“, *Ackermann/Clages/Roll* (2022) 20.

6 *Clages/Ackermann/Gundlach* (2023) 7. Zudem findet sich noch auf Seite 17 eine in zwei Sätze gefasste Erwähnung von kriminalstrategischen Kriminalitätsanalysen.

7 *Walder/Hansjakob/Gundlach/Straub* (2020) 6 ff.

8 Ebd. 5.

Es sei vor diesem Hintergrund nochmals auf einen bereits 2007 vorgelegten Vorschlag zur Neudefinition von Kriminalistischem Denken verwiesen. Ausführlich dazu unter IX.2.3.2 Kriminalistisches Denken.

Vehement muss der Behauptung widersprochen werden, die Kriminalistik könne *„nicht die Verantwortung für strategische Entscheidungen zur Beeinflussung des Kriminalitätsgeschehens in einer Gesellschaft übernehmen."*[9] Einerseits geschieht diese Beeinflussung in der Praxis durch kriminalstrategische Konzeptarbeit, etwa bei Konzepten zur Bekämpfung bestimmter Kriminalitätsformen, die nicht etwa im politischen Raum, sondern vielmehr in Organisationseinheiten, die mit der Straftatenbekämpfung betraut sind, entstehen und auch umgesetzt werden.[10] Zu den kriminalstrategischen Konzepten gehören selbstverständlich auch solche, die sich Fragen der Organisation der Aus- und Fortbildung zu kriminalistischen Themen zuwenden. Und fraglos handelt es sich doch andererseits um Kriminalistik, wenn etwa im Rahmen der kriminalpolizeilichen Gremien strategische Entscheidungen getroffen, Konzepte entwickelt[11] und wenn nationale und internationale Kooperationsmaßnahmen zur Aufdeckung und Bekämpfung von spezifischen Kriminalitätserscheinungen geplant und durchgeführt werden.

Neben der oben mit Beispielen belegten Konzeptarbeit zur Aufdeckung und Bekämpfung von Kriminalität, erscheint ein Monitoring gesellschaftlicher Prozesse im Sinne einer Früherkennung kriminogener, mithin kriminalistisch relevanter Entwicklungen integraler Bestandteil von Kriminalstrategie. Zugleich erlaubt ein erweitertes Monitoring das Nutzbarmachen von Erkenntnissen anderer Akteure, die selbst Erfahrungen mit konzeptioneller Arbeit gesammelt haben.

9 *Ackermann/Clages/Roll* (2022) 44.

10 Vgl. etwa Konzepte zur Bekämpfung von Erscheinungsformen der OK: *Laudan, S.* (2021) 43 – 59. Zur Bekämpfung des grenzüberschreitenden Ladungsdiebstahls (*Kurrat, M.*, 2021, 7 – 10) oder etwa zur Bekämpfung der Clankriminalität (*Dienstbühl, D.*, 2020, 210 – 216).

11 Ein klassisch zu nennendes Beispiel ist etwa der sog. Schwerpunktsetzungsprozess, in dem seit 2015 im Rahmen der Arbeit der Kommission Organisierte Kriminalität der AG Kripo aktuelle Entwicklungen im Bereich OK durch einen Monitoringprozess betrachtet, durch eine Koordinierungsstelle zur Bekämpfung der Organisierten Kriminalität (KOST-OK) beim BKA bundesweit abgestimmt und koordiniert werden, durch Erhebungsberichte Lagererkenntnisse ausgetauscht sowie durch projektorientierte Arbeit konkrete Bekämpfungsmaßnahmen mit länder- und staatenübergreifendem Charakter eingeleitet und evaluiert werden.

Ausführliche Darstellungen zum Monitoring im Rahmen kriminalstrategischer Arbeit finden sich in Kapitel VIII.9 (Monitoring und Forschung als Bestandteile von Kriminalstrategie).

If you don't have a strategy, you're part of someone else's strategy.
(Alvin Toffler)[12]

3. Akteure der Kriminalstrategie – An wen wendet sich dieses Buch?

Wer ist gefordert, (kriminal-)strategisch zu agieren? An wen richtet sich also dieses Buch?

Kriminalistik als Wissenschaft von der Art und Weise des Erkennens, der Aufdeckung und Aufklärung von Straftaten sowie der Täterermittlung und -überführung wird einerseits durch die staatlichen Akteure der inneren Sicherheit angewandt. Das sind natürlich die Polizeien, Dienststellen der Steuer- und Zollbehörden, die Feldjäger im Bereich der Bundeswehr aber auch in Teilen die Nachrichtendienste sowie gelegentlich Staatsanwälte und Richter.

Ausdrücklich ist Ackermann zuzustimmen, wenn er hervorhebt, dass Kriminalistik nicht nur durch die (Kriminal-)Polizeien angewendet wird.[13] Vielmehr existiert eine Vielzahl nichtpolizeilicher Akteure, namentlich aus dem privaten Sicherheitsgewerbe, Angehörige von Investigation-Abteilungen, Compliance- oder Sicherheitsmanager in Unternehmen, Versicherungen oder Wirtschaftsprüfgesellschaften, die neben den bereits genannten staatlichen Akteuren Kriminalistik anwenden und damit ja auch fortentwickeln.[14] Sie gehören daher auch zu den Adressaten dieses Buches.

12 *„Wenn Sie keine Strategie haben, sind Sie Teil der Strategie eines anderen."* Alvin Toffler (1928 – 2016) war ein US-Futurologe. Mit seinem Werk „Future Shock", 1970, deutsch: „Der Zukunftsschock. Strategien für die Welt von morgen" gilt er als einflussreicher Zukunftsforscher (vgl. *Sonnenberg, J.*, 2019).

13 *Ackermann, R.* (2002) 298 ff.

14 *Schulz, A.* (2023).

Und letztlich sei hervorgehoben, dass die Anwendung von Kriminalstrategie nicht an bestimmte Hierarchiestufen, etwa ministerielle Ebenen, gebunden ist. Die Autoren sind überzeugt, dass konzeptionelle Arbeit zur Vorbeugung und Bekämpfung von Kriminalität sowohl auf lokaler, überörtlicher, Landes- oder Bundesebene und auch auf internationaler Ebene geleistet wird, sowohl im polizeilichen Bereich, als auch durch andere staatliche und nichtstaatliche Akteure.

„Ein Merkmal der Kriminalistik, jedenfalls in der Bundesrepublik Deutschland, ist, dass sie neben einem definierten Gegenstandsbereich, einem eigenständigen Theoriegebäude, einer spezifischen Methodologie und ihrer Verankerung in der Praxis[15] (und zwar in Form von sowohl staatlichen als auch nichtstaatlichen Akteuren) auch über eine spezifische Verankerung in der Bildungslandschaft verfügt. Diese ist durch eine traditionelle Anbindung an polizeiliche Bildungseinrichtungen, regelmäßig an polizeiliche Fachhochschulen mit Bachelor-Studiengängen, charakterisiert.[16] Mittlerweile haben sich erfreulicherweise auch zumindest zwei kriminalistische Masterstudiengänge in der deutschen Wissenschaftslandschaft etablieren können.[17] Dabei handelt es sich einerseits um den seit dem Wintersemester 2005/2006 an der Ruhr-Universität Bochum eingerichteten und seit 2016 um Wahlmodule in den Bereichen Kriminologie oder Kriminalistik erweiterten Masterstudiengang ‚Kriminologie, Kriminalistik und Polizeiwissenschaft'[18]. Der zweite Kriminalistik-Masterstudiengang, in dem im Jahr 2023 Studentinnen und Studenten des dritten Studienjahrganges ihr Studium aufnehmen werden, ist der Masterstudien-

15 Vgl. *Ackermann/Clages/Roll* (2022) 10.

16 Ausführlich zur Verankerung der Kriminalistik in der Hochschullandschaft der Bundesrepublik vgl. *Berthel, R.* (2020 a und b).

17 Der in Kooperation mit der Deutschen Gesellschaft für Kriminalistik entwickelte Masterstudiengang „Kriminalistik" am Institut für Kriminalistik – School of Criminal Investigation & Forensic Science (School CIFoS) an der Steinbeis-Hochschule Berlin wurde mittlerweile eingestellt und wird lediglich noch als 30-tägiger berufsbegleitender Zertifikatslehrgang fortgeführt. https://www.school-cifos.de/studium_weiterbildung/das_kriminalistik?gclid=EAIaIQobChMI-7-Tz__S-gIVz7LVCh05kAnAEAAYASAAEgL_svD_BwE.

18 Ausführlich zu diesem Masterstudiengang vgl.: https://studienangebot.rub.de/de/kriminologie-kriminalistik-und-polizeiwissenschaft/master-1-fach sowie *Berthel, R.*, 2020 (b) 9 f.

gang ‚Kriminalistik' an der Hochschule der Polizei des Landes Brandenburg.[19] Die für die Kriminalistik und ihren Hauptanwender Polizei prägende Wechselwirkung zwischen Theorie und Praxis findet in diesem Studiengang in besonderer Weise ihren Niederschlag."[20] Insofern wird das vorliegende Buch ausdrücklich für Lehre und Fortbildung empfohlen.

4. VUCA-Welt, Megatrend Sicherheit und Kriminalstrategie

4.1 VUCA-Welt

In diesem Kontext findet seit geraumer Zeit der Begriff der VUCA-Welt Verwendung. Dieser Begriff ist ein Akronym. Es stammt aus dem Englischen und steht für Volatility, Uncertainty, Complexity und Ambiguity. Die Begrifflichkeit VUCA entstand Anfang der 1990er Jahre im US Army War College als Reaktion auf den Zusammenbruch der UdSSR. Das tradierte Feindbild schien obsolet geworden zu sein. Gleichwohl stellte sich die Frage nach aktuellen und zukünftigen Bedrohungen. „Im Jargon des amerikanischen Militärs beschreibt VUCA die Bedingungen des modernen Krieges – Stichwort: asymmetrische Kriegsführung, Selbstmordattentäter, Dschungel- oder Straßenkampf. Die Bedingungen lassen sich nicht mehr mit den klaren Frontlinien vergangener Schlachten vergleichen, in denen zwei große Heere aufeinandertrafen."[21] Inhaltlich steht VUCA für veränderte globale Rahmenbedingungen, die besonders, allerdings nicht ausschließlich mit dem Zeitalter der Digitalisierung einhergehen.

Inhaltlich verbinden die meisten Autoren folgende Merkmale mit der VUCA-Welt:

V= Volatility (Volatilität/Unbeständigkeit): Diese bezieht sich auf die zunehmende Häufigkeit, Geschwindigkeit und das Ausmaß von

19 *Berthel, R.* (2022a) 611 – 616.
20 *Berthel, R.* (2023a) 3 f.
21 *Gläser, W.* (2018).

(meist ungeplanten) Veränderungen. Beispiele dafür sind in starken Preisschwankungen an der Börse sowie schnellen Markteintritten und -verlusten zu sehen.

U = Uncertainty (Unsicherheit/auch Disruption): Diese bedeutet das generell abnehmende Maß an Vorhersagbarkeit von Ereignissen in unserem privaten und beruflichen Leben. Gründe dafür sind die Unkenntnis von Variablen sowie deren kausale Beziehungen zueinander. Beispiele sind Märkte, die scheinbar neu entstehen.

C = Complexity (Komplexität von Variablen): Diese bezieht sich auf die steigende Anzahl von unterschiedlichen Verknüpfungen und Abhängigkeiten, welche viele Themen in unserem Leben undurchschaubar machen. Viele, teilweise unbekannte Variablen mit vielfältigen Wirkungen aufeinander. Eine Aktion hat Wirkungen auf sehr viele Variablen. Dadurch lassen sich einige Projekte bzw. deren Ergebnisse weniger als bekannt berechnen und vorplanen.

A = Ambiguity (Ambiguität/Mehrdeutigkeit): Diese beschreibt die Mehrdeutigkeit der Faktenlage, die falsche Interpretationen und Entscheidungen wahrscheinlicher macht. Informationen sind nicht eindeutig interpretierbar. Die aus der Vielzahl der Rollen, Aufträge und Schnittstellen resultierenden Missverständnisse haben sich erhöht. Interessenkoalitionen werden komplexer und schwerer durchschaubar.

Alle vier Elemente greifen ineinander und sind inhaltlich fließend und bisweilen überlappend zu verstehen.

> „Für die Sicherheitsakteure erscheint die Frage evident, ob bzw. in welchem Maße die mit den VUCA-Inhalten verbundenen Problembereiche auch auf die innere Sicherheit und den Umgang mit den Veränderungen in der Gesellschaft anwendbar sind. Damit verbunden ist die zweite Frage, wie diese Akteure damit proaktiv umgehen sollten bzw. müssten.“[22]

Aus kriminalstrategischer Perspektive ist VUCA von Bedeutung für Akteure der inneren Sicherheit, weil sich aus dem durch diesen Begriff definierten Zustand der Gesellschaft Konflikte, z. T. in gesellschaftsgefährdendem Ausmaß, ergeben können; etwa im Zusammen-

22 *Berthel, R.* (2020c) III.

hang mit Straftaten, die aus politisch und/oder religiös motiviertem Fanatismus rühren und die zu erheblichen Verunsicherungen in der Gesellschaft führen können. Disruptionen, Verunsicherungen und Ambiguitäten bilden zudem einen fatalen Nährboden für das Kippen der fragilen Balance von Freiheit und Sicherheit. Sicherheit in einer offenen Gesellschaft ist darauf angewiesen, dass die Bevölkerung den Sicherheitsakteuren vertraut. Wenn dieses Vertrauen verloren zu gehen droht, weil sich etwa kriminelle Subkulturen in Stadtteilen scheinbar unbehelligt ausbreiten und No-Go-Areas entstehen, wenn staatliche Souveränität scheinbar oder tatsächlich aufgegeben wird, weil der Staat in Größenordnung nicht weiß, welche Personen sich auf seinem Territorium aufhalten oder sich das Internet zum scheinbar rechtsfreien Raum entwickelt, ist dieser direkte Bezug von VUCA und innerer Sicherheit augenfällig.[23]

Dieses Konflikt- bzw. Gefahrenpotenzial zu erkennen, es hinsichtlich der kriminogenen Faktoren zu analysieren und daraus anschlussfähige Maßnahmen der Verbrechensvorbeugung und -bekämpfung sowie kriminalpolitische Empfehlungen abzuleiten, dürften aktuell und zukünftig mit die größten kriminalstrategischen Herausforderungen darstellen.

4.2 Megatrends

Megatrends werden als die großen gesellschaftlichen, wirtschaftlichen und politischen Veränderungen unserer Zeit gekennzeichnet. Sie haben einen prägenden Einfluss auf Tiefenstruktur, Verhaltensweisen, Lebensweisen und Wertesysteme in einer Gesellschaft. Sie bilden und entfalten sich langsam, aber wenn sie wirken, kann von einem globalen rückschlagresistenten Einfluss von mindestens zehn bis zwanzig Jahren ausgegangen werden, auch wenn ihre Wirkungsstärke regional sehr unterschiedlich ausfallen kann.[24]

Zu diesen Trends werden nicht nur die demografische Entwicklung, Trendbereiche wie Mobilität und Logistik, der Klimawandel und die Ökologisierung sowie die fortschreitende Globalisierung gerechnet. Die meisten Autoren fassen darunter auch sicherheitsrelevante Ele-

23 *Permantier, M.* (2020).
24 *Seiter, Ch. & Ochs, S.* (2014) 7.

mente wie „Kampf um Energie“, „Zugang zu Ressourcen“ sowie „zunehmende weltweite Risikodichte“. In letzterer Kategorie finden sich Begriffe, wie

- Zunahme von Naturkatastrophen,
- asymmetrische Konflikte,
- wachsende Störanfälligkeit technischer und sozialer Infrastrukturen,
- zunehmendes Konfliktpotential zwischen armen und reichen Bevölkerungsschichten,
- Wirtschaftskrisen, Währungskrisen und Abschottungstendenzen,
- global organisiertes Verbrechen und Cyberkriminalität,
- transparente Gesellschaft, Überwachung und Kontrolle.

Das Zukunftsinstitut charakterisiert „Sicherheit“ gar als eigenen Megatrend und verknüpft diesen mit Begriffen, wie

- Identitätsmanagement,
- Predictive Analytics,
- Trust Technologie oder
- Cybercrime,
- Big Data,
- die Auflösung der Trennung zwischen innerer und äußerer Sicherheit sowie
- Privacy.

Das Institut führt weiter aus:

„Risiken sind im 21. Jahrhundert komplex und dynamisch geworden. Sicherheit ist keine Selbstverständlichkeit und kein fixer Zustand, der ‚hergestellt‘ werden kann, sondern eine Variable, die ständig neu ausgehandelt und aufgebaut werden muss. Die Frage, was Sicherheit bedeutet und wer sie verantwortet, erhält damit eine neue Dringlichkeit: Unser gesamtes Verständnis von Sicherheit steht auf dem Prüfstand – und erfordert künftig vor allem neue Strategien im Umgang mit Risiken und Unsicherheit.“[25]

Die Akteure im Bereich Sicherheit und namentlich jene, die Verbrechen vorbeugen und bekämpfen sollen, werden in diesem Kontext künftig ohne konzeptionelles Handeln, also ohne, dass sie kriminal-

25 Zukunftsinstitut, Megatrend Sicherheit, (2023).

strategisch exakt und (für die Gesellschaft) nachvollziehbar agieren, ihren Aufgaben nicht mehr gerecht werden können.[26]

Auch vor diesem Hintergrund will das vorliegende Buch als Handreichung verstanden werden.

5. Krisen und Strategie

Menschliches Verhalten unterliegt viel mehr Determinanten als es zunächst vermuten lässt. Aus der Spieltheorie lässt sich ableiten, dass es sich lohnt mit anderen Menschen zu kooperieren und sich regelkonform zu verhalten. Dies gilt jedoch nur, wenn die Lage stabil ist und man z.B. nicht ausschließen kann, dem Gegenüber ein zweites Mal im Leben zu begegnen.[27] In krisenhaften Situationen, insbesondere in solchen, die Bedrohungen für Leib und Leben beinhalten, sinkt a priori betrachtet die Bereitschaft zu Konformität bzw. reziprokem Altruismus und steigt die Wahrscheinlichkeit von Devianz.[28]

Dabei sind Krisen tatsächlich oder gefühlt allgegenwärtige gesellschaftliche Erscheinungen. Finanzkrise, Flüchtlingskrise, humanitäre oder ökologische Krise, CORONA-Krise, Flutkrise, Ukraine-Krise – Begriffe, mit denen Menschen nahezu tagtäglich konfrontiert werden.

Neben dem Merkmal der der Allgegenwärtigkeit scheint der Krisenbegriff inflationär Verwendung zu finden, jedenfalls im öffentlichen und oft auch im wissenschaftlichen Diskurs. Zweifellos verstärkt sich allein dadurch das Gefühl, die Gesellschaft sei aus den Fugen geraten. Menschen empfinden, in einem dauerhaften Alarmzustand zu leben. Das Zukunftsinstitut kennzeichnet diesen Zustand wie folgt: *„Unsere Gesellschaft befindet sich im Daueralarm. Eine Krise jagt die nächste und auch die Corona-Pandemie hat unmissverständlich klargemacht, dass unser Leben auf diesem Planeten im Kern unsicher und fragil ist. Sicherheit wird dadurch mehr denn je zum obersten Gebot für Indivi-*

26 *Berthel, R.* (2017).
27 *Bosen, R.* (2022).
28 *Röhl, A. & Zerbin, D.* (2020) 9.

duen wie für die gesamte Gesellschaft – und zu einem wichtigen Verkaufsargument. Immer mehr rückt die Frage ins Zentrum, wer Sicherheit überhaupt erzeugen kann und sollte. Und: wie wir konstruktiv mit Unsicherheit umgehen können."[29] Das Stockholm International Peace Research Institute (SIPRI) geht gar von einem neuen Krisen-Zeitalter aus und charakterisiert dieses als Mischung aus Umwelt- und Sicherheitskrisen. Das berge, so das Institut, die Gefahr einer besonderen Komplexität der Risiken.[30] Dabei stellen krisenhafte Geschehen nichts Abstraktes dar. Sie sind entweder an menschliches Handeln gebunden oder manifestieren sich in diesem. Eine gute Kriminalstrategie beobachtet solche Entwicklungen und leitet Handlungserfordernisse im gesellschaftlichen Kontext ebenso wie hinsichtlich der erforderlichen Präventions- als auch Repressionsaktivitäten im Einzelnen ab.

Um in diesem komplexen Kontext deviantes und deliktisches menschliches Verhalten auch in Krisenzeiten einschätzen, ggf. auch prognostizieren und letztlich auch das Handeln als Sicherheitsakteur sachgerecht ausrichten zu können, erscheint das Wissen um die maßgeblichen Erkenntnisgrundlagen hinsichtlich menschlicher Verhaltensmuster sinnvoll. Hier geht es ganz im Sinne des interdisziplinären Ansatzes der Kriminalistik z. B. um das Erschließen psychologischer und kommunikationswissenschaftlicher Erkenntnisse für strategisches Handeln.[31]

6. Gesetzliche Aufträge und Kriminalstrategie

Krisen sind Ausdruck gesellschaftlicher Konflikte; sie stellen Hergebrachtes, eingeübte Verhaltensweisen, bisweilen Systeme in Frage. Krisen können einerseits Beteiligte in existenzielle Auseinandersetzungen bringen. Andererseits können existenzielle Probleme von Menschengruppen zu Krisen führen. Krisen sind aber auch offenbar notwendiger Impuls für gesellschaftliche wie organisationale Lernprozesse und Entwicklungen. Aus polizeilicher Sicht ist Krisenma-

29 Zukunftsinstitut, Megatrend Sicherheit (2023).
30 *Bosen* a.a.O.
31 Ausführlich zum Verhältnis von Krisen und Kriminalität und den sich daraus ergebenden Herausforderungen der Kriminalistik: *Berthel, R.* (2023d).

nagement Alltagsgeschäft. Gesellschaftliche Krisen können dabei als Auslöser und Verstärker für Disorder, Incivility und Kriminalität fungieren, auf die reagiert werden muss. Dabei steht die Polizei vor großen Herausforderungen. Indem die Polizei als Institution und maßgeblicher Anwender von Strafrecht und Kriminalwissenschaften wesentliche Beiträge zum Rechtsfrieden, zur Aufrechterhaltung staatlicher Souveränität und ganz allgemein zur inneren Sicherheit leistet, ist ihr die Eigenschaft eines „Gesellschaftsstabilisierers" und damit Bewahrers immanent. Sie befindet sich somit a priori in einer konservativ-bewahrenden Rolle. Gleichzeitig erscheint es zwingend, Krisen auch für das soziale System Polizei als notwendigen Impulsgeber für Lernprozesse und die (Weiter)Entwicklung von strategischen, rechtlichen, strukturellen und personellen Potenzialen und Methoden zu betrachten. Daraus entsteht allerdings auch ein Spannungsfeld, das maßgeblich in den Widersprüchen zwischen (gesetzlichen) Aufträgen, gesellschaftlicher Verantwortung für innere Sicherheit einerseits und eben diesem Öffnen für Veränderungspotenziale und erforderliche innovative Elemente andererseits besteht.

Die lageangepasste Formulierung von Zielen und die Zuordnung geeigneter Maßnahmen zur Umsetzung der gesetzlichen Aufträge (sofern es sich um staatliche Akteure handelt) der Gefahrenabwehr und Strafverfolgung ist ohne eine strukturierte und nach innen wie nach außen vermittelbare Konzeption kaum noch sachgerecht umsetzbar.

7. Meinungsbildung, Deutungshoheit und Strategie

Auf der Herbsttagung des Bundeskriminalamtes im November 2022 hob BKA-Präsident Holger Münch u. a. hervor, dass Lagebilder, die im BKA erstellt werden, künftig inhaltlich neu ausgerichtet werden müssten, um klare(re) Botschaften an die Politik formulieren zu können.

Diese Aufgabe war und ist nicht neu, stellt aber eine besondere Herausforderung dar, verdeutlicht sie doch, dass die Adressierung kriminalstatistischer Dokumente folgende Dimensionen aufweisen muss:

- kriminaltaktische (z. B. Gestaltung der Ermittlungstätigkeit, etwa bezogen auf Nutzung von kriminalistischen Mitteln und Methoden)
- kriminalstrategische (z. B. Definieren strategischer Schwerpunktsetzungen etwa im personellen und/oder organisatorischen Bereich)
- kriminalpolitische (z. B. bezogen auf Vorschläge für innen-/kriminalpolitische Grundsatzentscheidungen)

Vor dem Hintergrund der weiter zunehmenden Bedeutung digitaler Interaktionsmuster erlangt neben der taktischen Nutzung dieser etwa zu Fahndungsarbeit mittels sozialer Medien[32] auch die Vermittlung kriminalstrategischer Schwerpunktsetzungen und deren Relevanz für die Öffentlichkeit zudem mehr und mehr Bedeutung. Social Media – Komponenten sollten daher neben der Nutzung analoger Kommunikationsmöglichkeiten zwingender Bestandteil konzeptionellen Arbeitens bei der Verbrechensbekämpfung bzw. -vorbeugung sein.

32 Vgl. etwa, *Melz, J.* (2021).

II. Kriminalistische Probleme

> *„Lass dir von keinem Fachmann imponieren, der dir erzählt: ‚Lieber Freund, das mache ich schon seit zwanzig Jahren so!‘*
> *Man kann eine Sache auch zwanzig Jahre lang falsch machen.“*
> *(Kurt Tucholsky)*

Hier sollen zunächst einige kriminalistisch relevante Probleme aufgeführt werden, um in der Folge die Bedeutung kriminalstrategischer Problemlösungen abzuleiten. Dabei werden die Leser diese Aufzählung garantiert beliebig ergänzen können:

- Aufklärung einer unbekannten Straftat
- Vernehmung eines nicht geständigen Tatverdächtigen
- Ermittlung des Aufenthaltsortes eines flüchtigen Täters
- Ermittlung der Gefährdung durch eine Erpressung/Drohung
- Feststellen des Verbringungsortes einer entführten Person
- Feststellen von Tatzusammenhängen
- Ermittlung von Firmenverbindungen
- Ermittlung von Täter-Opfer-Bezügen

Aus kriminalstrategischer Sicht muss diese Aufzählung etwa durch folgende Probleme erweitert werden:

- Entwicklung einer Konzeption zur Bekämpfung eines bestimmten Kriminalitätsphänomens
- Ermittlung der Ursachen für bestimmte Kriminalitätserscheinungen oder
- Erstellen eines Aus- und Fortbildungskonzeptes bei der Umsetzung neuer rechtlicher Regelungen bei der Verbrechensbekämpfung

Was ist nun ein Problem und wieso betonen wir diesen Begriff im kriminalstrategischen Kontext?

Problema (lat.), próblçma (griech.) bedeutet zunächst das Vorgelegte; die gestellte (wissenschaftliche) Aufgabe, Streitfrage, Der Duden nennt in diesem Zusammenhang die Begriffe „Angelegenheit“, „Aufgabe“, „Fall“, „Frage“, „Sache“, „Thema“ usw. Regelmäßig wird mit dem Begriff „Problem“ eine Aufgabe oder Streitfrage assoziiert, deren Lösung mit Schwierigkeiten verbunden ist. Im kriminalstrategischen Kontext soll damit am ehesten eine Diskrepanz zwischen Soll- und Istzustand eine sog. Soll-Ist-Abweichung beschrieben werden. Anders ausgedrückt handelt es sich um gesellschaftlich nicht akzeptable, meist rechtswidrige Zustände, die durch menschliches Handeln (Tun/Unterlassen) verursacht wurden/werden.

Eine kurze, gleichwohl aus unserer Sicht wichtige Betrachtung des Problembegriffs ergibt sich insbesondere deshalb, weil die meisten kriminalistischen Publikationen Probleme nahezu ausschließlich auf die Fallbearbeitung beziehen. So sind in der „Kriminalistischen Kompetenz" folgende Kennzeichen kriminalistischer Probleme aufgeführt[1]:

- **örtliche Komponenten**
  Diese begrenzen meist den Ereignisortbereich (Tatort, Fundort)
- **zeitliche Komponenten**
  Die zeitlichen Komponenten eines Ereignisses beziehen sich insbesondere auf den Ereigniseintritt (Tatzeit) und auf die Reihenfolge der Handlungen einzelner Tatabschnitte.
- **modale Komponenten**
  Die modalen Komponenten beschreiben die Art und Weise des Verlaufs des Ereignisses, insbesondere die Aspekte der Begehungsweise.
- **personale Komponenten**
  Jedes kriminalistisch relevante Ereignis wird durch die Personen (Zeugen, Beschuldigte, Opfer, Geschädigte), die am Ereignis beteiligt sind, bestimmt.
- **motivale Komponenten**
  Diese beschreiben die Ursachen, den Antrieb und die Auslösesituation des Ereignisses.

Es finden sich also ausschließlich Kennzeichen, die auf einzelne Fälle bezogen sind. Mithin ist lediglich die Mikroebene dessen, was als Kriminalität zu bezeichnen ist, abgebildet. Kriminalität auf der Makroebene, als „Verbrechen" im gesellschaftlichen Kontext, wird ausgespart. Wie noch in Kapitel III darzustellen sein wird, verstehen die Autoren Kriminalistik allerdings als die *Wissenschaft von der Strate-*

1 Kriminalistische Kompetenz, Kapitel 2.2.2.

gie und Methodik der Aufdeckung und Aufklärung, der Täterermittlung und -überführung, vom taktischen und technischen Vorgehen bei der Kriminalitätsbekämpfung.

In diesem Kontext umfasst sie das Wissen um die Methoden und Mittel der Prävention, Aufdeckung und Aufklärung von Straftaten; bezieht sich also sowohl auf die Makro- als auch die Mikroebene (Vgl. III.2.1).

Im Rahmen von Kapitel IX.2.3 (Analyse der Ausgangslage) wird ausführlich auf die Bedeutung des Kriminalistischen Denkens für die Problemlösung eingegangen werden. Hier sei allerdings schon einmal hervorgehoben, dass die Ziele des kriminalistischen Denkens sowohl

- in der Wahrheitsfindung im konkret zu untersuchenden Einzelfall (Mikroebene)

als auch

- in der Problemlösung hinsichtlich der Bekämpfung von Kriminalitätserscheinungen auf der Makroebene, bestehen.[2]

Für die weiteren Darstellungen der Bedeutung, der Inhalte und der Methodik von Kriminalstrategie erscheint es also hervorhebenswert, dass sie für das Erkennen und Bewältigen kriminalistischer Probleme insbesondere auf der Makroebene von Bedeutung ist.

2 *Berthel, R.* (2007) 736.

III. Kriminalstrategie als Teildisziplin der Kriminalistik (Begriffsbestimmungen)

1. Grundsätzliches

Den Ausführungen zur Kriminalstrategie und zur Entwicklung kriminalstrategischer Konzepte werden wesentliche Begriffsbestimmungen vorangestellt. Dabei ist es nicht das Ziel, die Vielfalt der existierenden Definitionen abzubilden. Vielmehr sollen die für das Verständnis der nachfolgenden Darstellungen erforderlichen Begriffe kurz erläutert werden.

Für die Verfasser sind Kriminalistik und Kriminologie eigenständige Wissenschaftsdisziplinen, die sowohl im akademischen Bereich wie auch in der Praxis der Verbrechensbekämpfung und -verhütung eine Vielzahl von Wechselwirkungen und Bezugnahmen auf einander aufweisen.[1] Auch wird das Verhältnis von Kriminalistik und Polizeiwissenschaft dargestellt werden.

Betont sei nochmals die Überzeugung der Autoren, dass Kriminalistik nicht auf die Anwendung durch Strafverfolgungsbehörden oder gar nur die Polizei begrenzt ist. Vielmehr wird Kriminalistik z. B. auch durch private oder auch andere staatliche Akteure angewandt und zumindest hinsichtlich ihrer praktischen Ausgestaltung weiterentwickelt. Mit der Eröffnung des Studienganges Master of Arts Criminal Investigation (Kriminalistik) an der School CIFoS, der School of Criminal Investigation & Forensic Science der Steinbeis Hochschule Berlin, hatte die Kriminalistik im privaten Bereich sogar eine Verankerung in der Hochschullandschaft erfahren.[2] Nicht allein wegen dieser

1 Während der Kriminologie allein aufgrund ihrer universitären Verankerung in Deutschland der Charakter einer Wissenschaft regelmäßig zugesprochen wird, wird das bei der Kriminalistik gelegentlich verneint. Ausführlich zum Wissenschaftscharakter der Kriminalistik vgl. insbesondere *Ackermann, R.* u. a. (2011) 7 ff.

2 Dieser in Kooperation mit der Deutschen Gesellschaft für Kriminalistik entwickelte Masterstudiengang „Kriminalistik“ wurde mittlerweile eingestellt und wird lediglich noch als 30-tägiger berufsbegleitender Zertifikatslehrgang fortgeführt. (https://www.school-grc.de/studium_weiterbildung/das_kriminalistik), Abruf: 24.10.2023.

breiten Anwenderpalette ist die Anwendung der Kriminalistik keineswegs auf das Strafverfahren beschränkt. Auch wenn in der Folge meist von polizeilichen Aufgabenfeldern die Rede sein und regelmäßig auf polizeiliches Handeln Bezug genommen werden wird, sind die Ausführungen gleichermaßen auf alle anderen Akteure, die Kriminalistik in ihrer strategischen Ausprägung anwenden, zu beziehen.

In diesem Buch werden die Begriffe Strategie und Konzeption regelmäßig synonym verwendet. Weder für den Begriff Strategie noch für Konzept als Begriff existieren allgemein anerkannte, fächerübergreifende Definitionen.

Der Duden beschreibt **Strategie** etwa als: *„genauen Plan des eigenen Vorgehens, der dazu dient, ein militärisches, politisches, psychologisches, wirtschaftliches o. ä. Ziel zu erreichen, und in dem man diejenigen Faktoren, die in die eigene Aktion hineinspielen könnten, von vornherein einzukalkulieren versucht.“*[3] Auch andere Definitionsversuche nehmen auf das Planen von Vorhaben Bezug.[4]

Es geht also um einen Plan, mit dessen Hilfe man Ziele erarbeiten und verfolgen kann.

Funktionen eines Konzeptes werden u. a. wie folgt definiert:[5]

- eine Richtung angeben
- Grundfragen klären
- eine Orientierungshilfe bieten
- ein bewusstes Arbeiten garantieren
- gemeinsame Vorstellungen über die Arbeit und Zusammenarbeit vermitteln

Das alles ist letztlich nichts anderes als das Planen des Vorgehens. Daher werden in der Folge beide Begriffe synonym verwendet.

Der Erläuterung von Begriffen wird zunächst die Einordnung der Kriminalistik in das System der Wissenschaften vorangestellt, wie es der Überzeugung der Autoren entspricht.

3 Strategie, die, Duden, URL: https://www.duden.de/rechtschreibung/Strategie, Abruf: 23.10.2023.
4 Vgl. etwa Wiktionary, Strategie, URL: https://de.wiktionary.org/wiki/Strategie, Abruf: 23.10.2023.
5 AD HOC (2015).

2. Die Kriminalwissenschaften im System der Wissenschaften

Die nachfolgende Darstellung verdeutlicht die Einordnung von Kriminologie und Kriminalistik in das System der Wissenschaften und stellt zugleich deren Verhältnis als eigenständige Wissenschaftsdisziplinen untereinander dar. Es wird dabei nicht verkannt, dass es dazu in der wissenschaftlichen Diskussion unterschiedliche Auffassungen gibt. Das hier dargestellte Verhältnis von Kriminologie und Kriminalistik wird insbesondere im englischen Sprachraum anders gesehen. Dort schließt der Begriff Kriminologie auch jene Inhalte ein, die hier der Kriminalistik zugeordnet werden. Auch im deutschen Sprachraum definieren Vertreter der beiden Wissenschaftsdisziplinen die Überschneidungen und Grenzen unterschiedlich. In der deutschsprachigen Literatur wurde lange Zeit die Eigenständigkeit der Kriminalistik als Wissenschaft in Frage gestellt. So ordnete *Mergen* noch 1983 die Kriminalistik unter dem Begriff „Diagnostik" („Diagnostik stellt fest und beschreibt, was ist.") der sog. klinischen (angewandten) Kriminologie zu. All diese Versuche vernachlässigen, dass Kriminalistik fraglos die Anforderungen an eine Wissenschaft erfüllt, nämlich

- dass sie einen Gegenstandsbereich besitzt,
- der mit einer eigenen Theorie beschrieben wird,
- mit eigener Methodik untersucht und
- in Praxis und Lehre verankert ist;

mithin ein geordnetes Wissen über einen Gegenstandsbereich vorweisen kann.[6]

Betrachtet man die in diesem Buch genutzte Definition von Kriminologie werden jedenfalls Schnittmengen mit den Inhalten der meisten Kriminalistik-Definitionen deutlich. So finden etwa die Begriffe „Verbrechenskontrolle" bzw. „Verbrechensverhütung" Verwendung.

Die Autoren bekennen sich zu dem bereits im Jahr 2005 in den Lehr- und Studienbriefen Kriminalistik/Kriminologie vorgestellten System (Abbildung 2).

6 Ausführlich zum Wissenschaftscharakter der Kriminalistik vgl. *Ackermann u.a.* (2022) 11ff.

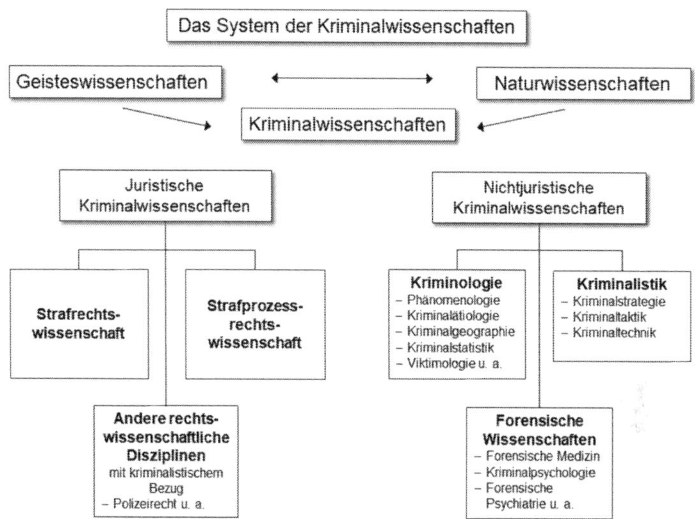

Abb. 2: Kriminalwissenschaften im System der Wissenschaften (© Berthel, R., 2005)[8]

Kriminalistik wie auch Kriminologie zählen zu den Kriminalwissenschaften, jenen Wissenschaften, die sich primär mit dem kriminellen Verhalten von Menschen befassen.[9]

Innerhalb der Kriminalwissenschaften unterscheidet man in juristische und nichtjuristische Kriminalwissenschaften. Unter den juristischen Kriminalwissenschaften werden die Strafrechts- und die Strafprozessrechtswissenschaft, sowie andere rechtswissenschaftliche Teildisziplinen mit kriminalwissenschaftlichem Bezug verstanden.

Die Strafrechtswissenschaft befasst sich mit materiellrechtlichen Voraussetzungen für Strafbarkeit menschlichen Handelns und bestimmt die Rechtsfolgen und Strafandrohungen. Die maßgeblichen Bestimmungen, die Gegenstand dieser Wissenschaftsdisziplin sind, finden

7 *Berthel, R.* u. a. (2005b) 13ff.
8 *Berthel, R.* u. a. (2005b) 13ff.
9 *Groß, H. & Geerds, F.* (1977) 12.

sich im Strafgesetzbuch und einer Vielzahl strafrechtlicher Nebengesetze. Die Strafprozessrechtswissenschaft befasst sich mit den Regularien des Strafverfahrens. In der kriminalistischen Praxis stellen die prozessrechtlichen Erfordernisse – insbesondere manifestiert durch die Bestimmungen der Strafprozessordnung – nicht selten die rechtsstaatlichen Grenzen kriminalistisch erforderlichen bzw. wünschenswerten Handelns dar. Andere rechtswissenschaftliche Disziplinen mit Bezug zu kriminalistischem Handeln sind z. B. das Polizei-, Verwaltungs- oder Ordnungswidrigkeitenrecht. So erlangt etwa im Umweltrecht die sog. Verwaltungsakzessorietät[10], also der Abhängigkeit vom Nachweis der vorangegangenen Verletzung von Verwaltungsrechtspflichten, Bedeutung für die strafrechtliche Verantwortlichkeit und somit auch für die kriminalistische Herangehensweise. Polizeirechtliche Bestimmungen erlangen z. B. bei Einsatz verdeckter Mittel der Datenerhebung für kriminalistisches Handeln Bedeutung. Andere Rechtsgebiete sind z. B. das Strafvollzugs-, das Therapie- und das Medienrecht.

Da Strafverfahren häufig mit einer zivilrechtlichen Auseinandersetzung zwischen dem Täter/der Täterin und den Opfern zur Schadensregulierung verbunden sind, sind in der Praxis nicht selten Überschneidungen mit dem Zivilprozessrecht und dem Bürgerlichen Recht zu konstatieren.

Zu den nichtjuristischen Kriminalwissenschaftsdisziplinen zählen Kriminologie[11] und Kriminalistik sowie die forensischen[12] Wissenschaften. Zu den forensischen Kriminalwissenschaften werden die Gerichts- oder Rechtsmedizin und die forensische Psychiatrie und Psychologie gerechnet.

---

10 Akzessorietät bedeutet Abhängigkeit des Nebenrechts vom Hauptrecht, hier also die Abhängigkeit des Umweltstrafrechts vom Umweltverwaltungsrecht. Ohne Nachweis entsprechender verwaltungsrechtlicher Pflichten ist kein strafrechtlicher Vorwurf begründbar.

11 Auch hierzu existieren unterschiedliche Auffassungen. Insbesondere die Kriminologie wird von einigen Autoren den juristischen Wissenschaften zugeordnet.

12 Eigentlich: mit gerichtlichen Mitteln, der gerichtlichen Aufklärung dienend; Der Begriff rührt aus dem Lateinischen und wird von Forum, dem Marktplatz abgeleitet. In früheren Zeiten wurde das Gerichtsverfahren üblicherweise öffentlich auf (Markt)plätzen durchgeführt.

Kriminalistik ist eine angewandte Wissenschaft. Das bedeutet, dass die Praxisrelevanz maßgeblichen Einfluss auf die Ausbildung und die Entwicklung der Wissenschaften hat. Sie greift auf eine Vielzahl von Geistes- und Naturwissenschaften zurück. So werden sowohl rechtswissenschaftliche, als auch humanmedizinische, biologische, chemische, physikalische, informationstechnische u. a. Erkenntnisse für die Kriminalistik nutzbar gemacht und spezifisch fortentwickelt.

Kriminologie bezieht sich überwiegend auf rechts- und sozialwissenschaftliche Disziplinen und setzt insbesondere Methoden der empirischen Sozialforschung ein.[13]

2.1 Kriminalistik

Etymologisch ist der Begriff „Kriminalistik" ebenso wie Kriminalität oder Kriminologie auf den lateinischen Wortstamm „crimen" (Beschuldigung, Anklage, Verbrechen, Straftat[14]) zurückzuführen.

Für die meisten Autoren steht Kriminalistik für die Anwendung aller technischen, taktischen und strategischen Mittel, die der Verhinderung, Aufdeckung sowie Aufklärung von Straftaten dienen. In Kapitel IV (Zur Geschichte der Kriminalstrategie in Deutschland) wird dargestellt werden, dass Kriminalstrategie sich diesen Platz unter den Elementen der Kriminalistik erst „erarbeiten" musste.

Einige Autoren, wie etwa *de Vries,*[15] gehen von einem Ansatz aus, der Kriminalistik nahezu ausschließlich im Strafverfahren verortet sieht *(De Vries* definiert Kriminalistik als Lehre von der Sachverhaltserforschung im Strafrecht ... [müsste wohl „im Strafprozess" heißen – d. V.].) und damit die Aufklärung bzw. Ermittlung im Einzelfall mit der Zielrichtung der gerichtlichen Hauptverhandlung als alleinige Handlungsfelder der Kriminalistik betrachtet. Alles, was über das Strafverfahren hinaus reicht, würde nach diesem Denkansatz nicht zur Kriminalistik gehören. Kriminalpräventives Agieren, aber auch OK-Strukturermittlungen oder auch das Handeln von Institutionen, die nicht

13 *Berthel, R.* u. a. (2005), 11f.

14 Latein-Deutsch-Woerterbuch.de, URL: https://www.frag-caesar.de/latein-woerterbuch/crimen-uebersetzung.html, Abruf: 21.10.2023.

15 *De Vries, H.* (2010) 27 – 35.

im Rahmen des Strafprozesses Kriminalistik anwenden, etwa Detekteien oder Ermittlungsdienste von Versicherungen oder Wirtschaftsprüfgesellschaften würden von dieser Definition nicht erfasst.

Eine solche Sichtweise erscheint zu kurz gegriffen und lässt auch nur sehr bedingt Raum für die Reflexion gesellschaftlicher Entwicklungen, die gerade in den letzten Jahren durch eine Verlagerung von kriminalistisch relevanten Aufgaben an Private gekennzeichnet ist. Und selbst de Vries muss in einer anderen Veröffentlichung eingestehen, dass „Kriminalistik nicht mit der Strafprozesslehre identisch (sei), denn die Strafprozessordnung regele nicht, wie ein Verbrechen aufgeklärt würde.[16]

Schulte und Neidhardt stellen daher zurecht fest, dass sich Kriminalistik sowohl auf die **einzelne Straftat oder den einzelnen Täter (Mikroebene)** als auch auf die **Kriminalität in der Gesellschaft als Phänomen oder auf Täterkategorien (Makroebene)** beziehen kann.[17]
Dieses Verständnis von Kriminalistik führt konsequent fortgedacht auch dazu, dass die Kriminalstrategie zwingender Bestandteil der Kriminalistik sein muss, denn mit Einzelfallbetrachtungen kann dem gesellschaftlichen Phänomen Kriminalität nicht begegnet werden. Mithin bedarf es eines konzeptionellen, eines strategischen Ansatzes zur Auseinandersetzung mit der gesellschaftlichen Dimension von Kriminalität.

Die Verfasser verstehen Kriminalistik als eine Wissenschaft, die Vorbeugung und Bekämpfung von Kriminalität in einem umfassenden, ganzheitlichen und Institutionen übergreifenden Sinn begreift.

Sie schließen sich daher der **Kriminalistik-Definition** von *Forker* an. Danach wird Kriminalistik als „die Wissenschaft von der Strategie und Methodik der Aufdeckung und Aufklärung, der Tätterermittlung und -überführung, vom taktischen und technischen Vorgehen bei der Kriminalitätsbekämpfung bezeichnet. In diesem Kontext umfasst sie das Wissen um die Methoden und Mittel der Verhütung, Aufdeckung und Aufklärung von Straftaten, einschließlich der Fahndung nach Personen und Sachen sowie der Erlangung gerichtlicher Beweise".[18]

16 *De Vries, H.* (2015) 1.
17 *Schulte, R. & Neidhardt, K.* (1998) 683. Vgl. auch Ausführungen in Kapitel II (Kriminalistische Probleme).
18 *Forker, A.* (2004) 53-54.

Einige Autoren nehmen andere Strukturierungen vor, die hier zumindest exemplarisch abgebildet werden sollen.

Mahnken ergänzt die oben genannten Struktur um die „Dimension" Kriminalprävention und „Auswertung und Analyse" als sog. stabilisierenden Kern (Abb. 3).[19]

Diese Struktur vermag insofern nicht zu überzeugen, weil sich einerseits das kriminalpräventive Element als Bestandteil der Kriminalstrategie findet. Auswertung und Analyse sind sowohl im Element Kriminaltaktik als auch Kriminalstrategie zu verorten, bedürfen mithin keiner erneuten, insbesondere keiner zusätzlichen Darstellung.

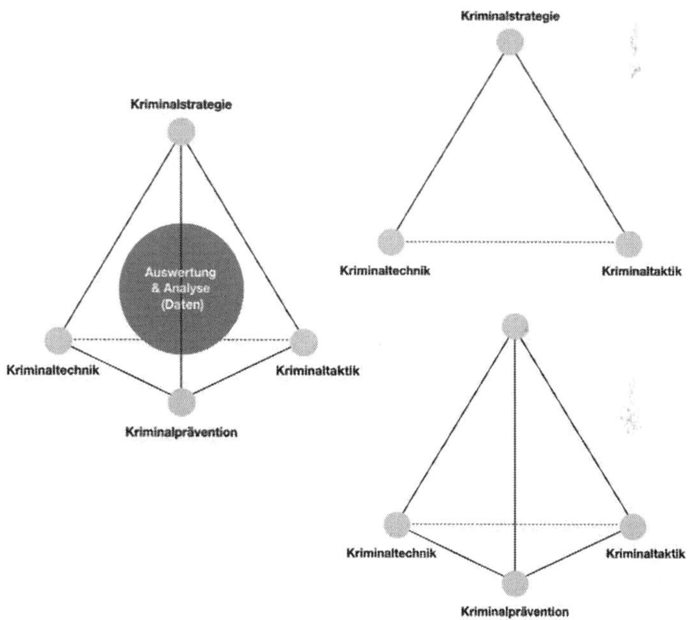

Abb. 3: Mahnken, Aus Kriminalistik 2D wird Kriminalistik 3D.

19 *Mahnken, J.-K.* (2020) 109.

In der von *Ackermann* 2022 vorgestellten „Binnenstruktur“ der Kriminalistik finden sich sieben Elemente mit einer Vielzahl weiterer Untergliederungen. Zu den darin enthaltenen Teildisziplinen der Kriminalistik zählt der Autor auch die Begriffe „Besondere“ bzw. „Spezielle Kriminalistik“. Damit soll insbesondere das kriminalistische Aufgabenspektrum, das sich mit besonderen Erscheinungsformen und Phänomenen, etwa der Jugendkriminalität oder der Organisierten Kriminalität beschäftigt, und deren Bekämpfung umschrieben werden.[20]

2.2 Ausgewählte Teildisziplinen der Kriminalistik

2.2.1 Kriminalstrategie

Wenn in der Folge von Kriminalstrategie die Rede sein wird, so werden damit regelmäßig auch die Begriffe „Konzept“ (oder konzeptionelle Arbeit) und „Planung“ verbunden sein. Daher erscheint neben der Definition des Strategiebegriffs auch die des Konzeptes und der Planung erforderlich. Der Duden verbindet mit dem Begriff „Konzeption“ *u. a.: „einen geistigen Einfall, eine klar umrissene Grundvorstellung oder einen gedanklichen Entwurf“.*[21]

Planung ist ein systematischer Prozess des Erkennens und Lösens von Problemstellungen.[22] Sie ist Bestandteil des Führungshandelns in allen Bereichen des gesellschaftlichen Lebens. Der Begriff *Strategie* findet sich in vielen gesellschaftlichen Kontexten. Am bekanntesten sind sicherlich die Bezüge zwischen dem Militärwesen und dem Begriff Strategie. Bekannt wurde der militärische Strategiebegriff insbesondere durch *Carl von Clausewitz*, der in seinem 1832 erstmals erschienenen Werk „Vom Kriege“ Strategie als die „Lehre vom Gebrauch der Gefechte zum Zwecke des Krieges“ definierte.[23]

Sucht man nach dem Wortstamm, so findet man die beiden griechischen Begriffe „stratos“ (das Heer) und „agein“ (Führen). Übrigens ist ein Antonym des Begriffes Strategie „Konfusion“. Ohne diese

20 *Ackermann, R., Clages, H. & Roll, H.* (2022) 24 ff.
21 Duden, Mannheim, 22. Aufl., (2000) 576.
22 *Lang, G. & Schneider, A.* (1998) 8.
23 *von Clausewitz, C.* (1973) 345.

sprachwissenschaftliche Komponente überbetonen zu wollen, deutet sie gleichwohl darauf hin, dass beim Fehlen einer Strategie mit einer gewissen Unordnung zu rechnen sein dürfte. In der Polizeidienstvorschrift 100 (Führung und Einsatz der Polizei) wird Strategie wie folgt definiert:

„Vorausschauend geplante polizeiliche Verhaltensweisen und organisatorische Absichten, die sich an der gesellschaftlichen Entwicklung orientieren und darauf gerichtet sind, durch das Zusammenwirken aller polizeilichen Kräfte die Politik der Inneren Sicherheit zu verwirklichen und ggf. Änderungen zu bewirken."

Christe-Zeyse[24] hebt folgende drei Aspekte des Strategiebegriffs hervor:

- Planmäßigkeit,
- Langfristigkeit sowie
- Bündelung und Koordination mehrerer Einzelmaßnahmen.

An anderer Stelle betont er den prognostischen, Wirkungen berücksichtigenden Charakter strategischen Denkens.[25]

Modelle des strategischen Denkens in der polizeilichen Arbeit finden sich in Deutschland erst in den letzten Jahren des 20. bzw. zu Beginn des 21. Jahrhunderts.[26] Insbesondere im angelsächsischen Bereich existierten weit früher bereits derartige Programme bzw. Konzepte. Ein Beispiel dafür ist der sog. SARA-Prozess. SARA steht dabei für **S**canning **A**nalysis **R**esponse **A**ssessment. Es handelt sich dabei um ein durch den amerikanischen Polizeiwissenschaftler Herman Goldstein entwickeltes Raster, das die Elemente Zielfindung, Strategieentwicklung, Maßnahmenplanung und Evaluation beinhaltet.

Die durch *Hillen* vorgenommene Einordnung von Kriminalstrategie in eine gesellschaftliche Entwicklungsperspektive erscheint von Bedeutung und wird in Kapitel IV.9.2 ausführlich dargestellt.

24 *Christe-Zeyse, J.* (2004) 49.
25 *Christe-Zeyse, J.* (2004) 48.
26 So findet sich für Deutschland die faktisch erste in sich geschlossene Darstellung der Kriminalstrategie erst bei *Brisach, C.-E., u. a.* (2000).

Die Autoren verwendet in diesem Handbuch die bereits im „Orientierungsrahmen“ (vgl. Kapitel IV.7 sowie IX.1.2) entwickelte Definition von Kriminalstrategie als Bestandteil der Kriminalistik.

Kriminalstrategie ist die Teildisziplin der Kriminalistik, die sich basierend auf den Erkenntnissen zur objektiven Kriminalitätslage und zum Sicherheitsgefühl der Bevölkerung mit der Planung und Organisation der Gesamtheit der Maßnahmen zur Kriminalitätsbekämpfung befasst. Sie berücksichtigt dabei die den Organisationszweck bestimmenden rechtlichen, wirtschaftlichen, kulturellen, historischen, politischen und sozialen Rahmenbedingungen.[27]

2.2.2 Kriminaltaktik

Unter **Kriminaltaktik** wird die Gesamtheit aller repressiven und präventiven Maßnahmen unter Berücksichtigung kriminalistischer Erkenntnisse zur zielgerichteten Verhütung und Aufklärung von Straften verstanden.[28] Inhaltlich sind in der Kriminaltaktik etwa folgende Themen verortet:

- Ermittlung von Tatverdächtigen
- Sachverhaltsaufklärung
- Erlangen von Beweismitteln

Die Kriminaltaktik befasst sich unter anderem auch mit dem Ersten Angriff, der Fahndung oder mit Vernehmungen von Zeugen bzw. Beschuldigten, der Durchsuchung und der Beschlagnahme.

2.2.3 Kriminaltechnik

Kriminaltechnik ist der Teil der Kriminalistik, der sich, basierend auf naturwissenschaftlich-technischen Erkenntnissen und Methoden und unter Anwendung entsprechender Mittel/Verfahren, mit der Suche, Sicherung und Auswertung/Begutachtung von Spuren im Zusammenhang mit kriminalistisch relevanten Sachverhalten befasst.

Der Kriminaltechnik werden etwa die Spurensuche/Spurensicherung, erkennungsdienstliche Maßnahmen, die Sicherung und Untersuchung von digitalen und nichtdigitalen Speichern sowie die Erstel-

27 *Berthel u.a.* (2006a) 23.

28 *Spang Th.* in: *Berthel u.a.* (2006b) 61.

lung von Gutachten, etwa in den Bereichen Daktyloskopie oder Biologie sowie DNA-Analytik zugeordnet.[29]

2.2.4 Weitere Ausdifferenzierung der Kriminalistik – Allgemeines und Besonderes in der Kriminalistik

Wie jede Wissenschaftsdisziplin entwickelt sich auch die Kriminalistik weiter und bringt neue Wissensbestände hervor. Dies führt zugleich zu einer stärkeren Ausdifferenzierung, bei der die Zuordnung der neuen Felder nicht immer eindeutig ist. So ist z. B. fraglich, ob die „Digitale Forensik“[30] ein Teilgebiet der Kriminaltechnik ist oder als eigene Teildisziplin der Kriminalistik gesehen werden sollte. Auch begrifflich bestehen bisweilen unterschiedliche Sichtweisen. So spricht das BKA regelmäßig von IT-Forensik.[31] Ähnlich verhält es sich auch mit der „Digitalen Ermittlungsmethodik“. Diese könnte sowohl der Kriminaltaktik als auch der Speziellen Kriminalistik zugeordnet oder gar als eigene Teildisziplin gefasst werden.

Auch hier wird deutlich, dass Kriminalistik weit über die Anwendung im Bereich der Strafverfolgungsbehörden hinausreicht. So bieten private Akteure „Forensic Services“, etwa im Bereich des Schutzes vor Wirtschaftskriminalität an.[32]

Eine Reihe von Autoren verwendet weitere Begrifflichkeiten zur Charakterisierung der Elemente der Kriminalistik bzw. der inneren Struktur dieser Wissenschaftsdisziplin. Häufig finden dabei die Begriffe „Allgemeine“ und „Besondere Kriminalistik“ Verwendung. Bei der Erläuterung der 2022 von *Ackermann* vorgestellten „Binnenstruktur der Kriminalistik“ führt dieser aus, dass „die Grundlagen für das Vorgehen bei der Straftatenuntersuchung ... immer die Methoden der ‚Allgemeinen Kriminalistik‘“ bildeten.[33] Die Abgrenzung von all-

29 *Kawelovski, F.* (2021).

30 So bietet etwa die Hochschule Mittweida den 2022 akkreditierten interdisziplinären Bachelor-Studiengang „Allgemeine und Digitale Forensik“ an: https://www.cb.hs-mittweida.de/studienangebote-der-fakultaet/allgemeine-und-digitale-forensik-bachelor/, Abruf: 29.2.2024.

31 https://www.bka.de/DE/UnsereAufgaben/Ermittlungsunterstuetzung/Technologien/IT-Forensik/it_forensik_node.html, Abruf: 29.2.2024.

32 Vgl. etwa PricewaterhouseCoopers GmbH Wirtschaftsprüfungsgesellschaft (PwC), Forensic Services oder KPMG, Forensic Investigations.

33 *Ackermann u.a.* (2022) 26 f.

gemeinen und besonderen Methoden in der Kriminalistik sei dabei kein Strukturproblem, sondern eine Betrachtungsweise. In diesem Kontext sei die Besondere Kriminalistik mit der Speziellen Kriminalistik praktisch gleichzusetzen. Der Verfasser führt dann weiter aus, dass sich die Spezielle Kriminalistik „mit besonderen Erscheinungsformen und Phänomenen der Kriminalität, beispielsweise Jugend- und Kinderkriminalität, Ausländerkriminalität usw." befasse. Die Teildisziplin Spezielle Kriminalistik werde in der Lehre auch häufig als die „Untersuchung besonderer Verfahrensarten und spezieller Straftaten und Straftatengruppen" bezeichnet, so Ackermann weiter.[34]

2.3 Kriminologie

Wie auch bei dem Begriff Kriminalistik existiert für den Begriff Kriminologie nicht die (!) gültige Definition. Noch in der 2013er Auflage des Klassikers „Kriminologie" wird festgestellt, dass die Begriffe Kriminalistik und Kriminologie nicht selten und insbesondere in den Medien verwechselt würden.[35] In der Folge werden Kriminalistik und Kriminologie allerdings als eigeständige Wissenschaften dargestellt. Ein Kriminalist wird kurz und knapp als eine Person gekennzeichnet, die mit der Aufklärung von Delikten befasst sei und ein Kriminologe interessiere sich eher für die Ursachen von Kriminalität. Wenn auch etwas verkürzt, trifft diese Darstellung doch den Kern dieser beiden auf das Engste verbundenen Wissenschaftsdisziplinen.

Den weiteren Ausführungen stellen die Autoren die von *Kaiser* entwickelte Kriminologie-Definition voran.

Kriminologie ist danach die geordnete Gesamtheit des Erfahrungswissens über das Verbrechen, den Rechtsbrecher, die negativ sozialen Auffälligkeiten und über die Kontrolle dieses Verhaltens. Ihr Wissensgebiet lässt sich mit den drei Grundbegriffen Verbrechen, Verbrecher und Verbrechenskontrolle treffend kennzeichnen. Ihnen sind auch Opferbelange und Verbrechensverhütung zugeordnet.[36]

34 Ebd. 29.
35 Vgl. *Schwind, H.-D.* (2013).
36 *Kaiser, G.* (1997) 1.

Wenngleich diese Definition das Element Prävention ebenso wie die von den Autoren genutzte Kriminalistik-Definition einschließt, erscheint sie geeignet, um die Abgrenzung zur Kriminalistik hinreichend abzubilden.

Auf eine weiterführende Diskussion des Verhältnisses von Kriminalistik und Kriminologie wird im Interesse der Konzentration auf den Kerngegenstand des Buches verzichtet. Die von *Schulte* und *Neidhardt* bereits 1998 geführte Diskussion und die sich daraus ableitende Begründung der Selbstständigkeit beider Disziplinen erscheinen nachvollziehbar und aktuell.[37]

In jedem Fall sind kriminologische Erkenntnisse in die kriminalstrategische Problemlösung einzubeziehen; z. B. Erkenntnisse zur Kriminalgeografie oder zu Ursachen und Bedingungen von bzw. für Straftaten. Die Abgrenzung, etwa nach dem alten, aber ebenso falschen Muster, die Kriminologie sei für die Theorie und die Kriminalistik für die Praxis relevant, trifft jedenfalls nicht zu.

2.4 Polizeiwissenschaft

Die Polizeiwissenschaft gehört im deutschsprachigen Raum zu den sehr jungen Wissenschaftsdisziplinen. Die Literaturrecherche fördert zwar eine Reihe von Diskussionen, jedoch nur wenige anerkannte Definitionen zutage.[38] Allerdings definiert der Landtag von Nordrhein-Westfalen in der Begründung des Gesetzes über die Deutsche Hochschule der Polizei (DHPolG) und zur Änderung dienstrechtlicher Vorschriften vom 15. Februar 2005 die Polizeiwissenschaft.

Dort heißt es unter Bezugnahme auf *Schneiders* Definition aus dem Jahre 2002:

„Sie (die **Polizeiwissenschaft** – d. V.) ist das Wissenschaftsgebiet, das die Polizei als Institution (Police) und ihr Verhalten sowie ihre Tätigkeit (Policing) – wie sie ist, wie sie sein kann und soll und wie sie nicht sein darf – mit wissenschaftlichen Methoden theoretisch (Police Theory), empirisch (Poli-

37 Ausführlich zum Verhältnis von Kriminologie und Kriminalistik vgl. *Schulte, R. & Neidhardt, K.* (1998) 681 – 691.
38 Vgl. etwa *Kersten, J.* (2012).

ce Research) und systematisch mit dem Ziel erforscht, die Polizei-Organisation sowie die Gesetzmäßigkeit und die Wirksamkeit polizeilicher Strategien dem gesellschaftlichen Wandel anzupassen."[39]

Polizeiwissenschaft im engeren Sinne ist lt. *Stock* die Wissenschaft von der Polizei und ihrem Handeln.[40] Dabei rechnet er zumindest die nachfolgenden Teilbereiche zur Wissenschaft über die Polizei als Institution:

- Geschichte
- Polizeibegriff
- Polizei als Teil von Gesellschaft, Staat, Herrschaft (einschließlich Legitimation)
- Polizei-Philosophie
- Polizei-Kultur
- Strukturen des Polizeisystems (Organisation, Organisationskultur, Leitbilder und Visionen, Information und Kommunikation, Aus- und Fortbildung...)
- Polizei-Personal (Subkulturelle Strukturen, Persönlichkeitsprofile, Werte, Einstellungen, Verhalten, Frauen in der Polizei, Minderheiten in der Polizei...)

An anderer Stelle der zitierten Gesetzesbegründung heißt es: *„Polizeiwissenschaft i. w. S. (– d.V.), die Verwendung von Wissenschaftsgebieten für polizeiliche Zwecke, z.B. Kriminalistik, Kriminologie und Rechtsmedizin, ist für die polizeiliche Lehre, für das Curriculum, von wesentlicher Bedeutung. Diese Zusammenfassung erfüllt indessen nicht die Kriterien eines eigenständigen Wissenschaftsbereichs. Die in ihm vereinten Wissenschaften bleiben selbständig.*"[41]

Es bleibt festzuhalten, dass sich Polizeiwissenschaft in der weiteren Auslegung auf die Kriminalwissenschaften Kriminalistik und Kriminologie bezieht; deren Eigenständigkeit aber keineswegs in Frage stellt.

39 Landtag Nordrhein-Westfalen, 13. Wahlperiode, Drs. 13/6258, S. 30. URL: http://www.landtag.nrw.de/portal/WWW/dokumentenarchiv/Dokument/MMD13-6258.pdf?von=1&bis=0, Abruf: 22.8.2015.

40 *Stock, J.* (2000) 103ff.

41 Landtag Nordrhein-Westfalen, 13. Wahlperiode, Drs. 13/6258, S. 29.

2.5 Kriminalpolitik

Nach *Jäger* ist **Kriminalpolitik** „das Politikfeld, in dem es um die Entwicklung und Realisierung von Leitlinien für die verfassungsgemäße Reduzierung von Rechtsbrüchen und Verbrechensfurcht durch koordinierte staatliche und gesellschaftliche Maßnahmen geht.“[42]

Auch andere Autoren, so z. B. *Schwind*, verstehen unter Kriminalpolitik die Gesamtheit aller staatlichen Maßnahmen zur Verbrechensverhütung und Verbrechensbekämpfung. Mittlerweile wird von den meisten Autoren die Auffassung vertreten, dass der Akteur nicht ausschließlich der Staat, etwa in Gestalt des Gesetzgebers, der Justiz oder etwa der Polizei sein muss.[43] Auch nichtstaatliche Akteure (z. B. private Sicherheitsdienstleister) können kriminalpolitisch agieren, indem sie etwa zur Vorbeugung oder Bekämpfung von Rechtsverletzungen beitragen und sich in dem o. g. Politikfeld betätigen. Beispiele für nichtstaatliche Akteure sind in der Bundesrepublik etwa die Allianz für Sicherheit in der Wirtschaft e.V. mit den Regional- und Landesverbänden[44] sowie der Bitkom e. V. (vormals Bundesverband Informationswirtschaft, Telekommunikation und neue Medien)[45]. Auch Kooperationsformen, beginnend bei kriminalpräventiven Räten bis hin zu Organisationsformen, wie der Allianz für Cybersicherheit[46] sind kriminalpolitische Akteure. Eine Trennung zwischen kriminalpolitischen und kriminalstrategischen Aktivitäten ist im Unterschied zu Sicherheitspolitikern bzw. deren Gremien, wie etwa Innenausschüsse von Parlamenten gerade beim Handeln der letztgenannten Akteure, praktisch kaum möglich.

Zum Verhältnis von Kriminalstrategie und Kriminalpolitik gab und gibt es immer wieder Diskussionen. Diese sind weniger akademischer Natur; zu klar erscheinen die Abgrenzungen zwischen dem eben beschriebenen Politikfeld einerseits und der Kriminalstrategie als Teil einer Wissenschaftsdisziplin anderseits. Es besteht kein Zweifel, dass

42 *Jäger, J.* (1998) 153-159.
43 *Putzke, H.* (2006) 111 ff. sowie *Prittwitz, C.* (2008) 575 ff.
44 https://www.asw-bundesverband.de/kontakt/, Abruf: 28.10.2023.
45 URL: https://www.bitkom.org/, Abruf: 28.10.2023.
46 URL:https://www.allianz-fuer-cybersicherheit.de/Webs/ACS/DE/Home/home_node.html, Abruf: 28.10.2023.

Kriminalstrategie eine wichtige Scharnierfunktion zur Kriminalpolitik hat. Vor dem Hintergrund der aktuellen Entwicklungen, insbesondere den Herausforderungen, die mit der Bekämpfung des internationalen Terrorismus, der Entwicklungen von Cybercrime und nicht zuletzt mit den sich auch auf das Verbrechen auswirkenden Globalisierungs- und Digitalisierungstendenzen verbundenen sind, erscheint eine Ausdehnung dieser Wechselwirkungen und Bezüge auf die Außen- und Sicherheitspolitik zwingend.[47] *Stümper* spricht von „polizeilich-militärischen Gemengelagen", die diese Bezüge herausfordern.[48] Die Komplexität der Problemstellung spiegelt sich auch in der Diskussion um die sog. neue Sicherheitsarchitektur wider.[49] *Rogge* hebt neben den Auswirkungen der internationalen Entwicklungen auf die objektive Kriminalitätslage auch jene auf das Sicherheitsgefühl hervor.[50] Eine ähnliche Verzahnung mit anderen Politikbereichen gilt im Übrigen auch für das Verhältnis zur Rechts- und Justizpolitik.[51] Und sogar auf die Wirtschaftspolitik können sich kriminalstrategische Entscheidungen auswirken. *Schmelz* hebt des Weiteren zurecht hervor, dass sich Kriminalpolitik nicht allein auf staatliches Handeln bezieht. Vielmehr versteht er als „Handlungsträger" der Kriminalpolitik neben dem *„Staat und dessen Organen auch Parteien, Organisationen, Verbände, Vereine und jeden Bürger selbst"*.[52] Zu ergänzen wäre die Aufzählung lediglich noch um alle Privaten, die sicherheitsrelevante Aufgaben wahrnehmen.

---

47 *Kaestner* stellt bereits auf der Herbsttagung 2004 des Bundeskriminalamtes zum Thema „Netzwerke des Terrors – Netzwerke gegen den Terror" die These auf, dass die strikte Trennung von „Innerer" und „Äußerer" Sicherheit nicht mehr zeitgemäß sei. Vgl. dazu: *Berthel, R. & Peilert, A.* (2005c) 61 – 69 und Kaestner, Kurzfassung des Statements zum Streitgespräch, Thesen zur Podiumsdiskussion auf der BKA-Herbsttagung 2004.

48 *Stümper, A.* (2004) 112 – 117.

49 Vgl. dazu u. a.: *Ziercke, J.* (2002) 346 – 351; *Hirschmann, K.* (2003) 333 – 334, Bundeskriminalamt (2002), 111 – 132. In diesem Zusammenhang ist auch die mit dem „Weissbuch 2016 zur Sicherheitspolitik und zur Zukunft der Bundeswehr" befeuerte Diskussion zum Einsatz der Bundeswehr im Inneren bei terroristischen Großlagen zu sehen. Vgl. hierzu: BMVg (2016) 110.

50 *Rogge, H.-W.* (2005) 141.

51 *Schwind, H.-D.* (2013) 13 – 15.

52 *Schmelz, G.* (2016) 374.

Wenn vom Verhältnis der Kriminalistik im Allgemeinen und der Kriminalstrategie im Besonderen zur Kriminalpolitik die Rede ist, wird oft von dem Primat der Politik gesprochen. Das sog. Primat der Politik ist ein Begriff, der insbesondere in der Politikwissenschaft verwendet wird. Von der Verfassung nicht abgedeckt, soll er darstellen, dass die Politik gegenüber anderen staatlichen Bereichen (Verwaltung, Militär) oder auch nichtstaatlichen Feldern führend sein soll.[53] Für polizeiliches Handeln haben sicherheits-, justiz- bzw. innenpolitische Entscheidung regelmäßig weitreichende Folgen. Ein wie auch immer gearteter Vorrang der Innenpolitik gegenüber der Bindung polizeilichen Handelns an das Rechtsstaatsprinzip des Grundgesetzes (insb. Art. 20 III GG) ist hingegen nicht zu erkennen.

In einer extensiven Auslegung des Begriffsinhaltes formuliert *Schäfer* bereits 1973 einen Kerngedanken, der auch noch heute die Diskussion in der Praxis zu prägen scheint. Kriminalstrategie habe sich, so *Schäfer*, auf die Kunst der Ausführung der Kriminalpolitik zu beschränken.[54] Diese Sicht weist Kriminalistik als Wissenschaft und Kriminalstrategie als eine ihrer Teildisziplinen jedoch einen lediglich ausführenden und nicht gestaltenden Part zu, der mit dem Selbstverständnis der Autoren nicht vereinbar ist.[55] Fatalerweise hat die Begrifflichkeit des Primats der Politik seither gelegentlich unreflektiert Einzug in polizeiliche/kriminalistische Fachliteratur gehalten. Problematisch erscheinen dabei jene Darstellungen, in denen Kriminalpolitik in einem System der Wissenschaften faktisch als übergeordnete Wissenschaftsdisziplin gegenüber den Kriminalwissenschaften dargestellt wird.[56] Auch *Kube* und *Schreiber* stellen die „Verwirklichung der Ziele der Kriminalpolitik" in das Zentrum kriminalstrategischen Denkens.[57] Differenzierter stellen *Klink* und *Kordus*[58] sowie *Brisach* u. a.[59] dieses Verhältnis dar. Gleichwohl beharren auch sie auf einem

53 URL: (http://www.wirtschaftslexikon.co/d/primat-der-politik/primat-der-politik.htm, Abruf: 28.10.2023.

54 *Schäfer, H.* (1973) 50.

55 Zur Kritik an Schäfers Auffassung vom Verhältnis von Kriminalpolitik und Kriminalstrategie vgl. auch *Reez, N.* (1995). 124 ff.

56 Vgl. etwa *Brodag, W.-D.* (2001) 33.

57 *Kube, E., Schreiber, M.* (1992) 3.

58 *Klink, M., Kordus, S.* (1986) 26 ff.

59 *Brisach u. a.* (2000) 48 f.

ausführenden Charakter der Kriminalstrategie. So erklären *Brisach* u. a.: „Bei der Entwicklung von Strategien hat die Polizei den demokratisch legitimierten Willen der Politik zu vollziehen.“[60] Diese Autoren heben jedoch zu Recht den konstruktiv-gestaltenden und beratenden Charakter der Kriminalstrategie hervor. In Anbetracht des Ausmaßes, in dem politische Entscheidungen von der veröffentlichten Meinung, vom Denken in den Zeitkategorien der Legislaturperioden sowie dem Rechtfertigungsdruck gegenüber einzelnen Wählergruppen abhängig ist, erscheint eine unkritische Übernahme politischer Willensbekundungen (zumindest) nicht gerechtfertigt.

Bereits 1995 warnte *Murck*: „Der Sicherheitsbereich steht (...) in der Gefahr, vorrangig Schauplatz symbolischer Politik zu sein. Die Wege zum Stammtisch oder zur Flucht aus der Realität scheinen... hier besonders kurz.“[61] Und *Burghard* sieht gar durch die Abhängigkeit der Politik (der Politiker) von der publizierten Meinung ein bedrohliches Übergewicht der Tagesaktualität und charakterisiert politische Entscheidungen als „häufig genug nur kleinsten gemeinsamen Nenner“. Er fordert daher vollkommen zu Recht „langfristig angelegte Planung und Strategie“.[62]

Zudem kritisiert *Stümper* eine besonders fatale Form des vorauseilenden Gehorsams, indem er feststellt: *„Das Problem liegt aber nun darin, dass die Fachkompetenz der jeweiligen Verantwortlichen durch das < Primat> der Politik nicht ersetzt, nicht eingeschränkt und auch nicht beeinträchtigt werden darf. Es ist ein Kardinalfehler, wenn schon auf der fachlichen Ebene politische Überlegungen das Fachliche bestimmend oder verdrängend einfließen.“*[63] Wenn etwa Diskussionen in polizeilichen Fachgremien mit Hinweis auf das politisch Opportune abgebrochen werden, ist das eben genau dieser Kardinalfehler.

60 *Brisach* ebenda.
61 *Murck, M.* (1995). 389.
62 *Burghard, W.* (1983). 186.
63 *Stümper, A.* (1999) 58.

IV. Zur Geschichte der Kriminalstrategie in Deutschland[1]

1. Ursprünge des Bergriffs

Erstmals findet der Begriff Kriminalstrategie in der deutschen Fachliteratur im Jahr 1927 Erwähnung. In einem Aufsatz mit dem Titel „Die Anwendung militärischer Kampfgrundsätze des Heeres in der Kriminalistik“ stellt der Augsburger Polizeihauptmann *Julier* Parallelen zwischen Grundsätzen militärstrategischen und kriminalistischen Handelns her.

Darin bezeichnet *Julier* die *„Bereithaltung einer hochstehenden, gut ausgebildeten und schlagfertigen Kriminalbeamtenschaft, die mit modernstem und bestem Kampfgerät im kriminaltechnischen (Foto- und andere Apparate) wie auch im tatsächlichen Sinn (Handfeuerwaffen, Schutzpanzer) ausgerüstet ist,“* als eine der wesentlichsten Aufgaben einer Kriminalstrategie.[2]

Allerdings war damals die Zeit für eine weiterführende Beschäftigung mit dem Begriff Kriminalstrategie noch nicht reif. Die Polizei beschritt zu dieser Zeit zunächst nur erste Schritte auf dem Weg von einer militärisch geprägten Organisation zu einer demokratischen Institution mit eigenständigen, wissenschaftlich begründeten Theorien als Fundament ihres Handelns.

Die Auseinandersetzung mit dem Begriff Kriminalstrategie und ihren Inhalten ist in Deutschland noch relativ jung. Die eigentliche Diskussion um Kriminalstrategie und ihr Verhältnis zur Kriminalistik im Allgemeinen und zur Kriminaltaktik im Besonderen sollte erst in der zweiten Hälfte 20. Jahrhunderts aufgenommen werden. Mehr noch, lange Zeit stellte sich nicht nur die Frage, welche Inhalte mit diesem Begriff verbunden sein sollten. Es bestanden offenbar auch erhebliche Meinungsunterschiede, wo diese Inhalte im Kontext der Kriminalwissenschaften allgemein und in der Kriminalistik im Besonderen

1 Die Abschnitte 1 bis 6 dieses Kapitels nehmen Bezug auf: *Berthel, R.* (2005a) 619 – 622.

2 *Julier* (1927) 155.

verortet werden sollten. Dieser Umstand war offenbar darauf zurückzuführen, dass weder ausreichend theoretisch gesichertes Wissen noch eine praxisrelevante Struktur einer Kriminalstrategie vorhanden waren.

Das Handbuch der Kriminalistik von *Groß* und *Geerds* aus dem Jahre 1978 darf ohne Zweifel als Klassiker der Kriminalistik-Literatur in Deutschland bezeichnet werden. Darin findet sich lediglich folgender sehr zurückhaltender Hinweis darauf, dass der Begriff Kriminalstrategie zumindest diskutiert wird:

> *„Im Rahmen der Kriminaltaktik verstehen manche unter Kriminalstrategie ein besonders Gebiet, in welchem es um die Koordinierung der taktischen und operativen Maßnahmen auf hoher bzw. höchster kriminalistischer Ebene geht. Anders ausgedrückt handelt es sich um die Kunst des Zusammenwirkens aller Kräfte bei der Erreichung kriminalpolitischer Ziele.“*[3]

Die Kriminalstrategie wird in diesem Zusammenhang von einigen Autoren als Teil der Führungslehre verstanden und ihre Anwendung „lediglich als Aufgabe der Spitze der Kriminalpolizei“ zugeordnet. Diese Sichtweise findet ihren Niederschlag in Begriffen wie „kriminalistische Führungslehre“ bzw. „Kriminalstrategie als Führungslehre“.[4] 1983 schrieb *Geerds* zur Abgrenzung zwischen der etablierten Kriminaltaktik und der Kriminalstrategie: *„Während es für zweckmäßiges Vorgehen schon bei den ersten Maßnahmen auf ein ggf. fortzuschreibendes kriminaltaktisches Konzept ankommt, für das sich bei den einzelnen Formen kriminellen Verhaltens aber doch wohl Konkreteres erarbeiten läßt, ist es Aufgabe der Kriminalstrategie, taktische und operative Maßnahmen auf hoher bzw. höchster Ebene sinnvoll zu koordinieren, um durch optimales Zusammenwirken aller Kräfte bestimmte kriminalpolitische Ziele möglichst sicher zu erreichen.“*[5] Weiter führt er aus, dass „insbesondere bei der z. T. recht theoretisch geführten Kriminalstrategie-Diskussion (...) wissenschaftliche Untersuchungen hilfreich sein und mehr Realitätsbezug bewirken könnten.“[6] Den Stellenwert, den Kriminalstrategie zu dieser Zeit in der

3 *Groß, H. & Geerds, F.* (1978) 4.
4 *Ziercke, J.* u. a. (1992) 540.
5 *Geerds, F.* (1983) 59.
6 *Geerds*, ebenda.

kriminalistischen Diskussion in Deutschland einnahm, verdeutlicht vielleicht am besten der Umstand, dass in der angeführten Veröffentlichung von *Geerds* dieser der Darstellung der Odontologie in der Kriminalistik etwa genau so viel Raum widmet, wie der Kriminalstrategie.

2. Wenn die „üblichen“ Maßnahmen nicht mehr ausreichen…

Wie sieht es in der kriminalistischen Praxis aus, wenn junge, engagierte Absolventen von polizeilichen Fachhochschulen oder der Deutschen Hochschule der Polizei neue Ideen einzubringen versuchen oder eine geübte Praxis in Frage stellen? Begegnen die „alten Hasen“ diesen wirklich immer mit der gebotenen gelassenen Aufgeschlossenheit? Oder drängen nicht gelegentlich doch der tägliche Zeitdruck, ein gewisses Beharrungsvermögen, Bereichsegoismen oder manchmal auch die Sorge, Bewährtes würde zu schnell über Bord geworfen, zu schnellen Antworten? Steht als Antwort dann nicht manchmal auch das „Wir wollen das Rad doch nicht neu erfinden“? Und wäre es nicht öfter sinnvoll, den kritischen Geist nicht mit dem Hinweis auf die Anwendung der „üblichen Maßnahmen oder Konzepte“ ruhig zu stellen?

In Anbetracht der Fülle und der Komplexität der gesellschaftlichen Veränderungen und damit auch der Veränderungen im Kriminalitätsgeschehen reicht die Anwendung der „üblichen“ Maßnahmen keinesfalls mehr aus. Mit Recht nehmen Öffentlichkeit und Politik solche Erklärungsversuche nicht ab.

Lange Zeit wurde von einigen Autoren ein erheblicher Mangel an „theoriengeleitetem“ kriminalistischem Handeln beklagt. So kennzeichnet *Brugger* noch 1983 unter Bezugnahme auf *Burghard*[7] die Situation dieser Zeit wie folgt: *„In der polizeilichen Praxis ist immer noch zu beobachten, dass einfach die ‚üblichen Maßnahmen‘ ergriffen werden, bei überregionaler Auswirkung auch ‚Maßnahmen auf brei-*

7 *Burghard, W.* (1976) 37 ff.

tester Basis', ohne diese jeweils der konkreten Aufgabe anzupassen. Es kommt hinzu, dass der Kriminalbeamte am konkreten Falldenken ausgebildet und erfahren ist und nicht so sehr in abstrahierender Denkweise."[8]

Weiter erhebt *Brugger* die Forderung, den polizeilichen Führungsnachwuchs „verstärkt bereits während der Ausbildung gezielt mit kriminalstrategischen Grundsätzen vertraut zu machen und kriminalstrategische Konzepte planspielartig zu behandeln.[9]

Sowohl *Brugger*, insbesondere jedoch *Geerds*, verorten kriminalstrategisches Handeln in den Bereich der „hohen und höchsten polizeilichen Ebenen", also polizeilichen Führungsebenen. Diese Auffassung wird auch von einer Reihe anderer Autoren[10] aufgegriffen. Damit verbunden wird von diesen Autoren auch meist die Nähe und Abhängigkeit der Kriminalstrategie zur/bzw. von der Kriminalpolitik thematisiert. Diese Nähe dürfte unbestritten sein. Allerdings wird auf das Verhältnis beider Disziplinen, insbesondere die Abhängigkeiten, noch näher einzugehen sein.

Trotz der von *Geerds* beklagten Defizite hinsichtlich des Wissens um den Gegenstand und die Einordnung der Kriminalstrategie fristete diese über Jahre ein Dornröschendasein. Mit dieser Kritik hat sich *Geerds* um die Entwicklung der Kriminalstrategie und die Ausgestaltung des kriminalistischen Strategiebegriffes verdient gemacht. Er zeigte nicht nur Ansatzpunkte für eine inhaltliche Diskussion, sondern auch Handlungsbedarf auf. Die Komplexität und die inneren Zusammenhänge, die die Kriminalstrategie nach heutiger Lesart charakterisieren, zeichneten sich damals jedoch noch nicht ab. So fällt bei genauerem Betrachten der Darstellungen von *Geerds* auf, dass er sich zwar in einem Abschnitt mit der Organisation der Verbrechensbekämpfung, dort u. a. auch der Zusammenarbeit mit anderen Sicherheitsbehörden und Privaten sowie der Öffentlichkeitsarbeit befasst, dies jedoch in keinen Bezug zu kriminalstrategischen Überlegungen bringt.

8 *Brugger, S.* (1983) 282.
9 *Brugger, S.* (1983) 294.
10 *Forker, A.* (2004) 3; *Ackermann, R.*, u. a. (2000) 655 ff.

Auch *Burghard*[11] beschreibt zwar das Umfeld, in dem Kriminalistik stattfindet, nennt rechtliche, organisatorische und politische Aspekte, also Rahmenbedingungen. Diese Feststellungen führen eigentlich konsequent weitergedacht zwingend zu der Frage nach den Inhalten von Kriminalstrategie, denn ein anderes Feld der Kriminalistik deckt diese Themenbereiche nicht ab. Allerdings bleiben diese Fragen auch bei *Burghard* ausgeklammert. Konsequenterweise beschränken sich dann auch die von ihm genannten Aufgaben der Kriminalistik im repressiven Bereich auf einzelfallbezogene Aspekte. Interessant hingegen ist der Verweis auf konzeptionelle Gedanken im Rahmen der Aufgabendarstellung im präventiven Bereich. Auch diese von *Burghard* entwickelten Überlegungen zur Kriminalstrategie flossen in die Herausbildung und Fortentwicklung dieses Begriffes ein.

3. Kriminalstrategie in der Kriminalistik der ehemaligen DDR?

In die Kriminalistik der Deutschen Demokratischen Republik findet der Begriff Kriminalstrategie keinen Eingang. Weder in den Standardwerken der Reihe „Sozialistische Kriminalistik"[12] noch im „Wörterbuch der Sozialistischen Kriminalistik"[13] bzw. im „Kleinen Lexikon für Kriminalisten"[14] ist der Begriff aufgeführt. Am ehesten lassen sich kriminalstrategische Ansätze den Inhalten der „kriminalistischen Untersuchungsplanung"[15] und der „Speziellen Kriminalistik"[16] zuordnen. *Stelzer* versteht unter der speziellen Kriminalistik „die Gesamtheit derjenigen Gesetzmäßigkeiten, Erscheinungsformen und Methoden, die für die Aufdeckung, Untersuchung und Verhütung kriminalistisch relevanter Vorkommnisse... von Bedeutung sind". Obwohl nicht ausdrücklich mit der Begrifflichkeit „Strategie" versehen, sind planende, konzeptionelle und praktische Elemente

11 *Burghard, W.* (1983) 177 – 204.
12 *Stelzer, E.*, (1977) (1979), (1984) und (1986).
13 *Böhme, K. M.* (1981).
14 *Feix, G.* (1965).
15 *Strauß, E.; Ackermann, R.* (1984), 12 – 63.
16 *Stelzer, E.* (1977) 130.

der Kriminalistik in einer Reihe anderer Veröffentlichungen zu finden. So werden etwa im „Handbuch Häufigkeitskriminalität“ bestimmte Phänomene der Massen-/Häufigkeitskriminalität einerseits phänomenologisch aufbereitet und analysiert und andererseits Ziele und Maßnahmen polizeilichen Handelns bei der Verhütung und Bekämpfung derartiger Delikte dargestellt.[17] Wenngleich solche Darstellungen oft mit ideologischen Worthülsen umgeben waren, findet sich doch eine Reihe durchaus bemerkenswerter Gedanken, die heute feste Bestandteile der Kriminalstrategie sind. So weist etwa *Stelzer* bereits im Jahre 1977 auf die Bedeutung von Kriminalitätsprognosen hin.[18] Andere hervorhebenswerte Fundstellen zu kriminalstrategischen Inhalten finden sich in Veröffentlichungen zur Kriminalprävention. So ist etwa in dem 1983 erschienen Buch „Kriminologie, Theoretische Grundlagen und Analysen“ von der „Strategie der Vorbeugung von Kriminalität“ und an anderer Stelle von den „theoretischen Grundlagen und der praktischen Organisation der Kriminalitätsvorbeugung“ die Rede.[19] Auch hinsichtlich der Einbindung einer Vielzahl gesellschaftlicher Akteure in die Vorbeugung von Straftaten findet sich eine Reihe strategischer Ansätze, die heute Bestandteile moderner Kriminalstrategie sind.[20] Allerdings bleiben diese Überlegungen auf die Kriminalprävention beschränkt und weitgehend Stückwerk. Insgesamt ist festzustellen, dass es an einer in sich geschlossenen Darstellung der Kriminalstrategie in der Kriminalistik der ehemaligen DDR fehlt.

4. Ein Begriff nimmt Konturen an

Tiefergehende Diskussionen um den Begriff und die Inhalte der Kriminalstrategie lassen sich in der Bundesrepublik Deutschland erst in den achtziger und neunziger Jahren des 20. Jahrhunderts nachweisen. Es waren insbesondere *Klink* und *Kordus*, die 1986 in Deutschland erstmals den Versuch einer in sich geschlossenen Gesamtdarstellung

17 *Speckhardt, K.H.* u. a. (1986).
18 *Stelzer, E.* (1977), 28 ff.
19 *Lekschas, J.* u. a. (1983) 60 ff. und 393 ff.
20 *Lekschas, J.* u. a. (1983) 405 ff; *Lehmann, G.* (1987).

und Einordnung der Kriminalstrategie unternahmen.[21] Während sie Kriminalistik noch als Teildisziplin der Kriminologie betrachteten,[22] stellten sie Kriminalstrategie neben der Kriminaltaktik, die sie als Kernbereich der Kriminalistik beschrieben, und der Kriminaltechnik als dritte Disziplin der Kriminalistik, dar.[23]

1992 konnten dann *Kube* und *Schreiber* konstatieren: *„Inzwischen hat der Begriff Kriminalstrategie als dritte Säule der Kriminalistik weitgehend Anerkennung gefunden. Unter Kriminalstrategie versteht man das rationale Zusammenwirken der polizeilichen Kräfte zur Verwirklichung der Ziele der Kriminalpolitik, also die Ausrichtung der Gesamtorganisation auf die Bekämpfung der Kriminalität.“*[24] *Zimmermann* und später auch *Forker* haben sich um die Weiterentwicklung der Begriffsinhalte verdient gemacht. *Zimmermann* definiert Kriminalstrategie als *„die Planung und Durchführung der Gesamtheit der Maßnahmen zur Kriminalitätskontrolle nach rechtlichen und politischen Vorgaben unter Berücksichtigung des Sicherheitsgefühls und Beachtung der materiellen und personellen Ressourcen mit dem Ziel der Reduzierung von Kriminalität“*.[25] *Forker* beschreibt sie als *„das rationale Zusammenwirken der polizeilichen Kräfte zur Verwirklichung der Ziele der Kriminalpolitik im nationalen und im internationalen Maßstab. Für die Ausrichtung der Gesamtorganisation auf die Bekämpfung der Kriminalität und die Organisation der Verbrechensbekämpfung ist dieser Bereich von entscheidender Bedeutung.“*[26]

Einen wichtigen Beitrag zur Verbesserung der Praxistauglichkeit der Kriminalstrategie leisteten *Ziercke, Jansen* und *Finkel.* Sie untersuchten eine Reihe von Einflussfaktoren für die Aufklärung von Straftaten hinsichtlich der kriminalstrategischen Handlungsnotwendigkeiten. Zudem entwickelten sie mit dem sog. Schalenmodell eine Systematik, die Abhängigkeiten der o. g. Einflussfaktoren darstellt.[27]

Während also der Begriff Kriminalstrategie in den Sprachgebrauch eingeflossen ist, konnten sich Begriffe wie Kriminallogistik oder Kriminalistische Informationslehre nicht durchsetzen.[28] Das erscheint

21 *Klink, M. & Kordus, S.* (1986).
22 *Klink, M. & Kordus, S.* (1968) 16.
23 *Klink, M. & Kordus, S.* (1968) 14, 22 ff.
24 *Kube, E. & Schreiber, M.* (1992) 3.
25 *Zimmermann, H.-M.* (1996) 646.
26 *Forker, A.* (2004) 58.
27 *Ziercke, J.* (1992) 540.
28 Vgl. u. a. *Kube, E. & Schreiber, M.* (1992) 3.

auch vor dem Hintergrund der Definitionen für Kriminalstrategie bzw. -taktik sinnvoll, da mit diesen Begriffen auch logistische und informationswissenschaftliche Elemente weitgehend eingeschlossen werden.

5. Der Platz der Kriminalstrategie innerhalb der Kriminalistik wird definiert

Wie bereits eingangs erwähnt, blieb jedoch die Frage nach dem Verhältnis der Kriminalstrategie zur Kriminaltaktik bzw. die Einordnung in die Kriminalistik lange Zeit umstritten bzw. unklar. So lösen etwa *Ackermann* u. a. die Kriminalstrategie von der Kriminalistik, wenn sie behaupten: „Überschneidungen zwischen Kriminalpolitik, Kriminalstrategie und Kriminalistik sind... nicht auszuschließen."[29] Gleichzeitig unterteilen sie Kriminalstrategie in eine planende und eine operative Komponente. Diese Trennung findet sich auch bei anderen Autoren.[30] Genau diese Trennung ist es jedoch, die in der Vergangenheit immer wieder Zweifel an der Bedeutung und der praktischen Relevanz der Kriminalstrategie aufwarf. Der Grund dafür ist relativ simpel. Er besteht einerseits darin, dass Kriminalstrategie überwiegend – wenn auch nicht ausschließlich – eine Domäne polizeilichen Handelns ist.[31] Solange sich Kriminalstrategie offenbar in zwei Teilbereiche mit einerseits praktischem (operativem) und andererseits theoretischem (planendem) Charakter aufspalten ließ, stellte sich für die Polizeipraktiker natürlich die Frage der praktischen Relevanz. Damit war das Interesse an Untersuchungen zur Kriminalstrategie gering. Aber weder die Kriminalistik insgesamt, noch die Kriminalstrategie sind künstlich in einen praktischen und einen wissenschaftlichen (theoretischen) Teil zu trennen. Völlig zu Recht kritisieren daher auch *Schulte* und *Neidhardt* derartige Sichtweisen mit den Worten: „Auch

29 *Ackermann, R.* u. a. (2000) 657.

30 Vgl. u. a. *Schäfer, H.* (1973) 44; *Klink, M. & Kordus, S.* (1986) 36 – 39 und *Brisach, C.-E.*, u. a. (2000) 36 f.

31 Wie auch andere Elemente der Kriminalistik, wird auch das strategische Element von anderen Strafverfolgungsbehörden aber auch Privaten genutzt und weiterentwickelt.

erscheint eine strikte Abgrenzung zwischen praktischer und wissenschaftlicher Kriminalistik für die Weiterentwicklung dieses Faches wenig hilfreich.“[32] Niemand würde auf die Idee kommen, die Human- oder die Zahnmedizin in eine wissenschaftliche und eine praktische Komponente zu unterteilen und damit in ihrer Komplexität jeweils ganz wesentlicher Elemente zu berauben.

Allerdings konnte auch die Lehre lange Zeit keine überzeugenden Ansätze für eine Kriminalstrategie, die einerseits theoretisch begründet und andererseits praktisch anwendbar waren, bieten. Vieles blieb Stückwerk und erschien als Flickenteppich mit geringer praktischer Relevanz. Eines der größten Hemmnisse bei der Entwicklung einer akademisch begründeten Kriminalstrategie war die Tatsache, dass es nach der Auflösung der Sektion Kriminalistik an der Humboldt-Universität zu Berlin in der Folge der politischen Wende in der ehemaligen DDR und dem Beitritt dieser zum Geltungsbereich des Grundgesetzes keine Verankerung der Kriminalistik im universitären Bereich mehr gab. Lediglich an der Polizei-Führungsakademie in Münster (PFA), der Einrichtung, die die Beschäftigung mit Kriminalstrategie zu einem Schwerpunkt der Aus- und Fortbildung der Führungskräfte der deutschen Polizei gemacht hatte[33] und in Teilen beim Bundeskriminalamt wurde zu diesem Thema ernsthaft gearbeitet.

Es ist unbestritten, dass Kriminalstrategie in einer engen Wechselwirkung zur Kriminaltaktik und zur Kriminaltechnik steht. Ohne angemessene Berücksichtigung der Umstände, unter denen sich Kriminalitätsbekämpfung vollzieht, ohne die Beachtung des Zusammenspieles mit den anderen Kriminalwissenschaften, ohne einen strukturierten und begründeten Plan vom Wie können Taktik und Technik jedoch niemals ihre Wirkung entfalten. Und so verwundert es, dass sich in der 2023 erschienenen 15. Auflage von „Der rote Faden“, einem Standardwerk der deutschen Kriminalistik, der Begriff „Kriminalstrategie“ auf lediglich einer Seite und dort auch noch mit einer historischen Definition findet.

32 *Schulte, R. & Neidhardt, K.* (1998) 684.

33 Vgl. Studienplan für die einheitliche Ausbildung der Anwärterinnen und Anwärter des höheren Polizeivollzugsdienstes i. d. F. der Beschlüsse des Kuratoriums vom 21.03.2001 und 08.06.2001 (Umlaufbeschluss), 159 ff.

Erfreulicherweise darf mittlerweile konstatiert werden, dass Begriff und Inhalt in der Lehre angekommen sind; jedenfalls in den meisten polizeilichen Bachelor-Studiengängen, dem Masterstudiengang „Öffentliche Verwaltung – Polizeimanagement" an der DHPol, dem Masterstudiengang „Kriminologie, Kriminalistik und Polizeiwissenschaft" an der Ruhr-Universität Bochum sowie dem gegenwärtig einzigen kriminalistischen Masterstudiengang, der seit 2020 an der Hochschule der Polizei des Landes Brandenburg angeboten wird.[34]

6. Die Weiterentwicklung des Begriffes und der Inhalte

Derweil schritten sowohl die Ausgestaltung der Begrifflichkeit und insbesondere die Entwicklung der Kriminalstrategie in der kriminalpolizeilichen Praxis und auch in der Lehre fort. Aufbauend auf den von *Klink* und *Kordus* gelegten Grundlagen, entwickelten *Brisach* u. a. mit dem im Jahr 2000 erschienen Buch „Planung der Kriminalitätskontrolle" eine in sich geschlossene Darstellung der Kriminalstrategie.[35] Die darin systematisierten Thesen vom strategischen Planen und Handeln bildeten für mehrere Jahre die Grundlage der Ausbildung der Führungskräfte der deutschen Polizei an der Polizei-Führungsakademie. Auch *Lang* und *Schneider* geben diese Inhalte in der komprimierten Form der Lehr- und Studienbriefe wieder.[36] Gleichwohl blieben eine Reihe von Fragen, insbesondere hinsichtlich der Anwendbarkeit der Inhalte der Kriminalstrategie in der polizeilichen Praxis und der Übertragbarkeit allgemeingültiger Thesen auf eine Vielzahl kriminalstrategischer Entscheidungsprozesse offen. Deutlich wurde dieser Mangel z. B. in der von *Stock, Büchler* und *Schneider* bereits 1999 geäußerten Kritik an den Inhalten, der Struktur und den theoretischen Qualitätsanforderungen sog. Bekämpfungskonzepte.[37] Sie gelangten zu dem wenig erfreulichen Schluss: „Intuition und Alltagstheorie scheinen handlungssteuernd zu sein." Es bestehe daher, so die Autoren, ein erheblicher Bedarf an einer systematischen

34 *Berthel, R.* (2022a) 611 – 616.
35 *Brisach, C.-E.* (2000).
36 *Lang, G. & Schneider, A.* (1998).
37 *Stock, R.* u. a. (1999) 386.

Erhebung polizeilicher Bekämpfungskonzepte. Eine Möglichkeit zur Behebung dieses Zustandes sahen sie in der Bereitstellung einer Datenbank, die es den Polizeidienststellen in ganz Deutschland erleichtern sollte, auf den Erfahrungsschatz ihrer Kollegen in anderen Dienststellen zurückzugreifen. In der Tat erwuchs daraus der „Infopool Kriminalitätsbekämpfung/Verkehrssicherheitsarbeit", in den regelmäßig entsprechende Projekte zu melden waren. International existieren verschiedene Datenbanken, z. B. Center for Problem oriented Policing oder das College of Policing oder auf EU-Ebene das Crime Prevention Network.

In der Bundesrepublik gibt es z. B. den Werkzeugkasten Kriminalprävention[38] oder die Grüne Liste des Landespräventionsrates Niedersachsen[39].

Derartige Datenbestände stellen zweifelsohne eine Bereicherung für all diejenigen dar, die mit Aufgaben der Planung und Organisation der Verbrechensbekämpfung zu tun haben. Auffällig ist einerseits die starke Präventionsprägung. Zudem beantworten derartige Datenbanken noch nicht die Frage, welches Handwerkszeug den Praktikern gereicht werden sollte, um weder ausschließlich nach Intention und Alltagstheorie, aber ebenso wenig nur nach dem Vorbild Anderer kriminalstrategische Aufgaben zu lösen. Denn Letzteres würde schnell den Vorwurf des Copy & Paste ohne jegliche theoretische Grundlage einbringen.

7. Der kriminalstrategische Problemlösungsprozess

Eine Ausgestaltung erfuhr der Begriff Kriminalstrategie durch die Fortentwicklung der Lehre an der ehemaligen Polizei-Führungsakademie, der späteren Deutschen Hochschule der Polizei in Münster-Hiltrup. Dass sich gerade an dieser Einrichtung diese Entwicklungen

38 https://uni-tuebingen.de/fakultaeten/juristische-fakultaet/lehrstuehle-und-personen/lehrstuehle/lehrstuehle-strafrecht/stiftungsprofessur/haverkamp-rita/projekte/siba/, Abruf: 23.10.2023.

39 https://www.gruene-liste-praevention.de/nano.cms/datenbank/information, Abruf: 23.10.2023.

vollzogen, leitete sich aus den Lehrinhalten dieser Bildungseinrichtung ab. Die Frage, die diesen Entwicklungen zugrunde lag, war die nach einer Kriminalistik für den sog. höheren Polizeivollzugsdienst, also der Führungsebene der deutschen Polizeien. Das Selbstverständnis, das dem zugrunde lag, lässt sich vermutlich am besten dadurch charakterisieren, dass diese Führungselite den Spagat zwischen sicherheits- und kriminalpolitischen Erwartungen bzw. Forderungen einerseits und der polizeilichen, taktisch geprägten und rechtlichen Rahmenvorgaben unterliegenden Praxis andrerseits nicht nur auszuhalten hatte, sondern dabei gestaltend wirken musste. Zugleich waren wissenschaftliche, insbesondere kriminologische bzw. soziologische Erkenntnisse ebenso wie Überlegungen zur Bürgerbeteiligung oder etwa zu Zusammenarbeitserfordernissen in das Führungshandeln aufzunehmen, um den gesellschaftlichen Entwicklungen und Erwartungen gerecht zu werden. Das alles war in die gesetzlichen Aufträge an die Polizeien einzupassen und verlangte nach einer theoretischen Untermauerung.

Neben einer Vielzahl im Zusammenhang von Lehrveranstaltungen entwickelten Papieren, entstand das Buch „Der kriminalstrategische Problemlösungsprozess – Ein Orientierungsrahmen“.[40] Mit dem Buch unternehmen die Autoren zunächst den Versuch der inhaltlichen Einordnung von Kriminalstrategie innerhalb der Kriminalistik. Gleichzeitig gibt das Buch eine Orientierung, wie kriminalstrategische Konzepte entwickelt werden können. Dieser sehr umfangreiche und bisweilen auch nicht hinreichend übersichtlich strukturierte Versuch eines Orientierungsrahmens war nicht zuletzt Reaktion auf die zu dieser Zeit oft vertretene These, Kriminalstrategie müsse letztlich nur politischen Vorgaben folgen, wie es *Zimmermann* in seiner Strategiedefinition dargestellt hatte. Gleichwohl bildet das Werk den zu Beginn des 21. Jahrhunderts in Deutschland vorherrschenden Stand der Kriminalstrategie ab. Zudem wird darin ein Vorschlag unterbreitet, wie Kriminalstrategie in der (polizeilichen) Praxis angewendet werden kann. Eine der weitreichendsten Aussagen des Buches ist die These, dass Kriminalstrategie und die Anwendung der vorgeschlagenen Planungsmethodik und Planungsinhalte nicht an bestimmte Führungsebenen gebunden sei. Vielmehr sei Strategie ebenenspezifisch

40 *Berthel, R.* u. a. (2006a).

anzulegen und im Hinblick auf ihre Realisierbarkeit eng mit Fragen operativ-taktischer Führungsleistung verknüpft. Im Kern der Kriminalstrategie stehe, so die Autoren, die planerische Leistung. „Gute“ Kriminalstrategie sei daher nicht die Summe spontaner Geistesblitze, von Eingebung oder Berufserfahrung, sondern das Ergebnis professioneller Analyse und der Fähigkeit, methodisch sauber zu agieren.[41] Auch stellte das Buch heraus, dass Kriminalstrategie mehr als Rechtsanwendung und/oder Umsetzung politischer Vorgaben sei. Vielmehr handele es sich um ein prozesshaftes Agieren, das sich *mit der Planung und Organisation der Gesamtheit der Maßnahmen zur Kriminalitätsbekämpfung befasse.*

8. Gesellschaftliche Entwicklungen im ausgehenden 20. Jahrhundert finden ihren kriminalstrategischen Niederschlag

Die gesellschaftlichen Entwicklungs- und Veränderungsprozesse in den 80er und 90er Jahren des 20. Jahrhunderts und die kriminalpolitisch erforderlichen Reaktionen fanden zum einen in den Fortschreibungen des 1974 verabschiedeten Programms Innere Sicherheit in den Jahren 1994 und 2008/2009 sowie zum anderen – auf polizeispezifische Problemfelder bezogen – in der 1999 in Kraft getretenen Polizeidienstvorschrift (PDV) 100 ihren Niederschlag.[42]

Beispielhaft sollen einige diese Entwicklungs- und Veränderungsfelder genannt werden:[43]

- Der zunehmende Anspruch der Öffentlichkeit, Kriminalitätsbekämpfung transparent zu gestalten und den Willen der Bürger mit einzubeziehen.
- Die gewachsene Zahl der mit Fragen der Inneren Sicherheit befassten Akteure.
- Die Erkenntnisse aus polizeiwissenschaftlichen Studien.
- Die sich teilweise revolutionär entwickelnde Kriminaltechnik.

41 *Berthel, R.* u. a. (2006a) 29.
42 Der Senator für Inneres und Sport der Freien Hansestadt Bremen (2009).
43 Vgl. hierzu auch z. *B. Bayley, D. H. & Nixon, C.* (2010).

- Die Verbreiterung der Wissensbasis und die kommunikationstechnischen Möglichkeiten der Elektronischen Datenverarbeitung (Stichwort: Big Data).
- Der wachsende Einfluss der Politik auf das Alltagsgeschäft der Polizei.
- Haushalterische Beschränkungen.
- Einschneidenden Organisationsänderungen in der deutschen Polizei.
- Überregionales und staatenübergreifendes Handeln der Täter.
- Die Entstehung und Fortentwicklung neuer Kriminalitätsphänomene.
- Die wachsenden Anforderungen der rechtlichen Rahmenbedingungen an die Sachbearbeitung und die Führung der Polizei.
- Die Globalisierung vieler gesellschaftlicher Prozesse.
- Die Digitalisierung.
- Die Fortentwicklung des Verhältnisses von Polizei und Staatsanwaltschaft.
- Die Entwicklung eines präventiven Sicherheits- und Risikostrafrechts mit dem Schwerpunkt auf proaktiven Bekämpfungsstrategien.

Dabei wird ein Zusammenhang zwischen der Bewältigung epochaler Kriminalitätsphänomene und der inhaltlichen Entwicklung der Kriminalstrategie beobachtet[44]. Spätestens mit dem Anlaufen der ersten großen Drogenwelle der Nachkriegszeit Ende der 60er Jahre[45] und des RAF-Terrorismus[46] wurde die Polizei vor weitreichende strategische Herausforderungen gestellt, die durch die bloße Fallaufklärung und Einzelfallsachbearbeitung nicht mehr bewältigt werden konnten.

Die strategischen Überlegungen reichten von gefahrenabwehrenden Vorfeldermittlungen[47] über eine wesentlich praxisnähere internationale polizeiliche Zusammenarbeit[48] bis hin zu einer grundlegenden

44 Vgl. *Kasecker, R.* (2008a).
45 Vgl. *Weber*, BtmG, Einleitung, Rn 50.
46 Vgl. *Lemler, K.* (2008).
47 Vgl. *Kasecker, R.* (2008b).
48 Die Bedrohung durch den grenzüberschreitenden Terrorismus der 70er Jahre führte ab 1976 zu einem Zusammenwirken der für die Innere Sicherheit zuständigen Minister aller damaligen EG-Staaten in der sog. TREVI-Kooperation (Terrorism, Radicalism, Extremism, Violence International).

Änderung und Neuausrichtung des Kriminalpolizeilichen Meldedienstes.[49] Spätestens mit der Umsetzung der kriminalpolitischen Überlegungen zur Bekämpfung der Organisierten Kriminalität Anfang der 90er Jahre[50] wurde deutlich, welche Bedeutung die Führung und Steuerung des Kriminalitätsbekämpfungsprozesses erhalten hatte. In den 90er Jahren wurde die strategische Ebene auch zunehmend mit kriminaltaktischen Entscheidungen im einzelnen Ermittlungsfall befasst. Der gesamte Bereich der verdeckten Informationserhebung durch den Einsatz Verdeckter Ermittler, längerfristige Observationen oder etwa die akustische Wohnraumüberwachung erforderte die Entscheidung des Behördenleiters und damit die unmittelbare Führungsverantwortung für taktische Operationen und zwar sowohl für die Gefahrenabwehr als auch im Rahmen der StPO.[51] Schließlich waren es insbesondere die gesellschaftlichen Veränderungsprozesse im Zusammenhang mit den Folgen des illegalen Drogenkonsums, die die strategische Ebene bereits Mitte der 90er Jahre in das Spannungsfeld der Umsetzung neuer Drogenpolitik und Beachtung des Legalitätsprinzips drängte. Die Errichtung und der Betrieb von Drogenkonsumräumen ohne gesetzliche Grundlage zwangen die strategische Ebene zur unmittelbaren Anweisung an Rauschgiftfachkommissariate und vor Ort eingesetzte Kräfte der Schutzpolizei über deren Umgang mit strafrechtlich relevanten Sachverhalten.

Mit der Diskussion um kommunale Kriminalprävention sowie ihren Erfolgen im angloamerikanischen Sprachraum und spätestens seit den Untersuchungen von *Steffen*[52] und *Falk*[53] zur Notwendigkeit einer gemeinwesenorientierten Polizeiarbeit, wurde die subjektive Sicherheit als Planungsgröße für den Kriminalitätsbekämpfungsprozess in den Mittelpunkt einer Neuausrichtung der Polizeiarbeit unter dem Stichwort „Prävention vor Repression"[54] gestellt.

49 Vgl. *Oevermann, Schuster & Simm* (1985).

50 Gesetz zur Bekämpfung des illegalen Rauschgifthandels und anderer Erscheinungsformen der Organisierten Kriminalität (OrgKG) vom 15.7.1992 (BGBl. I S.1302).

51 Vgl. *Ott, K.* (2008) 49.

52 Vgl. *Steffen, W.* (1995).

53 *Falk, B.* (1998).

54 Vgl. PDV 100.

Die Anschläge am 11.09.2001 in New York und die Entdeckung der verantwortlichen Terrorzelle in Hamburg führten auch in Deutschland zu intensiven Überlegungen einer noch stärkeren Vorfeldverlagerung des Kriminalitätsbekämpfungsprozesses. Damit verbunden war die Forderung nach einer neuen Sicherheitsarchitektur[55]. Die Folgeanschläge in Spanien und Großbritannien und die durch diese Vorfeldstrategie verhinderten Anschläge der „Kofferbomber" 2007 und der sog. Sauerlandgruppe im Jahr 2008 in Deutschland bewirkten schließlich eine kriminalpolitische und -strategische Prioritätenänderung. Die Bekämpfung des islamistischen Terrorismus führte zur Ausstattungsoptimierung der Staatsschutzdienststellen, deren organisatorische Rückführung nach der Auflösungserklärung der RAF[56] noch Ende der 90er Jahre lebhaft diskutiert wurde. Dies hatte zumindest statistisch eine deutliche Auswirkung auf die im Hellfeld registrierten Ermittlungskomplexe anderer Kriminalitätsbereiche, die noch Anfang der 90er Jahre im unmittelbaren Fokus standen. Die damit verbundenen Organisationsentscheidungen mussten im Wesentlichen durch die kriminalstrategische Ebene vorbereitet und umgesetzt werden. Damit verbunden war naturgemäß ein einschneidender Eingriff in die Aufbau- und Ablauforganisation anderer Fachbereiche der Kriminalitätsbekämpfung, namentlich der Organisierten Kriminalität und der Rauschgiftkriminalität.

9. Kriminalstrategische Impulse seit der Jahrtausendwende

9.1 Ganzheitliche Ansätze zur Betrachtung gesellschaftlicher Entwicklungen

In der jüngeren Vergangenheit erfuhr kriminalstrategisches Denken und Handeln immer wieder Impulse durch Veranstaltungen des Bundeskriminalamtes. Hier sind insbesondere die BKA-Herbsttagungen[57]zu nennen, die sowohl im nationalen als auch internationalen Kontext einerseits aktuelle Kriminalitätsentwicklungen nachzeichnen und andererseits prognostische Aussagen einfließen lassen und

55 Vgl. *Stegmaier, P. & Feltes, T.* (2007).
56 Vgl. *Lemler, K.* (2008) 151.
57 Bundeskriminalamt (2023a).

mehr und mehr auch konzeptionelle Ansätze zur Prävention und Repression von aktuellen Kriminalitätserscheinen thematisieren. Allein die Titel der Veranstaltungen „Wie halten wir Schritt? – Polizeiliche Strategien für die Zukunft“ (2022)[58], „Innere Sicherheit weiterdenken: Ausgrenzung, Hass und Gewalt – Herausforderungen für den Rechtsstaat und die Sicherheitsbehörden“ (2019)[59] sowie „Polizei im Umbruch – Herausforderungen und Zukunftsstrategien“ (2017)[60] sind beredtes Zeugnis dieser Entwicklung.

Der langjähriger BKA-Präsident, *Jörg Ziercke* postulierte im Rahmen einer Vielzahl von Veranstaltungen einen sog. ganzheitlichen Ansatz bei der Betrachtung und Bewältigung kriminalistisch und sicherheitsrelevanter Fragestellungen. Darunter verstand er die problemorientierte Einbeziehung der Perspektiven (möglichst) vieler Akteure, die im gesellschaftlichen Kontext sicherheitsrelevante Aufgaben erfüllen bzw. Interessen(-gruppen) repräsentieren, in die Problembeschreibung, -analyse und -lösung.

9.2 Kooperationsformen

Hier sollen exemplarisch verschiedene Kooperationsformen mit strategischer Ausrichtung dargestellt werden. Dabei wir sowohl auf solche mit nationaler wie auch regionaler Schwerpunktsetzung eingegangen.

Als Meilensteine der institutionalisierten Verkörperung dieser Denkweise sind zweifellos die Einrichtung und der erfolgreiche Betrieb ressortübergreifender Institutionen, wie etwa des seit 2004 etablierten GTAZ, des Gemeinsamen Terrorismusabwehrzentrums[61] zu bezeichnen. In diesem Kontext sind auch Vereinbarungen zu verstehen, die unter der Überschrift „Public-Private Partnership“ neue Kooperationen formten. Dazu zählen etwa die Kooperationsvereinbarung des BKA mit dem German Competence Centre against Cybercrime e.V.“ (G4C)[62] oder die jährlich stattfindenden Wirtschaftskon-

58 *Berthel, R.* (2023b).
59 *Berthel, R.* (2020f) 101 – 109.
60 *Berthel, R,* (2018).
61 Bundesministerium des Innern (2011).
62 Vgl. G4C (2023) sowie Bundeskriminalamt (2014).

ferenzen von BKA, Bundespolizei, Zollkriminalamt und anderen Institutionen sowie Vertretern der Wirtschaft[63]. Auf regionaler Ebene existiert mittlerweile eine Vielzahl von Kooperationen, die die Vorbeugung und Bekämpfung von Kriminalität zum Gegenstand haben. Ein Beispiel ist die Kooperation zwischen der Stadt Gelsenkirchen, der Direktion Kriminalität der Polizei Gelsenkirchen und dem Bundeskriminalamt über die Implementierung und Evaluation des Analysetools ELSA („Evidenzbasierte lokale Sicherheitsanalysen“).[64]

Ebenfalls in Nordrhein-Westfalen hat sich der Interbehördliche Koordinierungskreis (IBK) in der Region Essen/Mühlheim bewährt. In dieser Kooperationsform, die die Bekämpfung der Clankriminalität zum Gegenstand hat, wird das Handeln von Polizei, Finanzämtern der Städte Essen und Mühlheim, der zuständigen Staatsanwaltschaften sowie des Zollfahndungsamtes Essen gebündelt und abgestimmt.[65]Andere Kooperationen, etwa im Bereich der Bekämpfung der Cybercrime schließen die Zusammenarbeit der Polizei mit Wirtschaft und Wissenschaft, Unternehmen und Forschungsinstituten ein.[66] Derartige Kooperationsformen stellen aus institutioneller Perspektive eine Antwort auf die immer dynamischen gesellschaftlichen und technischen Entwicklungen und die damit einhergehenden neuen Kriminalitätserscheinungen dar. Im Alleingang werden die Strafverfolgungsbehörden allein aufgrund der durch öffentliche Haushalte nicht bzw. nicht ausreichend verfügbaren Mittel für personelle und technische Ressourcen zur Verbrechensbekämpfung nicht in der Lage sein, den immer wieder neuen Kriminalitätserscheinungen nur annähernd adäquat begegnen zu können.

Im Bereich der Sicherheitsforschung stellen etwa die Kooperation zwischen dem Bundeskriminalamt und dem Deutschen Zentrum für Luft- und Raumfahrt e.V. (DLR)[67] oder das 2023 abgeschlossene Projekt „Pflegeforensik“ der Polizeidirektion Leipzig, der Generalstaatsanwaltschaft Dresden und des Fraunhofer Instituts für Techno- und Wirtschaftsmathematik (ITWM) zur Unterstützung Verfolgung

63 Vgl. u. a. *Witt, D.* (2015) 113 – 117.
64 *Voregger, M.* (2022).
65 *Richter, F. & Dienstbühl, D.* (2022) 418 ff.
66 Bundeskriminalamt (2013b).
67 Bundeskriminalamt (2015).

von Abrechnungsbetrug in der Pflege durch Künstliche Intelligenz[68] Beispiele dar.

Daneben dürften allerdings auch eigene Aktivitäten zur wissenschaftlichen Untersuchung und konzeptionellen Aufbereitung von Kriminalitätsphänomenen durch die Sicherheitsbehörden unumgänglich sein. Allein durch Kooperationen und/oder Outsourcing von Aufgaben können die gesellschaftlichen Erwartungen an Sicherheit nicht erfüllt werden.

Hillen ordnet die Herausbildung und Entwicklung der Kriminalstrategie in den Kontext der gesellschaftlichen Entwicklungen wie folgt ein: „*Die Etablierung als Teildisziplin ist daher auch eine Folge des Globalisierungsprozesses, des Wegfalls innerstaatlicher Grenzen in der Europäischen Union, der Migrationsbewegungen sowie der neuen Informations- und Kommunikationstechnologien. Längst sind auf nationaler und internationaler Ebene eine institutionelle und informationstechnische Infrastruktur (Europol, Eurojust, Schengener Abkommen) geschaffen worden, die diesen gesellschaftlichen, politischen und ökonomischen Veränderungen Rechnung trägt und die ein planmäßiges, langfristiges, gebündeltes und koordiniertes Vorgehen bei der Kriminalitätsbekämpfung ermöglicht. Die Anpassung der Kriminalistik als Hilfswissenschaft an die neu definierten Anforderungen der Strafverfolgung kommt besonders in der konzeptionellen Aufwertung der Kriminalstrategie zum Ausdruck.*“[69]

Nicht zuletzt sind Sicherheitsbehörden und alle Institutionen, die Kriminalistik im Allgemeinen und Kriminalstrategie im Besonderen anwenden und weiterentwickeln, aufgerufen, eigene konzeptionelle Vorstellungen zu entwickeln. Diese Notwendigkeit erlangt vor dem Hintergrund der zunehmenden Einflussnahme der Innenpolitik auf kriminalstrategische Entscheidungen zusätzlich an Gewicht. Der über Jahre andauernde Kampf um die Widereinführung der sog. Vorratsdatenspeicherung oder die „Cannabis-Freigabe-Debatte“ belegen das im gesamtgesellschaftlichen Kontext. Nicht zuletzt werden immer wieder massive Eingriffe politischer Entscheidungsträger in strafprozessual gebotene Maßnahmen festgestellt.[70] Auch in diesem Kontext, ist eine klare kriminalstrategische Positionierung dringend erforderlich.

---

68 Polizei Sachsen (2023) sowie Fraunhofer (2023).
69 *Hillen, H.* (2015).
70 *Küch, U.* (2013) sowie Deutscher Richterbund (2015).

9.3 Kriminalistik 2.0 als Begriff wird geprägt

In Anlehnung an den Begriff Web 2.0[71] wurde 2013 der Begriff Kriminalistik 2.0 maßgeblich durch das Bundeskriminalamt und seinen damaligen Präsidenten *Jörg Ziercke* geprägt. Er ist im Wesentlichen durch die folgenden Herausforderungen an die Kriminalistik gekennzeichnet:

- Das Internet ist die perfekte Plattform zur Begehung von Straftaten: Schnell, anonym, weltweit vernetzt.
- Cybercrime hat das Potential zum Massendelikt: Spezifische Täter-Kenntnisse sind nicht zwingend notwendig. Zugänge und Tatgelegenheiten sind nahezu unbegrenzt. Jeder kann Opfer werden: Bürger, Unternehmen, Staat.
- Die Innovationszyklen krimineller Tatbegehungsweisen werden immer kürzer: Täter sind höchst flexibel, suchen immer nach neuen Einfallstoren und nutzen jede technische Möglichkeit für ihre Zwecke.
- Kommunikation und Interaktion im Internet wird anonymer: Verschlüsselung, Kryptierung und Anonymisierung nehmen deutlich zu.
- Nationale Grenzen sind irrelevant: Tatorte, Taterfolgsorte und Aufenthaltsort der Täter sind unabhängig voneinander. Beweismittel finden sich nicht mehr durchgängig am Tatort, sondern ausgelagert in einer Cloud.
- Es gibt kein eindeutiges Profil von Cyberkriminellen: Vom Amateur bis zum Profi sind alle technischen Fähigkeiten vertreten, die Motivlagen sind höchst unterschiedlich: Monetäre, ideologische, politische Ziele treten unabhängig voneinander auf oder vermischen sich.

Daher sind die Sicherheitsakteure gefordert, auf der Höhe der Zeit zu bleiben: Technische Voraussetzungen, geschultes Personal, rechtlich geeignete Rahmenbedingungen und hohe Anpassungsfähigkeit der

71 Der Begriff Web 2.0 entstand bereits 2004 und wurde maßgeblich durch Brainstorming zwischen Vertretern von O'Reilly Media und MediaLive International geprägt. Das Web 2.0 zeichnet sich durch Cloud Computing, deutlich höhere Datenraten als das Web 1.0 und insbesondere durch interaktive und kollaborative Elemente aus. Umgangssprachlich wird das Web 2.0 auch als „Mitmach-Web" bezeichnet.

Strafverfolgungsbehörden sind national und international durchgängig notwendig. Sicherheit im Internet kann nur durch Kooperationen gewährleistet werden: Schulterschlüsse zwischen Nationen, enge Kooperationen mit Wirtschaft und Wissenschaft sowie das Vertrauen der Bürgerinnen und Bürger in ihre Sicherheitsbehörden sind die Schlüssel einer effektiven Bekämpfung, um das notwendige Vertrauen ins Internet zu bewahren.[72]

9.4 Sicherheit und Kriminalität in Deutschland – SKiD 2020

In der jüngeren Vergangenheit hat sich in der Bundesrepublik die Überzeugung durchsetzen können, dass sowohl eine wirksame Kriminalprävention als auch die erfolgreiche Strafverfolgung möglichst umfassende Kenntnisse zum aktuellen Kriminalitätsaufkommen erfordern. Zu den Erkenntnisquellen zur Kriminalitätslage und -entwicklung, die regelmäßig durch die Polizeiliche Kriminalstatistik (PKS) und Lagebilder gewonnen werden, gehörten auch Untersuchungen zum kriminalstatistischen Dunkelfeld.

Opferbefragungen stellen daher eine notwendige Ergänzung des Erkenntnisaufkommens zur Kriminalität in der Gesellschaft dar und sind zugleich eine wichtige Voraussetzung, um strategische Ausrichtungen möglichst zielgenau vornehmen zu können.

„Die Dunkelfeldbefragung ‚Sicherheit und Kriminalität in Deutschland‘ (SKiD) ist als sogenannter Crime Survey konzipiert, dessen Schwerpunkt in der Aufhellung des kriminalstatistischen Dunkelfeldes liegt. Die für die Studie zufällig ausgewählten Bürgerinnen und Bürger werden dafür nach möglichen Erfahrungen als Opfer einer Straftat befragt. Aber auch Informationen zum Sicherheitsgefühl sowie Einstellungen gegenüber und Erfahrungen mit der Polizei finden Berücksichtigung.“[73]

Diese mittlerweile verstetigte Befragung stellt eine maßgebliche Datengrundlage für einerseits die strategische Ausrichtung der Sicherheitsakteure und andererseits die Politikberatung dar.

72 *Ziercke, J.* (2013b).
73 Bundeskriminalamt (2023b).

9.5 Abschlussbericht der Regierungskommission „Mehr Sicherheit für Nordrhein-Westfalen"

Ein kriminalstrategisches Dokument, das aufgrund seiner Systematik, der Entstehungsgeschichte und maßgeblicher Aussagen durchaus bundesweite Bedeutung erlangte, wurde zwischen Januar 2018 und Februar 2020 durch die Regierungskommission „Mehr Sicherheit für Nordrhein-Westfalen" entwickelt.[74]

Exemplarisch sollen hier einige wesentliche Inhalte abgebildet werden:

- Analysen und Empfehlungen zur Kommunalen Sicherheit u. a. mit Ausführungen zur Gewaltprävention und zur „Resilienz" von Städten"
- Empfehlungen zu polizeilichen Eingriffs- bzw. Handlungsmöglichkeiten im Bereich Verbrechensbekämpfung
- Empfehlungen zu einzelnen Kriminalitätsphänomenen, etwa zur Bekämpfung von Erscheinungsformen des politischen Extremismus", der Hasskriminalität, der Organisierten und Cyber-Kriminalität
- Empfehlungen zum Umgang mit bestimmten Tätergruppen
- Empfehlungen zum Opferschutz
- Zusammenarbeitsempfehlungen
- Empfehlungen zur grenzüberschreitenden Zusammenarbeit sowie
- Anregung zur Einführung eines Periodischen Sicherheitsberichts auch in Nordrhein-Westfalen

9.6 Strategische Ansätze bei der Bekämpfung der Organisierten Kriminalität

9.6.1 Überblick

Am Beispiel der Bekämpfung der Organisierten Kriminalität (OK) sollen hier strategische Bekämpfungsansätze in Deutschland und im europäischen Raum exemplarisch abgebildet werden.[75]

74 Regierungskommission NRW (2020).

75 Weiterführende Literatur zu Strategien bei der OK-Bekämpfung: BMI (2006) 482 f; *Sinn, A.* (2016); *v. Lampe, K. & Knickmeier, S.* (2018); *Laudan, S.* (2019) und *Laudan, S.* (2021; *Michel, St. & Walch, A.* (2020); *Richter, F.*, (2021); *Kleinschmidt, Th.* (2021); *Dennhardt, Y.* (2022).

Als wesentliche Dokumente im europäischen bzw. nationalen Kontext seien genannt:

- Beschluss der 1. Sondersitzung der Kommission Organisierte Kriminalität (KOK) in Eltville am 16./17.08.1999 (Eltviller Empfehlungen)
- EU-Strategie zur Bekämpfung der organisierten Kriminalität 2021-2025, Europäische Kommission, 2021[76]
- Strategie zur Bekämpfung der Schweren und Organisierten Kriminalität – Kriminelle Strukturen der OK nachhaltig zerschlagen, Bundeministerium des Inneren und für Heimat, 2022[77]

In der Folge werden exemplarisch einige strategische Empfehlungen dieser Dokumente, die lage- und organisationsbezogen umgesetzt wurden/werden, kurz aufgezählt:

9.6.2 Eltviller Empfehlungen

- Ausrichtung der polizeilichen Ziele und Organisationsstrukturen auf die Erfordernisse der OK-Bekämpfung
- umfassende Informationsgewinnung und -verarbeitung
- abgestimmte Ermittlungsführung und
- intensive Zusammenarbeit mit anderen Behörden

9.6.3 EU-Strategie zur Bekämpfung der organisierten Kriminalität

- Förderung der Zusammenarbeit zwischen Strafverfolgungs- und Justizbehörden
- Zerschlagung von Strukturen der organisierten Kriminalität und Bekämpfung von Straftaten mit hoher Priorität
- Ausschluss von Gewinnen aus der organisierten Kriminalität und Verhinderung des Eindringens in die legale Wirtschaft und Gesellschaft
- Strafverfolgung und Justiz für das digitale Zeitalter rüsten

---

76 Europäische Kommission, Mitteilung der Kommission an das Europäische Parlament, den Rat, den Europäischen Wirtsschafts- und Sozialausschuss und den Ausschuss der Regionen über eine EU-Strategie zur Bekämpfung der organisierten Kriminalität 2021-2025, 14.04.2021.

77 https://www.bmi.bund.de/SharedDocs/downloads/DE/veroeffentlichungen/2022/Strategie-OK.html, Abruf: 30.08.2023.

… mit unterlegten Empfehlungen/Forderungen an die Mitgliedsstaaten, die Kommission, EUROPOL; CEPOL sowie das Europäische Parlament und den Rat

9.6.4 Strategie zur Bekämpfung der Schweren und Organisierten Kriminalität des BMI

- Verdächtige Vermögenswerte erkennen und festsetzen
- Finanzermittlungen qualitativ und quantitativ stärken
- Zentrale Informations-, Daten- und Auswerteplattform einrichten
- Gemeinsame Plattform der OK-Bekämpfung (GPOK) etablieren
- Transport- und Vertriebswege von OK-Gruppierungen zerschlagen
- Clankriminalität und Umweltkriminalität intensiver bekämpfen
- Einführung eines „Security4Germany" Programms[78]

9.7 Zusammenarbeit in Bund und Bundesländern mit BKA als Netzknoten und Zentralstelle der Zukunft

Mit dieser etwas sperrigen Begrifflichkeit regte der Präsident des Bundeskriminalamtes, *Holger Münch* im Rahmen der Herbsttagung des BKA 2021 vier strategische Anpassungen an. Diese wurden basierend auf ätiologischen und phänomenologischen Betrachtungen (Vgl. Ausführungen unter IV.9.4 Sicherheit und Kriminalität in Deutschland – SKiD 2020) entwickelt.[79] Nicht ausschließlich, allerdings maßgeblich, war die Überlegung, der kriminellen digitalen Vernetzung eine polizeiliche digitale Vernetzung – dem Crime-as-a-Service ein Crimefighting-as-a-Service – entgegenstellt werden müsse. Dafür sei ein systemischer Ansatz, der die Entwicklung des BKA hin zu einer Zentralstelle der Zukunft beinhalte, erforderlich. Bestandteile dieses Ansatzes sind:

78 Angelehnt an die bereits bestehenden Programme „Work4Germany" und „Tech4Germany" soll die Expertise innerhalb von Sicherheitsbehörden im Rahmen einer Initiative „Security4Germany" ausgeweitet werden. Ziel ist es, dass der projektierte Einsatz von Fachkräften aus bestimmten Themengebieten für einen festgelegten Zeitraum auch in deutschen Sicherheitsbehörden ermöglicht wird.

79 Ausführlich: *Münch, H.* (2021), S. 4 ff.; *Berthel, R.* (2022b) 155 f. sowie *Berthel, R.* (2023b) 171 f.

- **Plattformstrategie**: Die Polizei arbeitet im Rahmen der Plattformstrategie an und auf einer gemeinsamen digitalen Plattform mit einem Datenhaus und für alle verfügbaren Anwendungen. Das BKA entwickelt sich zu einem zentralen IT-Dienstleister der Polizei in Deutschland weiter. Fähigkeiten werden einmal entwickelt und allen Teilnehmern zur Verfügung gestellt.
- **Crimefighting-as-a-Service**: Das BKA ist hierbei zentraler Service- und Solution-Provider für den polizeilichen Verbund. Es stellt finanziell und technisch anspruchsvolle Lösungen für die Kriminalitätsbekämpfung zur Verfügung.
- **BKA als nationale und internationale digitale Eingangsstelle**: Das BKA ist bereits digitale Eingangsstelle für polizeiliche Informationen aus dem Ausland – und künftig zunehmend auch für definierte Bereiche im Inland.
- **Lastenausgleich**: Das BKA entlastet die Länderpolizeien durch die vermehrte Übernahme von Ermittlungsverfahren und unterstützt bedarfsgerecht im polizeilichen Verbund.

V. Rahmenbedingungen, Einflussfaktoren und Spannungsfelder kriminalstrategischer Planung

1. Grundsätzliches

„Es ist gewöhnlich vernünftig, bei der Behandlung eines Missstandes nicht nur diesen selbst zu betrachten, sondern zusätzlich das System, in das er eingebettet ist. Sonst gerät man leicht in die Gefahr, nur die Symptome zu kurieren und nicht die eigentlichen Wurzeln des Übels. Auch gerät man in die Gefahr, unangenehme Neben- und Fernwirkungen der eigenen Eingriffe zu übersehen und infolge dessen durch bestimmte Maßnahmen auf die Dauer mehr Schaden als Nutzen zu stiften“.[1]

Setzen wir für den Begriff Missstand, das Wort Problem, dann wird deutlich, dass wir uns einer Bewertung von kriminalstrategischen Problemen nur sachgerecht widmen können, wenn wir die Rahmenbedingungen betrachten, unter denen diese Probleme existieren.

„Polizeiliches Handeln muss – über die Bindung an Recht und Gesetz hinaus – politische, wirtschaftliche und gesellschaftliche Rahmenbedingungen berücksichtigen.“[2]

Planung ohne Kenntnis und Beachtung der wesentlichen, die strategische Arbeit bestimmenden Rahmenbedingungen ist nicht professionell und wird auch nicht von Erfolg gekrönt sein.

Die Erarbeitung kriminalstrategischer Konzepte, die Bearbeitung kriminalstrategischer Problemstellungen insgesamt wird von einer Vielzahl von Rahmenbedingungen beeinflusst. Diese Erkenntnis wurde bereits 1973 formuliert. *Schäfer* beschreibt unter der Überschrift „Einwirkende Faktoren“ die Abhängigkeit der Kriminalstrategie etwa von den *„gesamtpolitischen Verhältnissen, von wirtschaftlichen und soziologischen Veränderungen vom Wechsel der moralischen und ethischen Anschauungen (… .)“*[3] Die von den Autoren

---

1 *Dörner, D.* (1992) 109.
2 PDV 100, Nr. 1.1, 4. Abs.
3 *Schäfer, H.* (1973) 48.

verwendete Definition von Kriminalstrategie trägt dem Rechnung, indem sie ausdrücklich auf die den **Organisationszweck** bestimmenden

- rechtlichen,
- wirtschaftlichen,
- kulturellen,
- historischen,
- politischen und
- sozialen

Rahmenbedingungen hinweist.

Die Rahmenbedingungen stehen in mannigfaltigen Wechselbeziehungen, ihre Bindungswirkung ist unterschiedlich. Gesetzliche Vorgaben und politische Weisungen bieten nur geringe Interpretationsspielräume. Hingegen sind kulturelle und wirtschaftliche Faktoren auslegungs- und gestaltungsfähig.

In der Folge werden einige Anhalte vermittelt, welche Rahmenbedingungen Einfluss auf die Entwicklung von Kriminalstrategien haben können. Eine Checkliste stellen diese Darstellungen allerdings nicht dar. Vielmehr sind im Rahmen der Analyse der Ausgangslage die jeweils relevanten Rahmenbedingungen zu ermitteln.[4]

Grundsätzlich kann nach inneren und äußeren Faktoren unterschieden werden. „Äußere Faktoren wirken durch Fremdvorgaben auf die Polizei ein, sind ggf. durch Rückkopplung und Beratungen beeinflussbar. Innere Einflussfaktoren werden in der Institution Polizei selbst, möglicherweise aber auch aufgrund äußerer Rahmenbedingungen, gestaltet. Sie sind aber grundsätzlich einer strategischen Formung durch Führungsentscheidungen in der Polizei zugänglich.“[5]

---

4 Zu Rahmenbedingungen vgl. auch: *Rogge, H.-W.* (2005) 140f. und *Heinz, W. & Koch, K.-F.* (1992) 81 ff; sowie *Brisach, C. E.* u. a. (2000) 44 ff.

5 *Berthel, R.* u. a. (2006a) 32.

2. Innere Einflussfaktoren

Innere, also insbesondere auf die jeweilige Organisation bezogene Faktoren können sein:

- strategische Grundsatzdokumente der Polizeiorganisation[6]
- die Personalsituation
- der Ausbildungsstand der Bediensteten
- haushälterische Rahmenvorgaben
- die Aufbauorganisation
- ablauforganisatorische Festlegungen bzw. Gepflogenheiten
- Leitbilder und Qualitätsstandards
- Grundsatzdokumente, etwa Erlasse, Beschlüsse usw.

3. Äußere Einflussfaktoren

Ganz allgemein lassen sich folgende Oberbegriffe für äußere Rahmenbedingungen/Einflussfaktoren nennen:

- wirtschaftliche Entwicklung
- politische Entwicklungen
- rechtliche Regelungen
- mediale Reaktionen
- öffentliche Wahrnehmung/Subjektive Sicherheit
- soziale Medien

Konkrete Beispiele sind etwa:

- Internationaler islamistischer Terrorismus
- regionale Konflikte – Scheitern von Staaten (failing/failed states)
- demographische Entwicklungen
- Migration bzw. illegaler Aufenthalt in der Bundesrepublik Deutschland
- Klimawandel
- technologische Entwicklungen (z. B. Künstliche Intelligenz)

6 So haben z. B. die Polizeibehörden des Landes Nordrhein-Westfalen mehrjährige Behördenstrategien entwickelt und sich konkrete Behördenziele gesetzt. Mit diesen Zielen werden jene Bereiche polizeilichen Handelns beschrieben, in denen die Polizei schwerpunktmäßig handeln sollte.

Äußere Faktoren, die sich teilweise auch direkt mit inneren überlagern oder von diesen abgebildet werden, sind z. B.

- Beschlusslagen polizeilicher oder übergreifender Gremien, etwa des Arbeitskreises II der Innenministerkonferenz[7] oder der AG Kripo bzw. von Kooperationsformen etwa von Public Private Partnerships
- organisatorische Veränderungen der Strafverfolgungsbehörden und/oder Veränderungen der Sicherheitsarchitektur allgemein.

Die Einflussfaktoren überlagern sich immer mehr. Entfernungen werden irrelevant; äußere und innere Sicherheit lassen sich nicht immer scharf trennen. In der Folge weisen Innenpolitik, Außenpolitik und Justizpolitik zunehmend mehr gemeinsame Bezugspunkte auf. Es kommt deshalb bei der Betrachtung der Rahmenbedingungen stets auf einen ganzheitlichen Ansatz an.

In jedem Fall sind die angestellten Betrachtungen zu den Einflussfaktoren auf die jeweilige Strategie im Konzept zu dokumentieren.

4. Ausgewählte Spannungsfelder

4.1 Grundsätzliches

Die Kriminalitätsbekämpfung[8] und ihre Ergebnisse unterliegen unterschiedlichen Einflussgrößen. Innere und äußere Faktoren wurden bereits kurz dargestellt. Kriminalstrategisches Handeln erfolgt stets in sog. Spannungsfelder, von denen die wesentlichen hier kurz erläutert werden. Dabei kann es nicht Ziel sein, aus der Darstellung der Spannungsfelder Lösungsmuster abzuleiten, die für jegliche Situation genutzt werden können. Vielmehr ist es Anliegen, diejenigen, die mit der Entwicklung von Kriminalstrategien betraut sind, auf die „Stolpersteine“ hinzuweisen, die die Spannungsfelder beinhalten. Nicht

7 Ausführlich zur kriminalstrategischen Bedeutung polizeilicher bzw. innenpolitischer Gremien vgl. VIII.5 (Kriminalstrategisch relevante Gremien).

8 Zum Zusammenhang mit dem Begriff der Kriminalitätskontrolle vgl. *Kaiser, G.* (1996) 219.

zuletzt ist das Wissen um diese wichtige Voraussetzung für die Analyse der Lage einerseits und andererseits für den Erfolg der Strategie.

Eine besondere Herausforderung besteht in der großen Nähe und in den Überschneidungen der Kriminalstrategie mit der Kriminalpolitik. Inhalt und Rolle der Kriminalpolitik wurden in Ziff. III.2.5 ausführlich dargestellt.

Die objektive Beratung der Politik zählt zu den wichtigsten Aufgaben staatlicher Kriminalstrategie.[9] Allgemein sind das Fachwissen um die Entstehungsbedingungen und die Erscheinungsformen der Kriminalität, aber auch das Wissen und die Erfahrungen im Hinblick auf die Wirksamkeit polizeilicher Intervention, die Grundlagen dieser Politikberatung

Ferner fließen in solche Beratungen wissenschaftliche Erkenntnisse, etwa aus der Kriminologie, den Rechtswissenschaften, der forensischen Medizin oder der Soziologie ein. Andererseits sind zur Umsetzung kriminalpolitischer Entscheidungen Kriminalstrategien zu entwickeln. Ein Beispiel ist das Programm für die Innere Sicherheit. Erstmals 1974 erarbeitet und 1994 fortgeschrieben, wurde es 2008 und 2009 neu beraten und inhaltlich überarbeitet.[10]

Bei der Entwicklung von Kriminalstrategien ist die Polizei oft sowohl beratender Ausgangspunkt und zugleich Realisierungsinstanz. Dies führt zwangsläufig zu einer sehr starken Nähe der Polizei(-führung) zur Politik. Wenngleich diese Nähe sogar aufbauorganisatorisch verankert ist, etwa in den Polizeiabteilungen der Innenresorts, darf sie nicht dazu führen, dass keine vernünftige Beratung mehr stattfindet, teilweise abstruse Ideen einfach umgesetzt werden oder sogar im Sinne eines vorauseilenden Gehorsams das getan wird, von dem man glaubt, es sei die Auffassung des Ministers.[11]

Ein Beispiel für unterschiedliche Rahmenbedingungen sind die sich teilweise widersprechenden sucht- und drogenpolitischen Strategien

9 Vgl. insoweit die „Hergebrachten Grundsätze des Berufsbeamtentums“, insbesondere die Treuepflicht und die Pflicht zur parteipolitischen Neutralität im Dienst (Art. 33 Abs. 5 Grundgesetz).

10 Ständige Konferenz der Innenminister und -senatoren der Länder (IMK), (2008/2009).

11 Vgl. *Berthel, R.* (2005a) und (2005b).

der Bundesländer trotz einer einheitlichen Gesetzgebung[12], einer bundeseinheitlichen Nationalen Strategie zur Drogen- und Suchtpolitik[13] und des Programms für Innere Sicherheit.

Weshalb beobachten in einigen Bundesländern die Verfassungsschutzbehörden die Organisierte Kriminalität und in anderen Bundesländern nicht? Weshalb ermöglichen noch nicht alle Polizeigesetze in Deutschland verdachtsunabhängige Kontrollmaßnahmen auf überregionalen Verkehrswegen? Ist die Gefährdungslage tatsächlich so verschieden?

Kriminalstrategien werden nicht im Vakuum entwickelt. Sie haben stets die gegebenen Rahmenbedingungen zu berücksichtigen und bewegen sich in einem oder mehreren sogenannten Spannungsfeldern, in denen sich widerstreitende Interessen finden. Bei der Entwicklung von Kriminalstrategien muss daher ein akzeptabler Ausgleich zwischen diesen Interessen gefunden werden.

Diese Spannungsfelder sind unter anderem:

- Freiheit versus Sicherheit
- Bewusst begrenzte Ressourcen versus optimale Aufgabenerfüllung
- Priorisierung versus Legalitätsprinzip
- Kriminalstrategische Planung versus Fremdbestimmung
- Geheimhaltungspflicht versus Transparenz

Je nach Akteur können sich diese Spannungsfelder verschieden darstellen. So gibt es beispielsweise für Unternehmen trotz bestimmter Meldeverpflichtungen kein Legalitätsprinzip im Sinne der Anzeige und strafrechtlichen Verfolgung festgestellter Verstöße.

Deshalb werden hier die Spannungsfelder ausschließlich aus der Perspektive der Polizei betrachtet.

12 Betäubungsmittelgesetz in der Fassung der Bekanntmachung vom 1. März 1994 (BGBl. I S. 358), das zuletzt durch Artikel 2 des Gesetzes vom 26. Juli 2023 (BGBl. 2023 I Nr. 204) geändert worden ist.

13 Bundesministerium für Gesundheit (2012).

4.2 Das Spannungsfeld Freiheit versus Sicherheit

Der Staat hat nach außen und innen für die Sicherheit der Bürger zu sorgen. Im Inneren obliegen der Polizei die Abwehr von Gefahren und die Verfolgung begangener Straftaten.[14] Kriminalitätsbekämpfung durch Prävention und Repression ist damit Kernstück des polizeilichen Sicherheitsauftrages. Kriminalitätsbekämpfung als Teil der kriminalrechtlichen Sanktion ist die Ultima Ratio der Sozialpolitik.[15] Der polizeiliche Strafverfolgungsauftrag greift dort, wo andere soziale Mechanismen keinen Erfolg versprechen bzw. nicht erfolgreich waren. Und in der Regel stellt der Gesetzgeber den Strafverfolgungsorganen die Möglichkeiten für eine effektive Strafverfolgung erst nach intensiven Abwägungsprozessen zur Verfügung. Man denke an die Entscheidungen des Bundesverfassungsgerichts zur heimlichen Infiltration eines informationstechnischen Systems, die sogenannte Online-Durchsuchung[16], zur sogenannten Vorratsdatenspeicherung[17] oder in der Vergangenheit an die Diskussion um das so genannte milieugerechte Verhalten von Verdeckten Ermittlern.[18]

Hat sich der Gesetzgeber bei einer bestimmten Schwere von Normverletzungen aber einmal entschlossen, diese Befugnisse und Ressourcen zur Verfügung zu stellen, dann will er auch, dass Kriminalitätsbekämpfung konsequent zu erfolgen hat. *Kniesel*[19] stellt diese Position strittig. Der Bürger erfahre nämlich in der Begegnung mit der Polizei nicht nur, was er von seinem Staat zu erhoffen, sondern auch zu befürchten hat. Der Staat, der als Ordnungs- und Schutzmacht seine Bürger vor Übergriffen Dritter bewahren soll und deshalb mit scharfen Waffen ausgestattet ist, kann diese nämlich auch gegen seine unbescholtenen Bürger richten. Dabei bestimmt der Grad der Gefährdung der Sicherheit auch das Maß an hoheitlicher Machtaus-

14 Vgl. *Kniesel, M.* (1996) 43.
15 Vgl. *Kaiser, G.* (1996) 1091.
16 Vgl. z. B. BVerfG, Urteil des Ersten Senats vom 27. Februar 2008,- 1 BvR 370/07 – Rn. (1-333). URL: http://www.bverfg.de/e/rs20080227_1bvr037007.html, Abruf: 27.1.2016.
17 Vgl. z. B. BVerfG, Beschluss des Ersten Senats vom 24. Januar 2012, – 1 BvR 1299/05 – Rn. (1-192). URL: http://www.bverfg.de/e/rs20120124_1bvr129905.html, Abruf: 27.1.2016.
18 Vgl. *Kasecker, R.* (2003) 9.
19 Vgl. *Kniesel, M.* (1996) 43f.

übung des Staates (und seiner Polizei). Dieser Zielkonflikt beherrscht die Sozial- und Rechtspolitik ebenso wie die neuere Kriminologie. Denn Freiheit kann sich nur entfalten, wenn die elementaren Sicherheitsbedürfnisse befriedigt werden.[20] Freiheit also durch Einschränkung der Freiheit?

Im Spannungsfeld zwischen Sicherheit und Freiheit muss die Balance gewahrt bleiben, ein „Kompromiss", der von den politischen und gesellschaftlichen Kräften immer wieder neu ausgehandelt werden muss. Gerade an dieser Stelle ist aber auch eine kriminalstrategische Beratung zwingend erforderlich, um Fachlichkeit politischen, wirtschaftlichen oder anderen Interessenlagen entgegen zu stellen. Einige Positionen sind in diesem Kontext nicht verrückbar. So wird es die von Sicherheitsexperten immer wieder aufgestellte Forderung der „Waffengleichheit mit dem Organisierten Verbrechen"[21] nicht geben. Denn es kann kein Maximum an Sicherheit und gleichzeitiger Freiheit geben. Auch die polizeiliche Gewaltandrohung zur Erzwingung einer Erklärung nicht nur im Strafverfahren, sondern auch für Gefahrenabwehrzwecke (Folter) bleibt verboten. An dieser Stelle ließen sich noch weitere Beispiele anführen, etwa die Diskussion zur Nutzung von Erkenntnissen ausländischer Nachrichtendienste oder zum Einsatz verfahrensübergreifender Recherche- und Auswertesoftware.

Die Angst vor Straftaten hat seit Jahren nicht mehr die Bedeutung unter der deutschen Bevölkerung. Dies wird durch die 2023 veröffentlichten Ergebnisse der R+V-Studie „Die Ängste der Deutschen" erneut bestätigt.[22] Danach haben zwar 24 % Angst vor Straftaten. Diese Sorge liegt aber nur auf Platz 23. Auch die Angst vor Terrorismus steht mit 38 % nur auf Platz 19.

Findet sich Kriminalitätsbekämpfung also zwischen allen Stühlen? In der Tat! Und spätestens hier beginnt eine der Kernaufgaben der Kriminalstrategie.

20 Vgl. *Kaiser, G.* (1996) 208.
21 *Rzepka, D.* (1999) 347.
22 InfoCenter der R+V Versicherung „Die Ängste der Deutschen 2023". https://www.ruv.de/newsroom/themenspezial-die-aengste-der-deutschen/grafiken-zahlen-ueberblick, Abruf: 20.12.2023.

Das Spannungsfeld Freiheit vs. Sicherheit wird durch (kriminal)politische Entscheidungen ausbalanciert. In diesem Zusammenhang ist der Umgang der Europäischen Union mit diesem Spanungsfeld bemerkenswert. In der EU-Strategie für die Sicherheitsunion[23] heißt es: „Sicherheit und Achtung der Grundrechte sind keine widersprüchlichen Ziele, sondern stehen miteinander in Einklang und ergänzen einander.“[24] Bereits 2010 war festgelegt worden, dass sich „die EU-Strategie der inneren Sicherheit (…) an den Grundrechten, wie sie in den die Union begründenden Verträgen festgeschrieben und in der Grundrechtecharta dargelegt sind“[25], orientiert.

4.3 Das Spannungsfeld bewusst begrenzter Ressourcen versus optimale Aufgabenerfüllung

Unter Ressourcen sollen in diesem Zusammenhang Befugnisse, organisatorische Regelungen, Personal und Sachmittel verstanden werden.

Die Mittel und Möglichkeiten der Polizei im demokratischen Rechtsstaat sind bewusst begrenzt. Nicht die „Innere Sicherheit“ steht als oberster Zweck an der Spitze der Verfassung; diesen Platz nehmen die Grundrechte ein.[26] Die Ressourcen, die der demokratische Rechtsstaat seiner Polizei für die Kriminalitätsbekämpfung zur Verfügung stellt, bleiben zwangsläufig hinter dem Denk- und Machbaren zurück.

„Die Polizei ist wesentlicher Garant für die Innere Sicherheit … Rechtsanwendungsfreie Raume dürfen nicht geduldet werden … Rechtsverstöße sind im Rahmen gesetzlicher Vorgaben zu verhindern (Prävention) bzw. konsequent zu verfolgen (Repression).“[27]

Das Legalitätsprinzip bindet die Polizei bei der Erforschung von Straftaten und ihrer auf Unverzüglichkeit ausgerichteten Vorlagepflicht bei der Staatsanwaltschaft. Dies findet seine Entsprechung im

23 Vgl. COM (2020) 605 final vom 24.07.2020.

24 Ebenda. S. 2.

25 Dok. 5842/2/10 REV 2 vom 23.02.2010, S. 9; vgl. hierzu auch *Broser, T.* (2015) 494-497.

26 *Kniesel, M.* (1996) 50.

27 PDV 100, 1.1.

materiellen Strafrecht mit der Strafbarkeit der Strafvereitelung im Amt (§ 258 a StGB) und der sogenannten Konnivenz (§ 357 StGB – Verleitung eines Untergebenen zu einer Straftat).

Eine Ausprägung dieses Spannungsfeldes im Rahmen der Kriminalitätsbekämpfung ist im Verhältnis von Schwerkriminalität einerseits und Alltags- und Massenkriminalität andererseits zu beobachten. Während in Fällen der Schwerkriminalität die Ermittlungen regelmäßig mit besonderem Ressourceneinsatz betrieben werden, ist das bei Delikten der Massenkriminalität mit gleicher Regelmäßigkeit nicht der Fall und mit den zur Verfügung stehenden Ressourcen auch nicht möglich. Welche Anstrengungen kann die Polizei überhaupt noch unternehmen, um die zahlenmäßig häufigsten Delikte einzudämmen? Und es gibt Deliktsfelder, die trotz eines vermutet hohen Dunkelfeldes nur rudimentär behandelt werden?

Schließlich ist die Polizei als Teil der inneren Verwaltung an Verwaltungsgrundsätze gebunden, die eine optimale Aufgabenerfüllung fordern. Zwar lässt der Gesetzgeber im Bereich der Gefahrenabwehr grundsätzlich Ermessensspielräume zu, in Einzelfällen verengt sich der Ermessensspielraum aber zum Einschreitzwang.[28]

Dabei ist es wesentlich, bei welchem Gefahrengrad die Polizei über welche Eingriffsbefugnisse verfügt. So können sich z. B. bei abstrakten Gefahren durchaus Zuständigkeiten für die Polizei ergeben. Die zur Verfügung stehenden Eingriffsbefugnisse dürfen aber regelmäßig nicht zur „Belastung“ des Bürgers führen. Bei konkreten Gefahren sind die Eingriffsbefugnisse weitreichender. Gleichwohl erwarten Bürger aber bereits bei abstrakten Gefahren oftmals ein polizeiliches Handeln, mit „belastenden“ Eingriffen (z. B. Platzverweisen für bettelnde oder offensichtlich drogenabhängige Personen). Polizei und Ordnungsbehörden befinden sich hier in einem Dilemma.

Dieses Spannungsfeld ist bei der kriminalstrategischen Planung zu berücksichtigen.

28 VGH Kassel 1983, 551 in NJW 1984, 2305.

4.4 Das Spannungsfeld Priorisierung versus Legalitätsprinzip

Dieses Spannungsfeld weist enge Bezüge zum Spannungsfeld bewusst begrenzter Ressourcen versus optimale Aufgabenerfüllung auf. Dabei stellt sich die Frage, ob das Legalitätsprinzip, also die Pflicht zur Strafverfolgung, überhaupt eine Priorisierung der Ermittlungen zulässt, und wenn ja, unter welchen Gesichtspunkten?

Priorisierung hat einen Januskopf. Zunächst bedeutet sie Schwerpunktsetzung, also die bevorzugte Behandlung einer Sache. Gleichzeitig ist damit aber auch bewusste Zurückstellung anderer Angelegenheiten verbunden. Als aussagekräftiges Beispiel gilt der polizeiliche Umgang mit Kontrollkriminalität.

Im Jahr 2023 lag die Aufklärungsquote bundesweit im Durchschnitt bei ca. 57,3 %. Dies ist einer der höchsten Werte, die seit 1964 in der Bundesrepublik errechnet wurden. Wie hoch ist aber der Anteil der Kontrollkriminalität an der festgestellten Gesamtkriminalität von ca. 5,6 Millionen Straftaten und in der Folge an den geklärten Straftaten? So hat sich die Zahl der registrierten allgemeinen Rauschgiftdelikte seit 1993 mehr als verdreifacht.[29] Rund 8 Prozent aller geklärten Delikte sind allgemeine Rauschgiftverstöße. Hinzu kommen im Jahr 2022 rund 4 Prozent Beförderungserschleichungen (130.053 geklärte Fälle, PKS-Schlüssel 515001) sowie rund 7 Prozent ausländerrechtliche Verstöße (223.021 geklärte Fälle, PKS-Schlüssel 725000) an den geklärten Fällen. Es darf vermutet werden, dass sowohl bei den allgemeinen Verstößen gegen das BtMG, den Fällen von Beförderungserschleichung als auch bei den ausländerrechtlichen Verstößen der Tatverdächtige bereits durch die Kontrolle festgestellt wurde. Dafür sprechen die hohen Aufklärungsquoten von 93,1 Prozent, 98, 7 Prozent bzw. 98,8 Prozent. So werden allein zwischen 18 und 19 Prozent (rund 11 Prozentpunkte) der Gesamtaufklärungsquote durch diese Kontrolldelikte bestimmt. Welche Deliktsgruppen der PKS sind ebenfalls der Kontrollkriminalität zurechnen, wie hoch ist ihr Anteil an der Gesamtaufklärungsquote? Handelt es sich hier um das Ergebnis planvoller Priorisierung bestimmter Deliktsfelder oder spiegelt die Polizeiliche Kriminalstatistik gar das tatsächliche Kriminalitätsaufkommen in diesen Deliktsfeldern wider? Die statistisch gemessene Kriminalitätsentwicklung hängt in erheblichem Ausmaß von der

29 PKS-Schlüssel 7310: 79.631 Fälle (1993) zu 246.700 Fälle (2022).

Priorisierung der verantwortlichen Kriminalstrategen ab. Bereits im Jahr 1987 gab es eine umfangreiche Untersuchung zur polizeilichen Ermittlungsstätigkeit und zum Legalitätsprinzip.[30] Die darin festgestellten Zusammenhänge sind in weiten Teilen bis heute gültig.

Während das Legalitätsprinzip die Strafverfolgungsbehörden bindet, erfordern die begrenzten Ressourcen sowie politische aber auch örtliche und/oder deliktische Priorisierungen bestimmte Schwerpunktsetzungen. Auch hier wird die Rolle der Kriminalstrategie, nämlich für eine Balance zwischen den Polen zu sorgen, deutlich.

4.5 Das Spannungsfeld strategische Planung versus Fremdbestimmung

Planungsgrundlagen für polizeiliche Kriminalitätsbekämpfung sind zunächst die in örtlichen, regionalen und überregionalen Lagebildern und Statistiken zusammengefassten Hellfelderkenntnisse und soweit möglich, auch des Dunkelfeldes und nicht polizeilicher Statistiken.

Lagebilder und Statistiken aber auch die Dunkelfeldforschung zeichnen letztlich nur ein grobes Bild der Kriminalitätsentwicklung der Vergangenheit bis zur Gegenwart. Sie lassen nur begrenzt Prognosen für die zukünftige Kriminalitätsentwicklung zu. Auch die aktuell bestehenden Lösungen des Predictive Policing (Vgl. VI.14 Predictive Policing) lassen die Kriminalitätsentwicklung nicht exakt vorhersehen. Damit ist es auch nicht möglich, den künftigen Ressourceneinsatz exakt zu prognostizieren.

Wie oben dargestellt, haben unterschiedliche Rahmenbedingungen Einfluss auf kriminalstrategisches Agieren. Ein Regierungswechsel etwa kann die politischen Rahmenbedingungen und Schwerpunktsetzungen verändern und zu strategischen Handlungszwängen führen. Aussagekräftiges Beispiel ist die suchtpolitische Neuorientierung der Bundesregierung zur Legalisierung von Cannabis.[31]

Fremdbestimmung in der Kriminalitätsbekämpfung bezieht sich nicht zuletzt auch auf subjektive Sicherheit und damit verbundene

30 *Dölling, D.* (1987), S. 313-314.

31 Entwurf eines Gesetzes zum kontrollierten Umgang mit Cannabis und zur Änderung weiterer Vorschriften (Cannabisgesetz – CanG) vom 09.10.2023 – BT-Drs. 20/8704.

vermeintliche bzw. tatsächliche Handlungszwänge für die Polizei. Nicht selten erzwingt die veröffentlichte Meinung polizeiliches Handeln oder Dulden, das grundsätzlichen strategischen Überlegungen entgegenläuft. Hierzu zählen die verstärkte Bestreifung von Angsträumen, die nach objektiver Sicherheitslage keine sind, aber nach dem Willen der Bürger durchgeführt wird ebenso wie der weitgehende Verzicht auf ein Einschreiten trotz vermuteten massiven Kriminalitätsaufkommens bei öffentlichen Techno-Veranstaltungen oder Rockkonzerten mit nahezu ubiquitärem Betäubungsmittel-Missbrauch.

Daher ist diese Fremdbestimmung durch Veränderung der kriminal- bzw. sicherheitspolitischen Schwerpunktsetzungen und Vorstellungen als ein Planungsfaktor für Kriminalitätsbekämpfung zu berücksichtigen. Aber auch in diesem Fall hat die Kriminalstrategie die Möglichkeit und auch die Pflicht beratend ggf. auch ausgleichend zu wirken.

4.6 Spannungsfeld Geheimhaltungspflicht versus Transparenz

Zunächst ist festzustellen: Kriminalitätsbekämpfung und damit auch Kriminalstrategie erfolgt grundsätzlich mit offenem Visier.[32] Die Grundsätze polizeilicher Öffentlichkeitsarbeit unterstreichen dies.

Durch Öffentlichkeitsarbeit sollen insbesondere Rolle, Selbstverständnis und Aufgaben der Polizei verdeutlicht und dabei Verständnis, Akzeptanz und Vertrauen gefördert werden. Sie soll also auch und gerade ein strategisches Werkzeug sein, zumal im Bereich der Verbrechensbekämpfung. Allerdings wird stets darauf hingewiesen, dass Geheimhaltungsbedürfnisse beachtet werden müssen und dass die Informationsweitergabe z. B. an Medien nur begrenzt möglich ist.[33] Wie gestaltet sich die polizeiliche Wirklichkeit?

---

32 *Berner, G. & Köhler, G.* (1995) 235.

33 Mit der Formulierung „Ein Teil dieser Antworten würde die Bevölkerung verunsichern" anlässlich der Pressekonferenz nach der Absage des Fußball-Länderspiels Deutschland-Niederlande am 17.11.2015 hat der Bundesminister des Inneren diese Diskussion erneut befeuert (Die Zeit Online 2015, 18. November). *Mit Sicherheit verunsichert: Nur, wenn die Bürger genug wissen, können sie mit der Terrorgefahr richtig umgehen. Die Behörden haben gute Gründe, vieles für sich zu behalten.* Verfügbar unter http://www.zeit.de/gesellschaft/zeitgeschehen/2015-11/thomas-de-maiziere-terror-sicherheit, Abruf: 12.12.2015.

Gerade bei der Bekämpfung der Schwerkriminalität neigt die Polizei zu standardisierter Geheimhaltung. Den Grad der Geheimhaltung bestimmen zunächst die einschlägigen Gesetze und Erlasse.[34] Hinterfragt man allerdings den tatsächlichen Grund für die Geheimhaltung, wird häufig pauschal eingewendet, dass das polizeiliche Gegenüber über Kriminaltaktik und Kriminaltechnik nicht zu früh und zu detailliert informiert sein darf, da sonst der polizeiliche Ermittlungserfolg gefährdet wäre. Zutreffend ist in diesem Zusammenhang die Darstellung der Bemühungen der RAF-Terroristen der ersten Generation durch *Peters*[35]. Danach wurden Fachzeitschriften wie die „Kriminalistik" und „Die Polizei" von den Stammheimhäftlingen regelmäßig ausgewertet.

Weshalb liegt ein Spannungsverhältnis zur Transparenz polizeilichen Handelns vor?

Welche Kosten werden beispielsweise durch verdeckte Ermittlungen in der polizeilichen Organisation verursacht? Welche Folgen sind für die tägliche Ablauforganisation, die Kosten der Ermittlungsverfahren oder durch den Verzicht auf andere Ermittlungsschwerpunkte mit solchen Entscheidungen verbunden? Welche Folgen hat die Geheimhaltung für den Gang eines Strafverfahrens, für die Entscheidung des erkennenden Gerichtes und für den Tenor der öffentlichen Berichterstattung? Die notwendige Fortschreibung des Instrumentariums verdeckter Ermittlungen erfordert Transparenz in den Behörden und in der Öffentlichkeit, um so Akzeptanz für solch schwerwiegende Rechtseingriffe zu gewinnen. In diesem Zusammenhang sei auf die NSA-Affäre hingewiesen. Das massive unbegründete Aufzeichnen personenbezogener Daten durch einen US-Geheimdienst hat ein tiefes Misstrauen in staatliches Handeln auch in Deutschland ausgelöst.[36]

Geheimhaltung sollte vor dem Hintergrund des bestehenden großen öffentlichen Interesses in ihrer jeweiligen aktuellen Praxis überdacht

---

34 Zum Beispiel Ziff. 9 der Gemeinsamen Richtlinien nach Fußnote 12.

35 *Peters, B.* (2007) 309 f.

36 WAZ Online (7. Juli 2013). NSA-Skandal: Deutsche nach NSA-Affäre im Internet sehr misstrauisch. http://www.derwesten.de/politik/deutsche-nach-nsa-affaere-im-internet-sehr-misstrauisch-id8234606.html#plx1592232679, Abruf: 12.12.2015.

werden, führt doch grundsätzliche Transparenz stets auch zur Akzeptanz von Geheimhaltung im Einzelfall. Unprofessionelle Geheimhaltung führt dagegen dazu, dass polizeiliche Ziele und auch Forderungen intransparent und Gegenstand unsachgemäßer Diskussion sind. Die Folge ist ein mangelndes Verständnis für die Polizei in der Gesellschaft. Dies gefährdet gegebenenfalls auch die Akzeptanz der Politikberatung.

In diesem Zusammenhang sei auch auf die „Paradoxie der Sicherheitskommunikation“ hingewiesen: Jede Versicherung, man „brauche sich nicht zu fürchten, transportiert zumindest rudimentär die Möglichkeit mit, dass es etwas zum Fürchten geben könne.“[37] Nach *Nassehi* könnte eine Lösung darin bestehen, Sicherheit eher zu verstehen als „eine Funktion und Folge des Eindrucks, dass die Dinge geregelt sind und nach jenen Regeln ablaufen, die mehr implizit als explizit bekannt sind. Unsicherheit entsteht dann, wenn Abweichungen Anlass dafür werden, genauer hinsehen zu müssen.“[38]

Das Spannungsfeld tritt aber auch noch einer anderen Form auf. Polizeiliche Kriminalitätsbekämpfung wird in der Öffentlichkeit nicht selten mit den Handlungsabläufen in einschlägigen TV-Produktionen gleichgesetzt. Dieser „CSI-Effekt“[39] führt gelegentlich zu irrationalen Vorstellungen über Polizeiarbeit, deren Möglichkeiten und Grenzen. Während hier durch seriöse Produktionsberatung oder durch polizeiliche Öffentlichkeitsarbeit manche Schieflage beseitigt werden kann, gibt es aber auch den Wunsch der unmittelbaren Berichterstattung. Reißerische Darstellung polizeilicher Razzien oder Zugriffseinsätze dient nicht der Vermittlung eines seriösen Polizeibildes. Andererseits kann ein objektiver Einblick in polizeiliche Strukturen diese Seriosität unterstützen. Nicht unterschätzt werden darf, dass die Polizei selbst durch Nutzung sozialer Medien weitgehende Einblicke in Grundstrukturen polizeilicher Aufbau- und Ablauforganisation ermöglicht.

37 *Nassehi, A.* (2017) 1.

38 Ebd. 4.

39 Vgl. Universität Duisburg-Essen, Institut für Kommunikationswissenschaft. (2013, 07. Januar). *Forschungsprojekt: Die Mediatisierung der Sicherheitspolitik. Governing Through Media Crime?*. Verfügbar unter: https://www.uni-due.de/de/presse/meldung.php?id=7856, Abruf: 12.12.2015.

Die in Rede stehende Geheimhaltung stellt primär auf bestimmte taktische Vorgehensweisen (zum Beispiel den Einsatz von technischen Mitteln) ab und erscheint unabdingbar.

Diese Gründe gelten jedoch kaum für die Kriminalstrategie. Hier entstünde eher der Eindruck, durch Geheimhaltung sollten Unzulänglichkeiten der Organisation verborgen werden.

VI. Policing Styles als Kriminalstrategien

Vor allem in der angloamerikanischen Literatur werden verschiedene Modelle (*„policing models“* oder *„policing styles“*) der Polizeiarbeit unterschieden. Obwohl diese nicht nur für die Kriminalitätsbekämpfung gelten, betreffen sie diese zu einem wesentlichen Teil. Einige dieser Modelle, die im weiteren Sinne der Kriminalstrategie zugerechnet werden, sollen hier vorgestellt werden:

1. Standard-Modell

Das Standardmodell der Polizeiarbeit in seiner Reinform ist vermutlich heute kaum noch anzutreffen und gilt als überholt. Trotzdem wird es oft herangezogen, um die Unterschiede zu anderen Modellen deutlich zu machen. Das Standardmodell geht von der Annahme aus, dass Polizei grundsätzlich reaktiv agiert. Polizei wartet, bis eine Straftat angezeigt wird. Erst dann wird sie im Bereich der Kriminalitätskontrolle tätig und versucht das angezeigte Delikt möglichst schnell aufzuklären. Ähnlich verhält es sich mit der Streifentätigkeit. Auch hier agiert die Polizei in fest definierten Streifenbezirken und versucht bei Notrufen (also reaktiv) möglichst schnell vor Ort zu sein und die „Lage“ zu bereinigen bzw. die Gefahr abzuwehren.

Im Folgenden werden Policing Modelle vorgestellt, bei denen die Polizei versucht, nicht mehr nur auf Kriminalitätsphänomene zu reagieren, sondern sich aktiv mit diesen auseinanderzusetzen. Polizeiliche Aktivitäten setzen dabei bereits im Vorfeld („proaktiv“) an oder versuchen die Ursachen für die jeweilige Situation in den Blick zu nehmen.

2. Broken Windows Policing/Zero Tolerance-Modell/ Disorder Policing

In Anwendung der *„Broken-Windows-Theorie“*[1] versucht Polizei bereits gegen geringfügige Ordnungsstörungen vorzugehen und diese zu beseitigen. Dabei steht der Zustand des Raumes im Mittelpunkt, unabhängig, ob zu der konkreten Störung ein Verursacher festgestellt werden kann (z. B. Beseitigung von Sperrmüll, Entfernen von Graffiti). Auch das *„Zero-Tolerance-Model“*[2,3] setzt bereits bei geringfügigen Ordnungsstörungen an. Im Mittelpunkt steht aber hier der Störer oder Straftäter. Unordnung bzw. geringe Regelverstöße stehen nicht in direktem Zusammenhang mit schweren Straftaten, sie können jedoch das Sicherheitsgefühl negativ beeinträchtigen und zum Rückzug der Bewohner aus diesem Raum führen, wodurch sich auch die informelle Sozialkontrolle verringert.

Dieser Strategie liegt u. a. die Annahme zugrunde, dass durch die Beseitigung bzw. das Abstellen geringer Verstöße die informelle Sozialkontrolle wieder erhöht wird und gleichzeitig gravierendere Verstöße verhindert werden, z. B. weil ein bestimmtes Gebiet als „unattraktiv“ für die Täter erscheint bzw. ein hoher Grad an Normendurchsetzung und Normeneinhaltung signalisiert wird. Obwohl praktische Erfahrungen z. B. aus den USA die Wirksamkeit im Alltag zu bestätigen scheinen, gibt es für die Richtigkeit des Wirkmechanismus kaum wissenschaftliche Belege.[4]

---

1 Vgl. z. B. *Zimbardo, P.* (1969); *Wilson, J. & Kelling, G.* (1982); *Skogan, W.* (1990); *Sousa, W. & Kelling, G.*, (2006); *Braga, A. A.* (2015).

2 Die Zero-Toleranz-Strategie kann eher als eine Anweisung denn als eine komplexe Kriminalstrategie verstanden werden, weil diese in der Praxis schwer im Ganzen umzusetzen ist. Diese Strategie führt zu überfüllten und überforderten Gerichten und Gefängnissen und darf nicht mir der „Broken-Windows-Theorie“ verwechselt werden. Vgl. hierzu: *Clarke, R. & Eck, J.* (2007).

3 Zum „Zero-Tolerance-Modell“ siehe u. a. *Karmen, A.* (1999); *Karmen, A.* (2000); *Blumstein, A. & Wallman, J.* (2000); *Feltes, T.* (1998); *Kelling, G. & Sousa, W.* (2001).

4 Vgl. *Keuschnigg, M., & Wolbring, T.* (2015).

3. Hot Spots Policing

Im Rahmen des *„Hot Spots Policing"* konzentriert die Polizei ihre Aktivitäten auf Räume, die sich durch eine höhere Kriminalität auszeichnen, also Brennpunkte, etwa eine örtliche Drogenszene. Diese werden mit entsprechenden Maßnahmen „überzogen" (z. B. Videoüberwachung, uniformierte Polizeipräsenz), um den erkannten Brennpunkt zu beruhigen bzw. zu „bekämpfen".[5] Dem liegt die Annahme zugrunde, dass ein Großteil der Straftaten nur an relativ wenigen, eng begrenzten Örtlichkeiten begangen wird (Gesetz der Konzentration von Kriminalität)[6] und durch die polizeilichen Maßnahmen keine starke Verdrängung der Delikte an andere Örtlichkeiten stattfindet, da Örtlichkeiten sich durch ihre Funktion bzw. Nutzung zu Hot Spots entwickeln („crime generators", „crime attractors"). So können sich beispielsweise ein Bahnhof oder ein Einkaufszentrum durch die vielen Tatgelegenheiten zu einem Kriminalitätsbrennpunkt entwickeln.

4. Community Policing[7]

Beim *„Community Policing"* (CP)[8] liegt der Fokus der polizeilichen Aktivitäten auf den Wünschen und Bedürfnissen des Gemeinwesens, wobei dieses in die Polizeiarbeit einbezogen wird. Polizei interagiert mit lokalen Behörden und der Öffentlichkeit. Sie entwickelt Partnerschaften und gemeinsame Strategien zur Verringerung von Kriminalität und Ordnungsstörungen, die sich sichtbar auf das tägliche Leben der Bürgerinnen und Bürger auswirken.[9] „Community Policing" ist kein klares Konzept. Es wird eher als eine „Bewegung" oder eine neue „Philosophie" des polizeilichen Selbstverständnisses bezeich-

5 Vgl. *Weisburd, D. & Braga, A.* (2006); *Bowers, K., Johnson, J., Guerette, R. T., Summers, L. & Poynton, S.* (2011); *Rosenbaum, D.* (2006); *Sherman, L., Gartin, P. & Buerger M.* (1989), *Braga, A. A.* (2015).

6 Vgl. *Weisburd, D., Groff, E. & Yang, S.-M.* (2012) sowie *Weisburd, D.* (2015).

7 In der Literatur werden synonym auch die Begriffe „Neighborhood Policing" oder „Community-oriented Policing" verwendet.

8 Vgl. z. B. *Skogan, W.* (2006); *Bässman, J. & Vogt, S.* (1997); *Roth, J.-A., Roehl, J. & Johnson C.* (2004); *Mastrofski, S.* (2006).

9 Vgl. Cutting Crime Impact (CCI) (2019).

net. In der Bundesrepublik ist die Kommunale Kriminalprävention diesem Konzept sehr ähnlich.

5. Problem-oriented Policing

Im Gegensatz zum Standardmodell versucht die Polizei sich beim *„Problem-oriented Policing“* (POP) nicht nur um die Störung selbst (zum Beispiel den Notruf wegen einer Ruhestörung) zu kümmern, sondern die Ursachen bzw. das dahinter liegende Problem zu lösen (zum Beispiel Abfahrzeiten öffentlicher Verkehrsmittel im Zusammenhang mit den Schließzeiten von Gaststätten). POP ist also sehr zielorientiert, im Gegensatz etwa zum CP, bei dem eher der Weg bzw. die Mittel zur Zielerreichung (zum Beispiel Zusammenarbeit Polizei – Bürger) im Zentrum stehen.[10]

6. Focused deterrence strategies/„Pulling Lever“ Policing

Sog. gezielte Abschreckungsstrategien (auch als „Pulling Lever“[11]) zielen auf spezifisches kriminelles Verhalten ab, das von einer geringen Anzahl von Personen begangen wird. Dabei werden diese Personen gezielt angesprochen („Gefährderansprache“), kontaktiert und darüber informiert, dass ein weiteres kriminelles Verhalten nicht toleriert wird und mit welchen konkreten staatlichen Reaktionen und Sanktionen (z. B. von Polizei oder Staatsanwaltschaft) sie bei Fortsetzung ihres kriminellen Verhaltens zu rechnen haben. Gleichzeitig wird bei diesen Strategien aber auch die Einhaltung von Regeln und sozialadäquates Verhalten durch entsprechende Anreize belohnt (z. B. Zugang zu bestimmten sozialen Diensten, Ausbildungs- oder Beschäftigungsmöglichkeiten). Insofern werden zur Problemlösung alle möglichen rechtlichen Hebel gezogen. Studien in den Vereinig-

10 Vgl. z. B. *Goldstein, H.* (1979), *Weisburd, D. & Eck, J.* (2004); *Braga, A. & Weisburd, D.* (2006); *Cordner, G.* (1998); *Clarke, R.* (1998), *Read, T. und Tilley, N.* (2000), *Scott, M. & Clarke, R.* (2015).

11 Aus dem Englischen: „Alle Hebel ziehen“.

ten Staaten belegen, dass dies insbesondere dann wirksam sein kann, wenn die angedrohten Sanktionen zeitnah und tatsächlich erfolgen aber auch die in Aussicht gestellten „Belohnung" bei regelkonformen Verhalten tatsächlich realisiert werden.[12] Die Umsetzung erfordert das abgestimmte Vorgehen aller beteiligten Behörden, so dass sich gewisse Parallelen zum „administrativen Ansatz" ergeben.[13]

7. Intelligence-led Policing

Das *„Intelligence-led Policing"* ist sowohl eine Managementstrategie für die Organisation als auch eine effektive Bekämpfungsstrategie gegen Mehrfach- und Intensivtäter. Durch die Analyse vorhandener Daten sollen Schwerpunkte der polizeilichen Arbeit gesetzt werden, die Haupttäter identifiziert und dingfest gemacht werden.[14]

8. Evidence-based Policing

Beim *„Evidence-based Policing"* (EBP) soll die Polizei nur solche Maßnahmen und Konzepte zur Problemlösung einsetzen, die in ihrer Wirksamkeit wissenschaftlich belegt sind.[15] Die Strategie des EBP ist Teil einer allgemeinen gesellschaftlichen Tendenz, Entscheidungen durch möglichst valide empirische Studien abzusichern. Besonders bekannt ist die Wirkungsforschung aus der Medizin.[16]

---

12 Vgl. *Braga, A.A., Weisburd, D. & Turchan, B.* (2018).

13 Vgl. z. B. *Kennedy, D., Braga, A. & Piehl, A.* (2001); *Braga, A., Kennedy, D. & Tita, G.*, (2002); *Braga, A. A.* (2015).

14 Vgl. z. B. *Ratcliffe, J. H.* (2008).

15 Vgl. *Welsh, B. C.* (2006); *Farrington, D.P. & Welsh, B.C.*, (2007); *McCord, J.* (2003); *Sparrow, M. K.* (2011); *Weisburd, D. & Neyroud, P.* (2011).

16 1993 wurde in den USA mit der Cochrane Collaboration eine Möglichkeit geschaffen, medizinische Wirkungsforschung möglichst vielen Beteiligten zugänglich zu machen (vgl. www.cochrane.org.). Im Jahr 2000 wurde mit der Campbell Collaboration ein Äquivalent auf dem Gebiet der Sozialwissenschaften geschaffen, das Studien auf dem Gebiet der Bildungs-, Wohlfahrtsstaats- und Kriminalitätsforschung enthält (vgl. www.campbellcollaboration.org).

9. Third Party Policing (TPP)

Bei dieser Form des Polizierens überträgt die Polizei bestimmte polizeiliche Aufgaben an nicht polizeiliche Akteure, welche die übertragenen Aufgaben mehr oder weniger eigenständig erfüllen. Zu den typischen Akteuren gehören neben privaten Sicherheitsunternehmen Aufsichtsbehörden, Immobilienbesitzer oder Schulen. Dadurch sollen u. a. die rechtlichen Instrumente dieser Akteure zu präventiven Zwecken genutzt werden (z. B. Mietverträge, Hausordnungen, Brandschutzvorschriften, Alkoholvorschriften, Disziplinarbefugnisse von Schulen).[17]

In Großbritannien existieren offensichtlich weitreichende Pläne zur Privatisierung von Polizeiaufgaben.[18] Mit der konkreten Umsetzung wurde bereits begonnen[19], wenngleich dies aus kriminologischer Perspektive sehr kritisch gesehen wird.[20]

10. Nodal Policing

Dieser Ansatz konzentriert polizeiliche Aktivitäten auf intensive Kontrolle und Überwachung der Infrastruktur (Häfen, Bahnhöfe, Flugplätze, Straßen etc. aber auch zum Beispiel Telekommunikationsnetze) und den Fluss von Personen, Waren und Geld entlang dieser verschiedenen Infrastruktureinrichtungen. Ziel ist dabei, Straftäter rechtzeitig identifizieren zu können, indem sie aus ihrer Anonymität geholt und sichtbar gemacht werden. Dies kann geschehen, in dem die Polizei an den Zugangspunkten kontrolliert oder sich selbst in den Strömen bewegt.[21]

17 Vgl. *Buerger, M. E. & Mazerolle, L.G.* (1998); *Braithwaite, J.* (2000); *Mazarolle, L. & Ransley, J.* (2006); *Meares, T.* (2006); *Sparrow, M.* (2014).
18 *Travis, A. & Williams, Z.* (2012).
19 *Potter, A.* (2015).
20 *White, A. (2015)* 283-299.
21 *van Sluis, A., Marks, P. & Bekkers, V.* (2010) 6.

11. Compstat

Compstat (Computerized Crime Comparison Statistics) steht für einen Ansatz, Kriminalität für die Polizeiführung mit Hilfe von Computerprogrammen detailliert zu erfassen, um einen ganzheitlichen Blick auf Kriminalität zu bekommen, Problemzonen zu identifizieren und präzise darzustellen. Gleichzeitig werden die für die Problembereiche verantwortlichen Führungskräfte persönlich für die Entwicklungen „haftbar" gemacht. Sie müssen sich rechtfertigen, im Extremfall kommt es zu deren Ablösung.[22]

12. Barrier model[23]

Das sog. „Barrier Model", das vor allem in den Niederlanden entwickelt wurde, zielt bei der Bekämpfung von Kriminalitätsphänomenen auf die Identifizierung geeigneter Stellen oder Bereiche, an oder in denen Hürden für die Aktivtäten von Straftätern errichtet werden können. Ziel ist es, jene Faktoren zu beeinflussen, die bestimmte Straftaten entstehen lassen bzw. deren Fortbestand unterstützen.

Dies erfordert eine enge behördenübergreifende Zusammenarbeit („multi-institutional approach").

Bei der Bekämpfung des Menschenhandels in den Niederlanden waren dies z. B. die Bereiche

- Zugang (Schleusung, Grenzübergang);
- Unterbringung (Prostitutionsbezirk, illegales Wohnen);
- Identität (falsche Papiere, falsche Sozialversicherung);
- Arbeit (Zuhälter, Ausbeuter, Gewalt, Ausbeutung) und
- Finanzen (Geldwäsche, Investitionen).

Auf diesen Feldern wurde die Zusammenarbeit zahlreicher nationaler und lokaler Behörden organisiert.

22 *Kelling, G.L. & Sausa, W.H.*, (2001); *Weisburd, D., Mastrofski, S., Willis J. & Greenspan, R.*, (2006); *Silverman, E.* (2006).

23 Hierzu z. B. *ten Kate, W.* (2012).

13. Criminal arboristic approach[24]

Diese Strategie wurde in Schweden zur Bekämpfung der Organisierten Kriminalität entwickelt. Der Name, den man etwas frei mit „Baumpflege-Ansatz" übersetzen könnte, stellt auf Parallelen zum Gärtnern ab. Der Gärtner weiß, welche Äste er nicht abschneiden darf, um den Bestand des Baumes nicht zu gefährden. Bei der Bekämpfung der Organisierten Kriminalität ist es umgekehrt. Es sollten gerade jene Äste „abgeschnitten" werden, die für den Baum von vitaler Bedeutung sind und nicht nur solche, die einfach erreicht werden können.

Mit dem „criminal-arboritic approach" wird versucht, in einer OK-Struktur jene Personen zu identifizieren, die für die kriminellen Aktivitäten von strategischer Bedeutung sind. Gegen diese Personen sollen sich dann die polizeilichen bzw. die Ermittlungsmaßnahmen richten, um dadurch die gesamte Organisation nachhaltig zu schwächen.

14. Predivtice Policing[25]

Predictive Policing ist im Wesentlichen das Sammeln von Daten unterschiedlicher Quellen, deren Analyse und dann die Verwendung der Ergebnisse, um zukünftige Straftaten effektiver zu antizipieren, zu verhindern und auf diese reagieren zu können.[26] Dabei ist die reine Datenanalyse noch keine Strategie. Vielmehr kommt es darauf an, die (polizeiliche) Organisation und deren Aktivtäten auch entsprechend auszurichten. Predictive Policing ist in den USA mindestens seit 2006 in Anwendung.[27] Wenngleich das Modell für politisch Verantwortliche und auch für Führungskräfte im Sicherheitsmanagement attraktiv zu sein scheint, hat es sich bisher bei der Polizei in

24 *Nilvall, K.* (2014).

25 Vgl. *Gluba, A.* (2014) und *Perry, W. L., McInnis, B., Price, C. C., Smith, S. C., & Hollywood, J. S.* (2013).

26 Engl: „Predictive policing, in essence, is taking data from disparate sources, analyzing them and then using results to anticipate, prevent and respond more effectively to future crime" *Pearsall, B.* (2010).

27 Vgl. *Gluba, A.* (2014) 349.

Deutschland nicht flächendeckend durchgesetzt. Zu den Bundesländern, die Predictive Policing-Anwendungen im Einsatz haben gehören u. a. Berlin (Kriminalitätsprognose Wohnraumeinbruch – KrimPro), Nordrhein-Westfalen (System zur Kriminalitätsauswertung und Lageantizipation – SKALA), Hessen (Kriminalitätslagebild – KLB operativ) und Niedersachsen (Predictive Policing Mobile Analytics for Police – PreMAP). Eine umfassende und kritische Befassung mit den Chancen und Grenzen von Predictive Policing, auch mit Fragen der Kosten-Nutzen-Bilanz, der sozialen Folgen und der polizeilichen Datenbasis, wurde im Rahmen des Projektes „Prädiktionspotenzial der schweren Einbruchskriminalität“ durch die Kriminologische Forschungsstelle des LKA Hamburg vorgenommen.[28]

15. Administrative Ansatz

Der Adminstrative Ansatz (Adminstrative Approach) ist eine Strategie zur Bekämpfung der schweren und organisierten Kriminalität unter Nutzung der Möglichkeiten des Verwaltungsrechts. Der Ansatz wurde bereits mit der Bildung eines informellen Netzwerkes auf europäischer Ebene formalisiert.[29,30] Seit 2019 wird dieser auf EU-Ebene wie folgt definiert: „Ein administrativer Ansatz für schwere und organisierte Kriminalität ist eine ergänzende Möglichkeit, den Missbrauch der rechtlichen Infrastruktur durch behördenübergreifende Zusammenarbeit zu verhindern und zu bekämpfen, indem Informationen ausgetauscht und Maßnahmen zur Errichtung von Barrieren ergriffen werden.“[31] Dabei basiert dieser Ansatz auf den fünf Elementen:

- Verhinderung und Bekämpfung des Missbrauchs der legalen Infrastruktur durch schwere und organisierte Kriminalität,
- Ergänzung (der traditionellen Maßnahmen der Strafjustiz),
- Zusammenarbeit (mehrerer Behörden),

28 *Hauber, J., Jarchow. E. & Rabitz-Suhr, S.* (2019).
29 Zum Administrativen Ansatz vgl. auch *Dennhard, Y.* (2022) und *Dennhard, Y.* (2023).
30 ENAA (2020), S. 16.
31 ENAA (2020), S. 19.

- Informationsaustausch (zwischen Verwaltungs-, Steuer- und Strafverfolgungsbehörden innerhalb eines einzelnen Staates oder einer Region) sowie
- Maßnahmen zur Errichtung von Barrieren (um organisierte Banden zu behindern).[32]

Insofern finden sich im Administrativen Ansatz auch Elemente anderer Strategien („Pulling lever“, Barriere-Modell, „Zero Tolerance“).

Es soll nicht verschwiegen werden, dass der Administrative Ansatz gerade in Deutschland auch rechtlichen Bedenken begegnet.[33]

16. Data-Driven Approach to Crime and Traffic Safety (DDACTS)

Den sog. Data-Driven Approach to Crime and Traffic Safety (DDACTS)[34] kann man in Deutschland am ehesten mit dem integrativen Ansatz vergleichen, bei dem Maßnahmen zur Gewährleistung der Verkehrssicherheit mit Maßnahmen zur Kriminalitätsbekämpfung verbunden werden. Nach dem DDACTS-Ansatz werden räumliche und zeitliche Daten zu Verkehrsunfällen und zu Straftaten ausgewertet, um auf diese Weise den polizeilichen Ressourceneinsatz auf Gebiete mit hoher Kriminalitäts- und Unfallhäufigkeit zu fokussieren. Zur Durchsetzung der Verkehrsvorschriften werden an den ermittelten Örtlichkeiten gut sichtbaren Verkehrskontrollen durchgeführt. Hintergrund der Wirksamkeit ist die Überlegung, dass einerseits polizeiliche Präsenz (sichtbare Verkehrskontrolle) potenzielle Straftäter abschrecken kann und andererseits Straftaten oft mit der Benutzung von Kraftfahrzeugen verbunden sind. Zudem handelt es sich häufig um dieselben Personen, die grobe Verkehrsordnungswidrigkeiten und Straftaten begehen.

32 ENNA (2020), S. 27-33.
33 *Rauls, F. & Feltes, T.* (2020) 85-92.
34 Vgl. *Weiss, A.* (2013).

17. Precision Policing

Das Precision Policing wurde Mitte der 2010er Jahre in den USA als Reaktion auf die Spannungen zwischen der Polizei und der Bevölkerung infolge der übermäßigen Kontrollen („stop-and-frisk") und einer hohen Zahl von Verhaftungen, insbesondere ethnischer Minderheiten entwickelt. Dabei handelt es sich um keine neue Strategie, sondern um die Kombination aus der zielgerichteten Verfolgung von Straftaten und Ordnungswidrigkeiten einerseits und Elementen des Community Policing („Neighborhood Policing") andererseits.[35]

Zu den Grundlagen werden die folgenden vier Elemente gezählt:

1. evidenzbasierte Prävention von Straftaten und Ordnungswidrigkeiten,
2. Einbeziehung und Schutz der Gemeinschaft,
3. Transparenz und Rechenschaftspflicht der Polizeiorganisation sowie
4. individuelle Leistung, Sicherheit und Wohlbefinden der einzelnen Beamtinnen und Beamten.[36]

35 Vgl. *Ashraf, M.J.* (2020). XV. und *Bratton, W. & Murad, J.* (2018) 22.
36 *Haberman, C. P., Bratton, W. J., Murad, J. & Rawlins, W. E.* (2022) 1.

VII. Strategietypen

1. Grundsätzliches

In der kriminalwissenschaftlichen Literatur[1] werden meist drei Strategietypen unterschieden:

- **Fachstrategien,**
- **Regionalstrategien,**
- **Deliktsstrategien.**

2. Fachstrategien

Fachstrategien umfassen fachlich begrenzte Aufgabenbereiche, wie etwa die Entwicklung von Informations- und Auswertesystemen oder die Optimierung taktischer oder technischer Verfahren. Sie sind deliktsübergreifend angelegt und dienen in der Regel der Bewältigung von Querschnittsaufgaben für Spezialgebiete. Typische Bespiele sind die Schaffung des sogenannten Polizeilichen Informations- und Analyseverbundes (PIAV) oder die Einrichtung einer Compliance-Abteilung in einem Unternehmen. Auch Strategien, die sich etwa auf die Einführung neuer Technik oder die Aus- und Fortbildung beziehen, können unter diesen Strategietyp gefasst werden.

3. Deliktsstrategien

Bei Deliktsstrategien steht die Bekämpfung von Einzeldelikten oder Deliktsbereichen im Vordergrund. In der Regel handelt es sich um langfristig angelegte Konzepte zur Vorbeugung bzw. Bekämpfung bereits bekannter oder auch völlig neuer Kriminalitätsformen. Als Beispiele können Strategien zur Bekämpfung des Wohnungsein-

---

1 Vgl. *Schäfer, H.* (1972) 7-40; *Willems, O.* (1996).

bruchsdiebstahls oder des Betruges im Gesundheitswesen zum Nachteil der Krankenkassen gelten.

4. Regionalstrategien

Regionalstrategien befassen sich mit lokal eingrenzbaren Kriminalitätsphänomenen. Der Raumbezug bildet den Ausgangspunkt. Insoweit stehen soziologisch-kriminologische Strukturanalysen im Mittelpunkt und werden mit polizeilichen Auswertungen verbunden. Beispiele hierfür sind die Konzepte „Dortmunder Nordstadt“[2] oder „Sicheres Gießen“[3]. Der 2015 entstandenen „Sicherheits- und Präventionsstrategie unter Berücksichtigung der demografischen Entwicklung für den Landkreis Görlitz“ lag eine „Bürgerbefragung zum Sicherheitsgefühl im Landkreis Görlitz – im Vergleich zu vorausgegangenen Untersuchungen und unter besonderer Berücksichtigung internationaler Einflussfaktoren“ zugrunde.[4]

5. Weitere Strategietypen

Durchaus nachvollziehbar erscheint auch die von anderen Autoren[5] vorgenommene Unterteilung in

- **täterbezogene** (rechtsextremistische, jugendliche Straftäter…),
- **opferbezogene** (Senioren, Frauen…) oder
- **institutionsbezogene** (Gewalt an Schulen)

Strategien.

---

2 URL: http://www.ruhrnachrichten.de/brennpunkt+nordstadt./Nordstadt-Diese-Ekelhaeuser-bringt-die-Dogewo-auf-Vordermann;art930,1888025, Abruf: 1.3.2013.

3 URL: http://www.polizei.hessen.de/icc/internetzentral/nav/3a1/3a131cb4-a389-f017-288b-5edad490cfa4&uCon=74a17285-3027-1117-288b-5edad490cfa4&uTem=bff71055-bb1d-50f1-2860-72700266cb59.htm, Abruf: 1.3.2013.

4 Ausführlich vgl. *Sterbling, A.* (2015a und b).

5 *Timm, K.* (1995) 46 ff.

Heinz und *Koch* sprechen zudem von sog. Ermittlungsstrategien.[6] Allerdings lassen sich damit verbundene Inhalte am ehesten mit dem Begriff „Ermittlungskonzeption" verbinden.

6. Übergreifenden Strategien gehört die Zukunft

Für die Praxis erscheint eine formale Trennung oft auch nicht zielführend. Die Strategietypen sollten gleichwohl dargestellt werden, um die Mannigfaltigkeit der thematischen Ausrichtung von Strategien abzubilden. Abhängig von der zu lösenden Problemlage können allein oder in Kombination weitere Untergliederungen vorgenommen werden, die, aufbauend auf den o. a. Grundelementen, verschiedene Ausrichtungen beinhalten können. Beispiele wären deliktspezifische oder deliktsübergreifende Strategien, täter- oder opferbezogene Strategien, örtliche oder überörtliche Strategien, fachbezogene Strategien, Personal-, Organisations- und Zusammenarbeitsstrategien, Präventions- oder Strafverfolgungsstrategien.[7] Das macht deutlich, dass sich Kriminalstrategien nicht nur mit der unmittelbaren Bekämpfung eines Phänomens befassen, sondern die gesamte Aufgabenpalette im Zusammenhang mit Kriminalitätsbekämpfung betreffen."[8]

Beispiele für übergreifende Strategien:

Gesellschaftliche Entwicklungen sind zunehmend von Komplexität gekennzeichnet (Vgl. I.4 VUCA-Welt, Megatrend Sicherheit und Kriminalstrategie). Kriminalitätserscheinungen tragen diese Tendenz ebenfalls in sich. Daher müssen auch strategische Überlegungen zur Verbrechensbekämpfung dem Rechnung tragen. Zukunftstaugliche Strategien werden daher zunehmend stärker Merkmale mehrerer o. g. Strategietypen beinhalten. Ein Beispiel stellt etwa die Behördenübergreifende Zusammenarbeit zur Bekämpfung von Clankriminalität, wie sie etwa im Ruhrgebiet initiiert wurde.[9] Hier finden sich ne-

6 *Heinz, W. & Koch, K.-F.* (1992) 138.

7 Vgl. *Klink, M. & Kordus, S.* (1986) 37f. und *Timm, K.* (1995) 43-87.

8 Vgl. dazu auch: *Lapp, M.* u. a. (2013) 302 ff.

9 Vgl. u. a. *Richter. F.* (2021); *Richter, F. & Dienstbühl, D.* (2022) 415 ff. sowie *Dienstbühl, D.* (2024) 148 ff.

ben fachlichen Elementen, die etwa die rechtlich und organisatorisch optimale Ausschöpfung der Eingriffsmöglichkeiten aller beteiligten Behörden, auch Elemente der behördenübergreifenden Zusammenarbeit, der Aus- und Fortbildung oder des Regionalbezugs. Das genannte Beispiel ist zudem dadurch gekennzeichnet, dass es wissenschaftlich begleitet wurde.

Auch Konzepte, die sich etwa mit Crowdsourcing- und Gamification-Ansätzen in der Verbrechensbekämpfung befassen, dürften eher übergreifenden Charakter aufweisen.[10]

10 *Fenner, A.-M.* (2023).

VIII. Informationsmanagement als Teil kriminalstrategischer Planung

1. Grundsätzliches

Das Informationsmanagement nimmt im Rahmen kriminalstrategischer Planungsprozesse eine zentrale Rolle ein. Im Mittelpunkt der Darstellungen in diesem Kapitel stehen Fragen des Erlangens, Bewertens und der Nutzung von Daten und Informationen für kriminalstrategische Entscheidungen.

Informationsmanagement ist ein konzeptionell angelegter, permanenter und systematischer Prozess, der umfassend Daten wie auch Informationen aus allen verfügbaren und relevanten Quellen erschließt, sie mit kriminalistischen und anderen wissenschaftlichen Methoden analysiert und daraus Wissen für den kriminalstrategischen Entscheidungsprozess auf den unterschiedlichen Ebenen produziert. Es umfasst auch den Prozess der Wissensbewahrung.[1]

Da jegliches strategische Handeln auf Informationen (gute, schlechte, zu viele, zu wenige, gut gefilterte, schlecht gefilterte ...) basiert, wird diesem Thema ein besonderer Platz eingeräumt. Informationen (und Daten!) beschreiben z. B. die Ausgangssituation oder auch einen Zielzustand konzeptioneller Arbeit.

Betrachtet man etwa Lageerkenntnisse in einer fiktiven Polizeidirektion X-Stadt: Der Ist-Zustand für einen bestimmten Zeitraum wird z. B. wie folgt beschrieben:

- Anzahl der registrierten Straftaten (Fälle): 120.000
- Gesamtaufklärungsquote: 50 %
- Straftaten pro 100.000 Einwohner: 6.500.

Obwohl diese Daten/Informationen exakt erscheinen, sagen sie nur begrenzt etwas über die Sicherheitslage in X-Stadt aus. Bestenfalls korrelieren sie mit diesem Zustand und können zum Vergleich mit

1 *Berthel*, u. a. (2006a) 73.

anderen Städten herangezogen werden. Deshalb ist es für kriminalstrategische Überlegungen sehr wichtig, die Aussagekraft von Daten und Informationen auf den Prüfstand zu stellen. Nur dadurch ist man in der Lage, die zur Lösung von kriminalstrategischen Problemstellungen relevanten Daten- und Informationsquellen zielgerichtet zu erschließen und zu bewerten sowie Schlüsse zu ziehen.

Daher sollen einige Begriffe und Prozesse im Zusammenhang mit dem Element Information geklärt und ausgewählte Informationsquellen beleuchtet werden.

2. Begriffsbestimmungen

Im Zusammenhang mit dem Element Information wird regelmüßig von „Daten", „Information", „Wissen", „Informationsmanagement" oder „Auswertung" gesprochen. Die Begriffe „Daten" und „Informationen" werden im Alltag häufig synonym benutzt, was jedoch inhaltlich ungenau ist.

Daten sind gesammelte einfache, isolierte Fakten, die einer Interpretation bedürfen.

Informationen sind hingegen bewertete, d.h. bereits interpretierte Daten, die für den Nutzer für die Lösung einer spezifischen Aufgabenstellung hilfreich sind.

Die technischen (physikalischen) Aspekte der Information im Sinne der von *Shannon* bereits 1948 erstmals veröffentlichten Informationstheorie[2] und deren Weiterentwicklungen bleiben davon unberührt und sollen an dieser Stelle nicht betrachtet werden.

Wissen ist im Rahmen dieser Klassifikation die Fähigkeit, Daten zu interpretieren und daraus Informationen zu erzeugen.[3]

„**Auswertung** ist ein auf logischem und kreativem Denken beruhender Prozess der Informationsverarbeitung, mit dem Ziel der Gewin-

2 Vgl. *Shannon, C. E. & Weaver, W.* (1976).
3 Vgl. *Becker, J., Kugeler, M. & Rosemann, M.* (2000) 308.

nung weiterführender Erkenntnisse (Ermittlungsansätze, Lagebilder).“[4] (Ausführlich vgl. VIII.3)

„**Analyse** (griech.: ναλυειν = auflösen)**:** Ist eine ganzheitliche, systematische Untersuchung, bei der das untersuchte Objekt oder Subjekt zergliedert und in seine Bestandteile zerlegt wird und diese anschließend geordnet, untersucht und ausgewertet werden. Dabei dürfen die Vernetzung der einzelnen Elemente und deren Integration nicht außer Acht gelassen werden.“[5]

Intelligence: Im anglo-amerikanischen Sprachraum wird seit langem auch in polizeilichen Zusammenhängen der Begriff Intelligence benutzt. Allerdings wird er mit unterschiedlichen Inhalten belegt.[6] In Anlehnung an die International Association of Law Enforcement Intelligence Analysts (IALEIA) soll unter Intelligence das „Produkt der systematischen Sammlung, Bewertung und Darstellung von Rohdaten über Personen oder Aktivitäten“[7] verstanden werden. Daher kann man den Begriff Intelligence auch mit Auswertung gleichsetzen.

Open Source Intelligence (OSINT): Als OSINT werden alle Daten und Informationen, die öffentlich zugänglich sind, und für bestimmte (sicherheitsrelevante) Zwecke genutzt werden, bezeichnet.

Weitere Begriffe, die in diesem Kontext verwendet werden, sind:

- Open Source Data (OSD): Diese allgemeinen Daten stammen aus einer Primärquelle. Beispiele hierfür sind Satellitenbilder, Datensätze, Vermessungsdaten, Fotos und Audio- oder Videoaufnahmen, die ein Ereignis aufgezeichnet haben.
- Open Source Information (OSINF): Diese generischen Daten sind zuvor nach einem bestimmten Kriterium oder Bedarf gefiltert worden, sie können auch als Sekundärquelle bezeichnet werden.
- Validated OSINT (OSINT-V): Hierbei handelt es sich um OSINT, dessen Wahrheitsgehalt mit hoher Sicherheit feststeht. Die Daten sollten mit Hilfe einer Nicht-OSINT-Quelle geprüft worden sein werden.

4 Bund-Länder-Projektgruppe (2007) 7.
5 Bund-Länder-Projektgruppe (2007) 104.
6 Vgl. *Ratcliffe, J. H.* (2008) 86-87 und 92-93.
7 Vgl. IALEIA. (2012) 29. Der Originaltext lautet: „Intelligence. Information + Evaluation. The product of systematic gathering, evaluation, and synthesis of raw data on individuals or activities.“

Mittlerweile existieren spezifische Werkzeuge, die das Erschließen von OSINT für Zwecke der Verbrechensbekämpfung erleichtern.[8]

Probleme hinsichtlich der Nutzung von OSINT können auftreten durch:

- Menge an Daten
- Verlässlichkeit der Quellen
- Unstrukturierte Informationen
- Ethische Bedenken[9]

Think Tank: Eine Reihe von Landeskriminalämtern betreibt seit mehr oder weniger langer Zeit kriminalistisch-kriminologische Forschungseinrichtungen.[10]

- Forschungsstellen im BKA (KI); gegründet 1953
- Kriminologische Forschungsgruppe der Bayerischen Polizei (KFG); gegründet 1979
- Kriminologische Forschungsstelle im LKA Hamburg; gegründet 1989
- Kriminologische Forschungsstelle im LKA Niedersachsen (KFST); gegründet 2001
- Kriminalistisch-Kriminologische Forschungsstelle im LKA NRW (KKF); gegründet 2002
- Kriminologische Forschungsstelle im LKA SH (KFS); gegründet 2019
- Kriminologische Forschungsstelle im LKA Bremen; im Aufbau

Die 2004 gegründete Kriminalistisch-Kriminologische Forschungsstelle der Hessischen Polizei beim Hessischen Landeskriminalamt ist nicht mehr existent.

Ein Think Tank würde auf den Erfahrungen, die in diesen Forschungsinstitutionen gemacht wurden, aufbauen. Ihm obläge allerdings neben der Umsetzung von Forschungsaufträgen auch ein Monitoring. Denkbare Monitoringfelder sind aus kriminalstrategischer Perspektive etwa:

8 Vgl. z. B. EU-Projekt FREETOOL (free reliable tools for investigation cybercrime), https://thefreetoolproject.eu/#ABOUT, Abruf: 28.2.2024.
9 *Semmler, K.* (2022), 16 f.
10 *Nägel, Ch.* (2016).

- Gesellschaftliche Entwicklungen (z.B. mit den Themenbereichen Jugendkultur, Demografie, technische Entwicklungen, Infrastruktur, Ressourcen, Rechtsprechung, Rechtsetzung, usw.)
- Sicherheitsempfinden der Bevölkerung
- Sicherheitsrelevante öffentlicher Meinungsbildungsprozesse
- Große Schadensereignisse
- Amoklagen
- Terroristische Anschläge
- Organisationsentwicklung
- Polizeitechnik allgemein
- IuK-Technik für die Polizei

Für die Entwicklung von Kriminalstrategien käme einem Think Tank Kriminalität eine wichtige Rolle im Bereich der Früherkennung von Tendenzen und der Ableitung wissenschaftlich begründeter Schlüsse bzw. Entscheidungsvorschläge zu. Ausführlich werden das Erfordernis eines Kriminalistik-Think Tanks und eines Monitoringprozesses Kriminalistik in VIII.9 (Monitoring und Forschung als Bestandteile von Kriminalstrategie) dargestellt.

3. Auswertung

Auswertung stellt einen der wesentlichen Prozesse zur Gewinnung von Informationen und zur Erweiterung des Wissens für die Kriminalstrategie dar. Aus kriminaltaktischer und -technischer Sicht findet regelmäßig der Begriff Auswertungsangriff im Rahmen des Ersten Angriffs Verwendung.

3.1 Auswertung und Ermittlung

Der Begriff „Auswertung“ wird auch in der Kriminaltaktik bei der Aufklärung konkreter Straftaten als ein Prozess der Informationsgewinnung und dem kriminalistisches Denken (Vgl. IX.2.3.2 Kriminalistisches Denken) in Verbindung mit hermeneutischen Ansätzen gebraucht.[11]

11 Weiterführende Quellen finden sich bei *Getto, W.* (1998).

In der Praxis wird zwischen Ermittlungen und Auswertung gelegentlich ein Widerspruch gesehen. Ermittlungen könnte man allgemein als jene Tätigkeit bezeichnen, bei der ein Sachverhalt (Straftat, Ordnungswidrigkeit, Disziplinarverstoß) nach formalen Regeln aufgeklärt werden soll, um ihn justiziabel (Treffen einer juristischen Entscheidung) zu machen. Insofern sind Ermittlungen auch Datenverarbeitungsprozesse mit dem Ziel der Gewinnung weiterführender Erkenntnisse (Informationen/Wissen). Während bei der Auswertung jedoch das Treffen operativer oder strategischer Entscheidungen im Vordergrund steht, ist das Ziel der Ermittlungen die justiziable Handhabung des Sachverhaltes. Zu dem Erkenntnisgewinn (u. a. Was ist passiert? Wer hat es getan?) tritt die formale Komponente (Bestimmungen der StPO, Fristenregelungen usw.).

Gleichwohl ist Auswertung oftmals Bestandteil von Ermittlungen (z. B. Auswertung von Funkzellendaten, Bewegungsbildern, Vernehmungsergebnissen, Operative Fallanalyse). Die Übergänge sind fließend. Die Unterscheidung von Ermittlung und Auswertung ist eher theoretischer Natur und soll daher im Folgenden nicht weiter betrachtet werden.

Aus kriminalstrategischer Perspektive ist die kriminalistische Auswertung eine wichtige Methodik im Rahmen des Planungsprozesses.

3.2 Traditionelles und „neues" Auswerteverständnis

Der traditionelle Auswertebegriff (der Polizei) ist eng mit dem sogenannten Kriminalpolizeilichen Meldedienst verknüpft.

Im Wesentlichen wurden aus den bearbeiteten Ermittlungsverfahren meist standardisierte Informationen an eine Zentralstelle (z. B. LKA, BKA) übermittelt, die dort als Quelle für die künftige kriminalpolizeiliche Arbeit systematisch erschlossen werden sollten. Unabhängig von fragwürdigen Grundannahmen (z. B. Perseveranz-Hypothese) und ungünstigen Kosten-Nutzen-Relationen ist diese Verfahrensweise von konzeptioneller Passivität gekennzeichnet.

Die zu übermittelten Daten wurden danach bestimmt, was man glaubte, in der Zukunft an Angaben zu benötigen. Je nachdem, wie gut diese Prognose war, konnten zukünftige Anfragen beantwortet werden oder blieben unbeantwortet.

Wegen der systemischen Unzulänglichkeiten konnte der KPMD (als traditionelles Auswertemodell) nicht zu den erhofften Ergebnissen führen. In der Folge steuerte die Polizei in einen Circulus vitiosus, einen Teufelskreis[12]: Die Basis lieferte die erforderlichen Daten an die für den Meldedienst zuständige Zentralstelle. Die Zentralstelle konnte nur wenige Hinweise an die Praxis zurückgeben. Für die Basis erbrachte der KPMD kaum Nutzen. Dies führte wiederum dazu, dass von dort übermittelte Daten qualitativ und quantitativ immer schlechter wurden. Mit diesen unzureichenden Daten konnte die Zentralstelle noch weniger nützliche Rückmeldungen geben.

Dieser Prozess wurde zudem durch den ständigen Wandel der kriminalistischen Phänomene und der immensen Zunahme des Datenaufkommens beschleunigt. Um dieser Entwicklung wirksam entgegenzutreten wurde Ende der 90er Jahre des vorigen Jahrhunderts ein „Neues Auswerteverständnis“ entwickelt und in der Praxis etabliert.[13]

Der Kern des Neuen Auswerteverständnisses lässt sich auf drei Elemente reduzieren:

- Auswertung soll **zielorientiert** sein.
  Zunächst ist das Ziel zu definieren und danach sind die Informationsquellen auszuwählen, die für die Zielerreichung erforderlich sind.
- Auswertung soll ein **aktiver** Prozess werden.
  Sie kann nicht darauf setzen, dass die Daten/Informationen (passiv) angeliefert werden. Vielmehr muss sie sich aktiv um Informationen bemühen.
- Auswertung muss zu einem **Prozess** werden.
  Dieser besteht aus verschiedenen aufeinander aufbauenden Phasen, die nicht losgelöst voneinander gesehen werden können.

---

12 Das Teufelskreismodell hat insbesondere in der Soziologie (dort auch als „abwärts gerichtete Spirale bezeichnet) und in der Psychologie (dort nach Paul Watzlawick und Friedemann Schulz von Thun) Bedeutung erlangt. Das ursprüngliche (klassische) Modell von Watzlawik beinhaltet die Elemente „A nörgelt – B zieht sich zurück.“

13 Vgl. hierzu z. B. BLPG Polizeilicher Informations- und Auswertedienst (PIAD), BLPG Polizeiliche Information und Auswertung (PAI); BLPG Kriminalpolizeilicher Meldedienst-Polizeilicher Informations- und Analyseverbund (KPMD-PIAV); *Büchler, H., Meywirth, C., Kalscher, D. & Vogt, S.* (1996).

Im Übrigen sollte dadurch die polizeiliche Auswertung einen neuen Stellenwert erlangen und attraktiver werden.

Für die weiteren kriminalstrategischen Betrachtungen wird vom „Neuen Auswerteverständnis" ausgegangen.

3.3 Operative und strategische Auswertung

Zu unterscheiden ist ferner zwischen operativer Auswertung (direkte Ausrichtung auf konkrete Ermittlungen oder Gefahrenabwehr im Einzelfall) und strategischer Auswertung (Ausrichtung auf Führungsentscheidungen und politische Beratung, nur mittelbare Ausrichtung auf Ermittlungen oder Gefahrenabwehr).

Auswertung kann entweder einzelfallorientiert oder phänomenbezogen[14] durchgeführt werden, wobei strategische Auswertung nur selten einzelfallbezogen ist.

3.4 Operative Auswertung

Operative Auswertung dient dem Ziel der Gewinnung von Erkenntnissen (Informationen/Wissen) im Rahmen von konkreten Ermittlungen oder der konkreten Maßnahmen der Gefahrenabwehr. Im Zusammenhang mit Ermittlungsmaßnahmen wird weiterhin unterschieden in

- **ermittlungsbegleitende,**
- **ermittlungsunterstützende und/oder**
- **ermittlungsinitiierende** Auswertung.

Als **ermittlungsbegleitende** Auswertung bezeichnet man eine fallbezogene Auswertung, die im Ermittlungsprozess von den Ermittlern selbst oder ggf. von speziellen Analytikern durchgeführt wird. Die für

14 Vgl. etwa das bundesweit abgestimmte Auswerteprojekt Rockerkriminalität. Hier ist auch der OK-Schwerpunktsetzungsprozess zu nennen. Aus der Analyse von Verfahrenskomplexen wird versucht, OK-spezifische Entwicklungen von nationaler, ggf. staatenübergreifender Relevanz zu erkennen und über Projektarbeit ggf. in gemeinsame bzw. abgestimmte Ermittlungen zu überführen. Vgl. *Schröder, G.* (2019).

die Ermittlungen erforderlichen Auswertungen werden direkt und fortlaufend am Fall durchgeführt und sind insofern „begleitend“.

Beispiele sind:

- die Auswertung der durchgeführten Vernehmungen,
- die Auswertung der gesicherten Spuren,
- das Erstellen von Weg-Zeit-Diagrammen.

Die **ermittlungsunterstützende** Auswertung wird zwar ebenfalls fallbezogen durchgeführt, im Gegensatz zur ermittlungsbegleitenden jedoch punktuell im Ermittlungsverfahren und dabei anlass- und themenbezogen. So erfordern Ermittlungen in speziellen Komplexen teilweise eine besondere Form der Auswertung, die nur von – überwiegend zentralen – Auswertedienststellen oder externen Dienstleistern mit besonderen fachlichen Kompetenzen oder technischen Ausstattungen geleistet werden kann. Insofern kann ermittlungsunterstützende Auswertung auch als „Auswertung im Auftrag“ bezeichnet werden. Beispiele sind u. a.:

- das Erstellen einer Operativen Fallanalyse durch eine OFA-Einheit,
- das Erstellen eines Bewegungsbildes eines Tatverdächtigen durch eine Observationseinheit,
- das Erstellen eines Beziehungsdiagramms mittels spezifischer Softwarelösungen,
- das Darstellen der Geldflüsse in einem Unternehmen durch eine Wirtschaftsprüfgesellschaft.

Als **ermittlungsinitiierende** Auswertung bezeichnet man die Erhebung vorhandener Informationen, die auch aus Ermittlungsverfahren stammen können bzw. Ermittlungsergebnisse darstellen, sowie Beschaffung, Verdichtung und Verknüpfung von Erkenntnissen mit der Zielrichtung, Ermittlungseinheiten in den Stand zu versetzen, auf die erzielten Auswerteergebnisse gestützt und bei Vorliegen des Anfangsverdachts gem. § 152 Abs. 2 StPO, Ermittlungsverfahren bei den zuständigen Justizbehörden anhängig zu machen. Beispiele sind:

- die Aufklärung von Strukturen im Rotlichtmilieu,
- Ermittlungen zu Strukturen politisch motivierter Täter,
- das Feststellen von Verantwortlichkeiten und Abläufen zum Beispiel bei der Vergabe von Bauaufträgen.

3.5 Strategische Auswertung

Zur **strategischen** Auswertung zählt die Informationsverarbeitung zur Erstellung von

- Lagebildern (Land/Bund) und darauf aufbauenden Bekämpfungskonzepten,
- Phänomenologien,
- Strukturanalysen (nicht personenbezogen),
- Strategischen Zukunftsanalysen (Prognosen),
- Studien mit spezifischen themen- bzw. personengruppenspezifischen Zielrichtungen (z. B. Dunkelfeldanalysen, Täter-/Opferstudien),
- Gefährdungsanalysen (sofern nicht nur einzelfallbezogen).[15]

Die einzelnen Formen der strategischen Auswertung lassen sich nicht immer klar und eindeutig voneinander trennen. So stellt z. B. die Studie zum Gefährdungspotenzial durch russische Organisierte Kriminalität, die durch das BKA im Zusammenhang mit dem EU- Beitritt osteuropäischer Staaten erstellt wurde, sowohl eine Zukunftsanalyse als auch eine Gefährdungsanalyse dar. Ähnliches gilt für z. B. für die Studie des Bundesamtes für Migration und Flüchtlinge zum Migrationspotenzial zwischen Afrika und Deutschland.[16]

Auch sind die Übergänge zwischen operativer und strategischer Auswertung fließend. Insbesondere die ermittlungsinitiierende operative Auswertung dürfte regelmäßig Überschneidungen zur strategischen Auswertung aufweisen, wenn Sie zur Vorbereitung und Planung von Führungsentscheidungen dient. So kann z. B. eine Analyse von Verflechtungen im Rotlichtmilieu in eine umfassende Bekämpfungskonzeption münden, also auf Führungsentscheidungen bzw. zur Politikberatung herangezogen werden.

Grundsätzlich dürften strategische Auswertungen eher in Projekten und damit auf der Ebene der Stabsstellen anzusiedeln sein, während operative Auswertungen, auch wenn sie in Projektform durchgeführt werden, in der überwiegenden Anzahl bei Dienststellen mit unmittelbaren Ermittlungsaufgaben stattfinden.

---

15 Vgl. Bund-Länder-Projektgruppe (2007) 16 sowie *Büchler, H. u. a.* (1996) 42-43.

16 Vgl. *Baraulina, T., Kreienbrink, A. & Riester, A.* (2011).

3.6 Anforderungen an Daten/Informationen

Nicht selten wird auch zum Zwecke der Lagebeurteilung auf Quellen zugegriffen wird, die allgemein problemlos und schnell verfügbar sind: es wird gegoogelt, es werden „Open sources“ (Vgl. VIII.2 Open Source Intelligence [OSINT]) genutzt. Selbstverständlich sollen und müssen auch Daten und Informationen, die etwa aus sozialen Netzwerken oder Online-Bibliotheken gewonnen werden, in die Analyse einfließen. Ähnlich wie bei der Beweisführung über den DNS-Nachweis sollten auch die Ersteller kriminalstrategischer Konzepte die Absicherung derart erlangter Daten bzw. Informationen gewährleisten. Jedenfalls sind Plausibitäten zu prüfen und Abgleiche mit anderen Quellen, insbesondere polizeiinterner Natur vorzunehmen.

Aufgrund der Dynamik der Entwicklung gerade im Bereich der Informationsgewinnung, der Veränderungen, die Quellen dafür unterliegen, der Medien, die als Träger fungieren, wird in diesem Buch, anders als noch im bereits zitierten Orientierungsrahmen, auf eine Aufzählung von Quellen für die Beschaffung von Daten und Informationen verzichtet. Jedoch erscheint der Hinweis geboten, dass regelmäßig alle Kriminalitätsphänomene aufgrund ihrer gesellschaftlichen Dimensionen nicht allein über polizeiliche Datenbestände bzw. Informationen analysierbar sein dürften. So wird etwa bei der Betrachtung von Cybercrime-Phänomenen auf Erkenntnisse des *Bundesamtes für Sicherheit in der Informationstechnik*, des Bundesverbandes Informationswirtschaft, Telekommunikation und neue Medien e.V. (Bitkom) oder etwa Veröffentlichungen des Chaos-Computer-Clubs (CCC) zurückgegriffen werden. Und damit ist nur ein Bruchteil denkbarer Quellen genannt.

Idealerweise sollten die für die Lösung eines Problems erforderlichen **Daten/Informationen** sowohl in quantitativer als auch in und qualitativer Hinsicht

- **vollständig,**
- **aktuell und**
- **abgesichert**

sein.[17]

17 Vgl. *Jäger, J.* (1998).

Diese idealtypischen Anforderungen sind in der Praxis selten zu erfüllen. Die für eine bestimmte Entscheidungssituation vorliegenden Informationen werden regelmäßig unvollständig sein, weil sowohl aus tatsächlichen wie auch aus rechtlichen Gründen niemals alle Informationen erhoben werden können.

Die Informationen werden auch bedingt aktuell sein, da – trotz modernster Kommunikationsmittel – Zeitdifferenzen zwischen dem Erheben der Daten und dem Verarbeiten der Daten zu Information nicht ausgeschlossen werden können.

Zu beachten ist auch, dass das Generieren von Informationen aus Daten stets die Gefahr birgt, dass Daten subjektiv, nämlich vor dem Erfahrungshintergrund Einzelner oder schlimmstenfalls aus opportunistischer Perspektive (Ich schreibe auf, was vermeintlich erwartet wird.) interpretiert werden.

Hier stellt sich auch die Frage, wie viel Informationen man benötigt, um sachgerecht entscheiden zu können. Das Dilemma, zwischen „zu früh" auf unzureichender Informationsbasis entscheiden und „zu spät" zu entscheiden, kann letztlich nicht aufgelöst werden, wenngleich dazu zahlreiche Literatur (Entscheiden bei Unsicherheit, Selbstmanagement, Psychologie) vorliegt.[18]

4. Die Definition des Informationsbedarfs

Die optimale Informationsversorgung stellt in der Praxis eine anspruchsvolle, häufig nur schwer lösbare Aufgabe dar. Schwierig ist schon die Bestimmung des Informationsbedarfs. Maßstab ist dabei die definierte oder übertragene Aufgabe. Man benötigt mindestens so viele Daten, um die Aufgabe/das Problem zu lösen oder in seiner Wirkung zu begrenzen.

Daher ist es nicht sinnvoll, unstrukturiert und unreflektiert alle möglichen Daten zusammenzutragen.

18 Vgl. z. B. *Gigerenzer, G.* (2000), zitiert nach *Hofinger* (2003), *Gigerenzer, G.* (2007) und *Traufetter, G.* (2007), *Hänsel & Zeuch* (2003a) oder *Hänsel & Zeuch* (2003b), *Hänsel, M. & Zeuch, A.* (2003a und b), *Walder, H.* (2020) 354 ff.

Die Bedeutung der Informationen lässt sich mindestens vier Feldern zuordnen:

- der Umwelt (Informationen außerhalb der Organisation, Zielgruppen)
- der Organisation (in allen ihren Facetten und Prozessen)
- der konkreten Aufgabe (einem Ermittlungsverfahren, einer Strategie, einem Einsatz)
- dem einzelnen Menschen in seiner jeweiligen Rolle (Mitarbeiter, Führungskraft)

Um den Informationsbedarf generell festzulegen, ist die Beantwortung der nachfolgenden Fragestellungen hilfreich:[19]

- Welches Ziel soll mit der Aufgabe bzw. der Problemlösung verfolgt werden?
- Welche Ziele verfolge ich mit der Informationserhebung?
- Zu welchem Thema/Objekt möchte ich Informationen haben?
- Welche Art (welche Inhalte) von Informationen benötige ich?
- In welchem Umfang und welcher Detailliertheit (Breite, Tiefe und Genauigkeit) brauche ich sie?
- Welche Informationsquellen sind mir zugänglich?
- Mit welchen Mitteln und Methoden dürfen (rechtlicher Aspekt) und können (methodischer, taktischer, technischer Aspekt) die Informationen erhoben werden?
- Wer ist der Adressat (Bedarfsträger; z. B. Führungskräfte, Politik, Öffentlichkeit)?
- Wann (einmalig, regelmäßig, ständig) und wo (an einer oder mehreren Stellen, zentral, dezentral) werden die Informationen benötigt?
- In welcher Form (schriftlich, digitalisiert) und Verfügbarkeit (Verarbeitungsmodus) stehen die Informationen zur Verfügung?
- Wer soll und kann die Informationen erheben und verarbeiten (Qualifikation)?
- In welchen Organisationsformen (Aufbau und Ablauf) soll dies geschehen?
- Wie sieht der gesamte Informationsverarbeitungsprozess (Informationsströme) aus?
- Mit welchem Aufwand kann ich die Informationen erheben und verarbeiten?
- Welche Ressourcen (personell, technisch, finanziell) stehen zur Verfügung?

19 Vgl. *Neidhardt, K.* (1998) 107.

- Wie viel kosten (mich) die Informationen? Was sind sie (mir) wert (Bedeutung der Informationen)?
- Steht der Aufwand in angemessenem Verhältnis zum Nutzen (Effizienz)?
- Inwieweit muss und wie und kann ich meine Informationen schützen?

Da Informationsmanagement die beschriebene große Bedeutung hat, muss kriminalstrategisches Informationsmanagement möglichst rational erfolgen.

Es sollte daher

- bewusst, geplant, kontrolliert und mit nachvollziehbaren Prioritäten und Zielsetzungen,
- (rechtlich) verhältnismäßig, wirksam und ökonomisch (unter Beachtung der Aufwand-Nutzen-Relation),
- aber auch flexibel, vorausschauend und reflexiv (unter Berücksichtigung vorangegangener Erfahrungen) sowie
- systemisch (unter Beachtung auch von Nebenwirkungen und Wechselwirkungen) und systematisch (alle wesentlichen Faktoren einbeziehend)

vorgegangen werden.[20]

Im Folgenden sollen jene Daten/Informationen im Vordergrund stehen, die für die Erstellung und Umsetzung einer konkreten Strategie (Delikts-, Regional- oder Fachstrategie) erforderlich sind. Dazu zählen im Wesentlichen folgende Bereiche:

Informationen, die ein Problem frühzeitig erkennen lassen.

Dazu können Frühwarn- bzw. Monitoringsysteme genutzt werden. Mit dem Technischen Entwicklungs- und Servicezentrum, Innovative Technologien (KI 2 – TESIT) wurde 2008 durch das BKA ein institutionalisiertes Frühwarnsystem vorgestellt (Abbildung 4). Die Idee war, dass ein interdisziplinäres Team aus Wissenschaftlern, Technikern, Ingenieuren und Kriminalbeamten mit Technikaffinität Entwicklungen beobachtet und frühzeitig Wissen über potenziell relevante Technologien erarbeitet, um daraus Chancen für innovative Einsatz- und Ermittlungstechniken abzuleiten. Zugleich sollten in diesem zwischenzeitlich eingestellten Projekt Missbrauchs- und Scha-

20 Vgl. *Neidhardt, K.* (1998) 106.

denspotentiale erkannt werden, um auch daraus neuen Bekämpfungs- und Präventionsansätzen ableiten zu können.

Auf örtlicher Ebene kann es für eine Polizeidirektion sehr wichtig sein, sehr frühzeitig zu erfahren, wo z. B. ein Neubaugebiet oder eine Großdisko entstehen sollen.

In einem Unternehmen könnte dies z. B. der ständige Vergleich von Inventurdifferenzen sein, um Auffälligkeiten in bestimmten Filialen erkenne zu können.

Informationen, die zur Beschreibung des Problems, zur Erarbeitung von Lösungen und zur Entscheidung für eine bestimmte Lösung erforderlich sind.

Hierzu zählen beispielsweise Angaben zu Tätern, Tatzeiten, Tatörtlichkeiten.

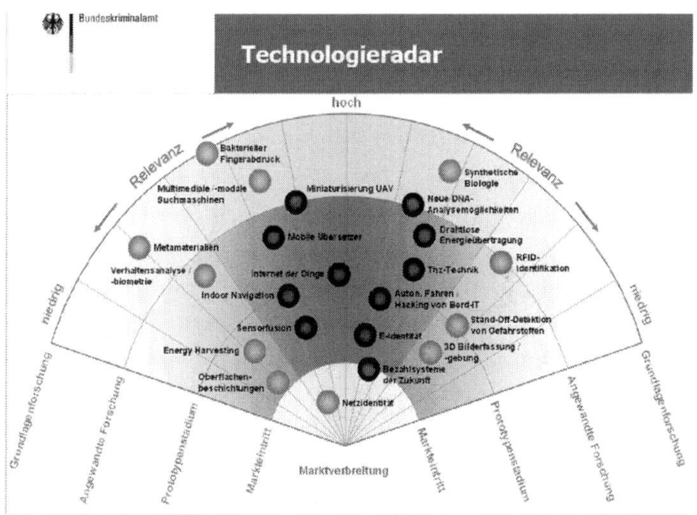

Abb. 4: BKA-Technologieradar (Quelle: Bundeskriminalamt)

Informationen, die erforderlich sind, um die Umsetzung der Lösung sicherzustellen.

Hier lauten die Fragen: Wird das, was getan werden soll, auch tatsächlich getan? Wie viele Kontrollen werden durchgeführt? Wann werden diese Kontrollen durchgeführt?

Ein weiterer Bereich sind

Informationen, die eine Beurteilung ermöglichen, welche Wirkungen durch die Maßnahmen eingetreten sind (beabsichtigte, unbeabsichtigte) und welcher Grad der Zielerreichung besteht.

Die in diesem Kontext zu stellenden Fragen lauten etwa: Wie haben sich die Fallzahlen verändert? Wo befinden sich die Täter nunmehr? Gibt es in den angrenzenden Quartieren eine Zunahme bestimmter Delikte? Wie haben sich die Marktpreise für bestimmte Drogen nach Sicherstellungen verändert? Wie viele Ordnungsstörungen wurden seither gemeldet?[21]

Zum Monitoring von gesellschaftlichen Entwicklungen und die Nutzung für die Kriminalstrategie vgl. VIII.9 (Monitoring und Forschung als Bestandteile von Kriminalstrategie).

5. Kriminalstrategisch relevante Gremien

Die wichtigsten Gremien, deren Beschlüsse für die kriminalstrategische Arbeit Bedeutung haben sind

- die Innenministerkonferenz mit ihren Arbeitskreisen,
- Unterausschuss „Führung, Einsatz, Kriminalitätsbekämpfung“,
- die AG Kripo sowie
- deren Kommissionen.

1954 wurde die Ständige Konferenz der Innenminister und -senatoren der Länder“, umgangssprachlich Innenministerkonferenz (IMK) – eingerichtet. Der Bundesminister des Innern (BMI) nimmt als ständiger Gast gleichberechtigt – mit Ausnahme des Stimmrechts – an den Sitzungen der IMK teil.

21 Bei dieser Informationsgruppe besteht das Problem weniger darin geeignete Informationen zu erlangen, als die Kausalität zwischen den ergriffenen Maßnahmen und den eingetretenen Veränderungen zu belegen.

Zur Erfüllung ihrer Aufgaben tagt die IMK in der Regel zweimal im Jahr, sofern nicht insbesondere aufgrund aktueller politischer Entwicklungen oder Gefahrenlagen für die Innere Sicherheit Sondersitzungen erforderlich sind. Außerdem können Beschlüsse im schriftlichen Umlaufverfahren gefasst werden. Die meisten Themen, die die Minister und Staatssekretäre in ihren Sitzungen erörtern, werden von sechs ständigen Arbeitskreisen (AK) der IMK vorbereitet. Dem AK II – Innere Sicherheit, zuständig u. a. für Themen der Gefahrenabwehr, Bekämpfung des Terrorismus, Angelegenheit der Polizei, gehören die Leiter der der Polizeiabteilungen der Innenressorts der Länder und des Bundes an. Im AK II sind außerdem die Präsidenten des Bundeskriminalamtes und der Deutschen Hochschule der Polizei vertreten.[22]

Der Unterausschuss „Führung, Einsatz, Kriminalitätsbekämpfung", kurz (UA FEK) ist einer von mehreren Unterausschüssen des AK II. Er beschäftigt sich mit Grundsatzfragen des polizeilichen Aufgabenvollzuges von länderübergreifender Bedeutung, insbesondere der Führung, des Einsatzes, der Kriminalitätsbekämpfung, der polizeilichen Verkehrssicherheitsarbeit, der Personalführung sowie der Aus- und Fortbildung. Unberührt bleibt dabei die Zusammenarbeit des BKA und der LKÄ. Diese vollzieht sich insbesondere im Rahmen der AG Kripo und deren Kommissionen.

Der Begriff „AG Kripo" steht für die Arbeitsgemeinschaft der Leiter der Landeskriminalämter mit dem Bundeskriminalamt.

„Die AG Kripo hat sich als kriminalstrategisches Planungsgremium vornehmlich mit Grundsatzfragen, Qualitätskontrolle sowie Zusammenarbeit mit anderen Gremien auseinanderzusetzen".[23] „Kernbereich der Aufgabenerfüllung der AG Kripo ist die Kriminalitätsbekämpfung in allen deliktischen und funktionalen Formen, auch mit ihren internationalen Verknüpfungen. Dieser polizeiliche Auftrag umfasst einen Aufgabenbereich mit komplexen, fachspezifischen Problemen, Anforderungen und Lösungen, welcher umfassendes

22 Vgl. Innenministerkonferenz, https://www.innenministerkonferenz.de/IMK/DE/aufgaben/aufgaben-node.html;jsessionid=2E7DBC028EAC7C717E89292CE892C82D.live241, Abruf: 19.2.2024.

23 Geschäftsführung der AG Kripo (1998) 2.

Fachwissen und Spezialkenntnisse bei der Bearbeitung zwingend voraussetzt".[24]

„Die AG Kripo trägt somit dem Umstand Rechnung, dass auf dem Gebiet der Kriminalitätskontrolle neben den unmittelbaren Erfordernissen ‚vor Ort' auch planerischer Handlungsbedarf besteht. Dem dazu notwendigen Abstimmungsbedarf trägt die AG Kripo als ein fachspezifisches Bund-Länder-Gremium Rechnung. Auch trägt die AG Kripo im Rahmen der jeweiligen personellen und materiellen Möglichkeiten der einzelnen Länderpolizeien zu einer gleichförmigen bundesweiten Umsetzung der entwickelten Konzeptionen bei".[25]

Die AG Kripo hat eine Reihe ständiger Kommissionen eingerichtet. Dazu zählen etwa die:

Kommission „Kriminalitätsbekämpfung":

Das Aufgabenspektrum umfasst alle Kriminalitätsphänomene, soweit diese nicht in die Zuständigkeitsbereiche der Kommissionen „Organisierte Kriminalität oder „Staatsschutz" fallen.

Kommission „Organisierte Kriminalität":

Diese Kommission befasst sich mit dem Kriminalitätsphänomen OK, mit Rauschgiftkriminalität, Waffen/Sprengstoffdelikten, Falschgeldkriminalität und Finanzermittlungen.

Kommission „Staatsschutz":

Die Zuständigkeit dieser Kommission umfasst Linksextremismus/-terrorismus, Rechtsextremismus/-terrorismus, politisch motivierte Ausländerkriminalität, Landesverrat und die Gefährdung der äußeren Sicherheit.[26]

Zudem existieren spezifische „Leitertagungen", etwa das Gremium der Leiter der Finanzermittlungsdienststellen.

Temporär werden Bund-Länder-Arbeits- bzw. Projektgruppen, z. T. auch gemeinsam mit dem UAFEK eingerichtet.

---

24 Geschäftsführung der AG Kripo, Mainz 1995, 13.

25 *Berthel, u. a.* (2006b) 155. Zu den Aufgaben und zur Bedeutung der AG Kripo aus kriminalstrategischer Sicht vgl. auch *Lange, H.-J.* (1999), 125ff.

26 Zu den Kommissionen der AG Kripo vgl. *Berthel* u. a. (2005b) 155f sowie *Münch, H.* (2020), 580-582.

Auch auf Länder- bzw. regionaler Ebene existieren Gremien, deren Beschlüsse, Berichte usw. für die kriminalstrategische Daten- und Informationserhebung relevant sein können. Gleiches trifft auch für bi- oder multilaterale Gremien, etwa bezogen auf Grenzkriminalität, zu.

Für die Entwicklung kriminalstrategischer Konzepte haben Beschlüsse dieser Gremien insoweit Relevanz als dass sie einerseits selbst regelmäßig strategischen Charakter tragen. Andererseits geben sie wichtige Orientierungen und stellen eine kriminalstrategische, bisweilen auch -politische Positionierung dar. Wer also gute kriminalstrategische Konzepte entwickeln will, kommt an einem vorherigen Studium der Beschlüsse der einschlägigen Gremien nicht vorbei.

6. Polizeiliche Daten- und Informationsquellen

Im Folgenden werden die wesentlichen polizeilichen Quellen oder Datenbestände, die für kriminalstrategische Konzepte von Bedeutung sein können, und einige Anmerkungen zu deren Bewertung skizziert. Für alle hier aufgeführten Quellen gilt, dass stets nicht nur der nationale Aspekt zu berücksichtigen ist. Vielmehr sollten – unabhängig vom Auslandsbezug der ursprünglichen Problemstellung – stets ausländische bzw. internationale Quellen berücksichtigt werden. Hierunter fallen z. B. INTERPOL, Europol, OLAF,[27] Europäische Beobachtungsstelle für Drogen und Drogensucht (EMCDDA),[28] United Nations Office on Drug and Crime (UNODC) mit Sitz in Wien,[29] Eurostat[30] aber auch wissenschaftliche Publikation oder Veröffentlichungen von Polizeien anderer Staaten. Darauf soll jedoch im Rahmen dieser Abhandlung nicht näher eingegangen werden. Art und Umfang der Nutzung dieser Quellen sind selbstverständlich auftrags- und ebenenabhängig.

27 https://anti-fraud.ec.europa.eu/index_de, Abruf: 28.2.2023.

28 https://european-union.europa.eu/institutions-law-budget/institutions-and-bodies/search-all-eu-institutions-and-bodies/european-monitoring-centre-drugs-and-drug-addiction-emcdda_de, Abruf: 28.2.2024.

29 https://www.unodc.org/unodc/index.html.

30 https://ec.europa.eu/eurostat/web/main/home, Abruf: 28.2.2024.

Unter dem Oberbegriff „Polizeiliche Daten- und Informationsquellen" sollen alle Daten zusammengefasst werden, die den Polizeien unmittelbar zur Verfügung stehen und die unmittelbar bei der Erfüllung ihrer Aufgaben entstehen.

Dies können sowohl die traditionellen Datenbestände, wie die Polizeiliche Kriminalstatistik, Lagebilder und Lageberichte zu einzelnen Deliktsbereichen (z. B. OK, Cybercrime, Wirtschafts- oder Rauschgiftkriminalität), Studien,[31] Projektberichte, Sonderauswertungen aber auch die Rechtstatsachensammlung (RETASAST) beim Bundeskriminalamt,[32] Kriminologische Regionalanalysen (KRA) oder etwa spezifische Datenbanksysteme, wie z. B. ViCLAS[33] sein. Dazu zählen aber auch die Informationen aus der Arbeit relevanter Gremien (z. B. AG Kripo, UAFEK usw. – vgl. VI.5 Kriminalstrategisch relevante Gremien).

Zu berücksichtigen sind ferner Forschungsarbeiten, etwa des BKA[34], der Deutschen Hochschule der Polizei (DHPol) und der Kriminologischen Forschungsstellen der LKÄ oder auch Masterarbeiten der DHPol, Bachelor-, Diplom- oder Seminararbeiten an Fachhochschulen, Berichte über Fachtagungen u. ä.

Nicht vernachlässigt werden dürfen Informationen aus polizeilichen Ermittlungsverfahren oder Informationen, die z. B. im Rahmen des Streifendienstes anfallen (Beobachtungsdaten[35]) sowie das umfangreiche Erfahrungswissen der Polizeibeamten.

Nicht unbeachtlich sind daher Daten aus polizeilichen Vorgangs- und Fallbearbeitungssystemen, Fahndungsdatenbanken aber auch Daten aus Controlling- und Führungsinformationssystemen.

---

31 Z. B. *Elsner & Molnar* (2001); *Luff, J.* (2000); *Steffen & Elsner* (2000); *Koch-Arzberger, Bott, Kerner, Reich & Vester* (2008).

32 Die RETASAST beinhaltet z. B. eine Sammlung von Fallbeispiel zur Anwendung des Straftatenkataloges des § 100a StPO der Zugriffsmöglichkeiten auf inkriminiertes Vermögen sowie besonderer Mittel der Datenerhebung. Näheres vgl. *Lersch, R.* (1998).

33 Violent Crime Linkage Analysis System = Analysesystem zur Verknüpfung von Gewaltverbrechen; vgl. z. *B. Baurmann* (1999).

34 Vgl. z. B. *Straub & Witt* (2002).

35 Vgl. *Volkmann & Jäger* (2000) 79-83.

6.1 Polizeiliche Kriminalstatistik (PKS)

Die PKS hat im Kanon kriminalstrategischer Daten- und Informationsquellen eine besondere Stellung inne. Sie ist öffentlich zugänglich. Auf ihrer Basis entfacht sich nicht selten der politische Streit über die Deutung festgestellter Phänomene. Und schließlich wurde die PKS ausdrücklich auch mit dem Ziel geschaffen, Daten für strategische Planungen bereitzustellen.[36]

6.1.1 Zu Inhalten und Aussagewert der PKS[37]

Mit Inkrafttreten der bundeseinheitlichen Richtlinien stellt die PKS seit dem 1. Januar 1971 die „Zusammenstellung aller der Polizei bekannt gewordenen strafrechtlich relevanten Sachverhalte unter der Beschränkung auf ihre erfassbaren wesentlichen Inhalte [dar]. Sie soll damit im Interesse einer wirksamen Kriminalitätsbekämpfung zu einem überschaubaren und möglichst verzerrungsfreien Bild der angezeigten Kriminalität führen."[38] Die PKS hält in den Vorbemerkungen zudem eine Reihe von Hilfestellungen bereit, wie das Werk gelesen und interpretiert werden kann.

Bei der PKS handelt es sich um eine Ausgangsstatistik. Die Erfassung erfolgt erst zum Zeitpunkt des Abschlusses der polizeilichen Ermittlungen. Die zeitlichen Verzerrungen z. B. bei der statistischen Abbildung von Verfahren der Wirtschaftskriminalität oder der Organisierten Kriminalität können erheblich sein.[39]

In ihrer **strategischen Zielsetzung dient die PKS** der

- Beobachtung der Kriminalität und einzelner Deliktsarten, des Umfanges und der Zusammensetzung des Tatverdächtigenkreises sowie der Veränderungen von Kriminalitätsquotienten,
- Erlangung von Erkenntnissen für die vorbeugende und verfolgende Verbrechensbekämpfung, organisatorische Planungen und

36 Bundeskriminalamt (2015) 1.

37 Vgl. z. B. *Berthel, R.* (2003), *Dörmann, U.* (1998), *Heinz, W.* (2004), *Heinz, W.* (2007).

38 Bundeskriminalamt (2003) 4.

39 Bearbeitungszeiten von bis zu zwei Jahren sind gerade in diesen Deliktsbereichen keine Seltenheit. Das Lagebild Organisierte Kriminalität 2008 nennt z. B. eine durchschnittliche Bearbeitungszeit von 20,1 Monaten. Bundeskriminalamt (2009c) 8.

Entscheidungen sowie kriminologisch-soziologische Forschungen und kriminalpolitische Maßnahmen.[40]

Faktoren, die Einfluss auf die Entwicklung der Fallzahlen haben können, sind:[41]

Das **Anzeigeverhalten der Bevölkerung:**

So mannigfaltig wie die Beweggründe für die Erstattung von privaten Strafanzeigen sind, sind auch die Gründe einer Nichtanzeige. *Kaiser* nennt u. a. vermutete Erfolglosigkeit der Anzeige, Betrachtung der Angelegenheit als Privatangelegenheit, Deckung des Täters, zu großer Zeitaufwand, Probleme mit der Polizei und insbesondere den zu geringen Schäden.[42] Eine besondere Deliktsgruppe stellen die sog. **opferlosen Delikte** (z. B. Korruption, eine Reihe von Wirtschafts- und Umweltdelikten). Dabei handelt es sich um Straftaten, die kein unmittelbares Opfer aufweisen und daher viel seltener zur Anzeige gelangen.

Die **polizeiliche Kontrollintensität:**

Sie stellt einen weiteren Einflussfaktor auf die im Hellfeld erfasste Kriminalität dar. In diesem Zusammenhang spricht man auch von der **Kontrollkriminalität**.

„**Kontrollkriminalität** umfasst Delikte, die durch proaktive Überwachung formeller oder informeller Instanzen aus dem Dunkelfeld in das Hellfeld gerückt werden. Die Ermittlungen werden üblicherweise personenbezogen begonnen, die Tat ist bei Bekanntwerden in der Regel geklärt. Grundsätzlich stehen Kenntnis und Aufklärung der Delikte in besonderer Anhängigkeit von strategischer Schwerpunktsetzung und Ressourceneinsatz.“[43]

Charakteristisch für Kontrolldelikte ist eine aus einer regelmäßig geringen Betroffenheit von Geschädigten resultierende geringe Anzeigebereitschaft. Klassisch sind hierfür Straftaten der Wirtschafts- oder Umweltkriminalität. Auch Btm-Delikte sind regelmäßig Kontrollstraftaten.

40 Vgl. Bundeskriminalamt (2015) 1.
41 Vgl. Bundeskriminalamt (2008a) 7.
42 Vgl. *Kaiser, G.* (1996) 560.
43 *Kasecker, R.* (2008a); vgl. auch *Paul, D.* (2009) 4-11 sowie *Horten, B, Guzy, N. & Birkel, Ch.* (2015) 105.

Die Betrachtung von Kontrollkriminalität und Kontrollintensität erlaubt eine realistischere Bewertung bestimmter Entwicklungen in der Statistik. Dort, wo (polizeiliche) Ressourcen auf die Aufdeckung bestimmter Delikte konzentriert werden, wird ein Anstieg der Fallzahlen zu erwarten sein.

Die statistische Erfassung

Die statistische Erfassung selbst birgt Fehlerquellen für unterschiedliche Erfassung vergleichbarer Sachverhalte. Obwohl die PKS sehr weitgehende Regelungen für die Erfassung der einzelnen Sachverhalte vorsieht,[44] bleibt trotzdem noch ein Interpretationsspielraum.

Änderungen des materiellen Strafrechts

Änderungen des materiellen, des Verfahrensrechts aber auch der Anwendung dieser Normen können ebenfalls Einfluss auf die Entwicklung der Fallzahlen haben.

Beispielhaft seien hier die Veränderungen im Umgang mit häuslicher Gewalt genannt. Vorgaben der Staatsanwaltschaften, bei diesen Delikten grundsätzlich von einem öffentlichen Interesse auszugehen sowie die Änderungen im Rahmen des Zeugenschutzgesetzes[45] vom 01.04.1998, wonach u. a. bei gefährlichen Körperverletzungen fortan der Privatklageweg ausgeschlossen wurde, haben in den Jahren seit 1998 mit zu einem Anstieg der Fallzahlen geführt.[46]

(echte) **Kriminalitätsänderungen**:

Nicht zuletzt schlagen sich natürlich auch tatsächliche Kriminalitätsänderungen in der Statistik nieder.

Beispiele hierfür war etwa die Zunahme der Pkw-Diebstähle in den Jahren 1989 bis 1993 in Folge des Wegfalls des Eisernen Vorhanges, die Zunahme der IuK-Delikte bedingt durch eine stetige Zunahme der Tatgelegenheiten durch die Digitalisierung weiter Teile des gesellschaftlichen Lebens oder Änderung der Fallzahlen bei verschie-

44 Vgl. Bundeskriminalamt (2004a).
45 Gesetz zum Schutz von Zeugen bei Vernehmungen im Strafverfahren und zur Verbesserung des Opferschutzes (Zeugenschutzgesetz) vom 30.4.1998 (BGBl. I S. 820).
46 Vgl. BMI & BMJ (2001) 50.

denen Delikten im Zusammenhang mit dem Wegfall von Tatgelegenheiten in der Zeit der CORONA-Pandemie.[47]

Zusammenfassend lassen sich die Herausforderungen bei der Interpretation der PKS mit folgenden Schlagworten beschreiben.[48]

Die Polizeiliche Kriminalstatistik ist

- **verkürzt**

In der PKS nicht enthalten sind Ordnungswidrigkeiten, Staatsschutz- und Verkehrsdelikte – soweit nicht die §§ 315, 315b StGB und § 22a StVG betroffen sind. Ferner werden Taten, die außerhalb der Bundesrepublik Deutschland begangen wurden und auch Verstöße gegen strafrechtliche Landesgesetze der einzelnen Länder, Datenschutzgesetze der Länder ausgenommen, nicht berücksichtigt.[49]

Die PKS stellt außerdem lediglich das Hellfeld eines bestimmten Deliktes bzw. Deliktsbereiches dar.

- **verzerrt**

Hiermit ist insbesondere das Vortäuschen bestimmter Straftaten, etwa von Diebstählen, Sachbeschädigungen oder Branddelikten gemeint. Tatsächlich werden dadurch jedoch Betrugsstraftaten überdeckt.

- **ungewichtet**

Es erfolgt bei der Zählung die statistische Gleichgewichtung von Delikten, die in ihren gesellschaftlichen Auswirkungen tatsächlich ganz verschieden gewichtet sind. So gehen etwa ein „einfaches“ Eigentumsdelikt (z. B. Ladendiebstahl) ebenso wie ein Kapitaldelikt (z. B. Mord) oder eine schwere Wirtschaftsstraftat jeweils als **ein** Fall mit jeweils dem gleichen Gewicht in die PKS ein.

- **manipulierbar**

Die Manipulationsmöglichkeiten erstrecken sich dabei von Zählung der Art der Fälle (versuchter Diebstahl oder Sachbeschädigung), über die Anzahl der Fälle bis hin zur Erfassung als aufgeklärt oder nicht. Einfache „Manipulationen“ betreffen den Zeitpunkt der Erfassung (noch im laufenden Jahr oder erst im Folgejahr.

Die PKS liefert, wie andere Kriminalstatistiken auch, trotz ihrer ständigen Weiterentwicklung[50] kein getreues Abbild der Kriminalitätswirklichkeit. Sie ist bestenfalls eine Annäherung an diese. Gleichwohl

47 *Berthel, R.* (2021).
48 Vgl. *Jäger, J.* (2001) 5.
49 Vgl. Bundeskriminalamt (2009a) 8f.
50 *Mischkowitz, R.* (2015).

stellt sie für Exekutive, Legislative und Wissenschaft ein außerordentlich wichtiges Hilfsmittel dar, um Erkenntnisse über Häufigkeit der erfassten Fälle sowie über Formen und Entwicklungstendenzen der Kriminalität zu gewinnen.[51]

6.2 INPOL

Das polizeiliche Informationssystem INPOL ist ein elektronischer Datenverbund der Polizeien des Bundes und der Länder.

„Unentbehrlich für die polizeiliche Arbeit in Deutschland ist das beim Bundeskriminalamt betriebene elektronische Informationssystem der Polizei (INPOL). Kernstück sind die Personen- und Sachfahndungsdateien. Die hier hinterlegten Daten stehen binnen von Sekunden nach der Erfassung allen angeschlossenen Behörden zur Verfügung. Zugriff auf das System haben neben dem Bundeskriminalamt die Landespolizeidienststellen, die Bundespolizei und die Zollbehörden.

In der INPOL-Personenfahndungsdatei waren am 01.07.2022

- 274.894 Ausschreibungen zur Festnahme und
- 426.962 Ausschreibungen zur Aufenthaltsermittlung

registriert.

In der INPOL-Sachfahndungsdatei sind etwa 16 Mio. Gegenstände erfasst, die wegen eines möglichen Zusammenhangs mit Straftaten gesucht werden.

In der INPOL-Sachfahndungsdatei waren am 01.07.2022

- 455.703 Kfz
- 1.527.459 Fahrräder
- 328.398 Schusswaffen

registriert."[52]

51 Vgl. *Jäger, J.* (2001) 3.

52 Bundeskriminalamt, Polizeiliche Informationssysteme, https://www.bka.de/DE/UnsereAufgaben/Ermittlungsunterstuetzung/ElektronischeFahndungsInformationssysteme/polizeilicheInformationssysteme_node.html, Abruf: 23.7.2023.

Derzeit wichtigste Datengruppen in INPOL sind:

- der Kriminalaktennachweis – KAN
- die Personenfahndung
- die Sachfahndung
- die Haftdatei
- der Erkennungsdienst sowie
- die DNA-Analyse-Datei.[53]

INPOL wird im Rahmen von Polizei 20/20 transformiert.

6.3 Programm Polizei 20/20

Mit dem Programm Polizei 20/20 soll die gegenwärtig heterogene IT-Landschaft der deutschen Polizeien die polizeiliche IT-Architektur in Deutschland harmonisiert und modernisiert werden. Die bisher heterogene Datenhaltung wird dabei durch ein gemeinsames Datenhaus vereinheitlicht werden. Zur Erreichung dieses Ziels wurde aufbauend auf der 2016 von den Innenministern/-senatoren der Länder und des Bundes verabschiedeten Saarbrücker Agenda zur Informationsarchitektur der Polizei als Teil der Inneren Sicherheit[54] das Programm Polizei 20/20 geschaffen. An diesem nehmen neben dem Bundeskriminalamt die 16 Länderpolizeien, die Bundespolizei, das Zollkriminalamt und die Polizei beim Deutschen Bundestag teil.[55]

Kernziele des Programms sind:

- die Verbesserung der Verfügbarkeit polizeilicher Informationen
- die Erhöhung der Wirtschaftlichkeit
- die Stärkung des Datenschutzes durch Technik

Die Transformation der bestehenden INPOL-Systemlandschaft erfolgt als Programm „Polizei 20/20“ unter Einbindung bereits initiierter und zukünftiger verbundrelevanter Innovationsprojekte wie z. B.

53 Der Bundesbeauftragte für den Datenschutz und die Informationsfreiheit, Polizeiliches Informationssystem – INPOL, https://www.bfdi.bund.de/DE/Buerger/Inhalte/Polizei-Strafjustiz/National/DasPolizeilicheInformationssystem-INPOL.html, Abruf: 23.7.2023.

54 https://www.bmi.bund.de/SharedDocs/downloads/DE/veroeffentlichungen/2016/saarbruecker-agenda.html;jsessionid=38196E981D9A16E6B9F9269BCB813D26.live892, Abruf: 23.7.2023.

55 Ministerium des Innern und für Sport Rheinland-Pfalz (2022).

- PIAV (Polizeilicher Informations- und Analyseverbund),
- eFBS (einheitliches Fallbearbeitungssystem),
- IAM (Identity- and Access-Management – Zugriffs- und Rechtekonzept),
- X-Polizei (einheitliches fachliches Datenmodell und technisches Austauschformat der deutschen Polizeien) sowie
- Projekte zur Pflege und Aktualisierung der INPOL-Bestandssysteme.

6.4 Polizeilicher Informations- und Analyseverbund (PIAV)

PIAV besteht aus zwei Komponenten, PIAV Operativ und PIAV Strategisch. Bei PIAV Operativ befinden sich folgende Dateien im Wirkbetrieb: „Gewaltdelikte/Gemeingefährliche Straftaten“ (eingeschlossen Waffen- und Sprengstoffkriminalität), „Rauschgiftkriminalität“, „Eigentumskriminalität/Vermögensdelikte“, „Cybercrime“, „Dokumentenkriminalität“, „Sexualdelikte“ und „Schleusung/Menschenhandel/Ausbeutung“. PIAV Strategisch ist am 1. Juli 2021 in den Wirkbetrieb gestartet.

PIAV-Operativ dient der unverzüglichen Bereitstellung und zum Austausch ausgewählter Personen-, Fall- und Sachdaten zu bestimmten, als verbundrelevant bewerteten Phänomenbereichen aus der laufenden Fallbearbeitung, um Tat-Tat- und Tat-Täter-Zusammenhänge frühzeitig erkennen und unbekannte Täter identifizieren zu können. Es dient also primär der Unterstützung der operativen Fallbearbeitung durch die Polizeien des Bundes und der Länder.

PIAV-Strategisch ist demgegenüber ein Instrument zum Lagemonitoring, das es allen Polizeien des Bundes und der Länder ermöglicht, aktuelle Kriminalitätsentwicklungen auf Basis umfassender, länderübergreifender und vor allem (tages-)aktueller Lageerkenntnisse aller teilnehmenden Polizeien des Bundes und der Länder zu bewerten. PIAV-Strategisch soll somit unter anderem dabei helfen, Kriminalitätsbrennpunkte frühzeitig zu erkennen und regionale Kriminalitätsentwicklungen von überregionalen Phänomenen unterscheiden zu können.[56]

56 Deutscher Bundestag (2023).

6.5 eFBS – einheitliches Fallbearbeitungssystem

Das einheitliche Fallbearbeitungssystem als Teil des Programms Polizei 20/20 soll in allen deutschen Polizeien eingeführt werden und länderspezifische Systeme ersetzen. Bei Redaktionsschluss war das Analytik-Tool noch nicht in allen deutschen Polizeien eingeführt.

6.6 Zentrale Informations-Management-Plattform (ZIMP)

Die ZIMP soll national nicht-polizeiliche oder internationale Suchen bzw. Auskunftsersuchen für den polizeilichen Endanwender an zentraler Stelle bündeln. Der Informationsaustausch der Behörden wird über Staatsgrenzen hinweg gestärkt und die Suche nach Täterdaten auch außerhalb des Zuständigkeitsbereiches der deutschen Polizei ausgeweitet.[57]

6.7 Kriminalpolizeilicher Meldedienst (KPMD)

Der Kriminalpolizeiliche Meldedienst stellt eine weitere polizeiliche Daten- und Informationsquelle für polizeiliche Lageeinschätzungen und Führungsentscheidungen dar. Obwohl die Daten des KPMD selbst kaum der Öffentlichkeit zugänglich sind, münden sie in öffentlich zugängliche Lagebilder.[58] Lagebilder werden dabei periodisch oder ggf. anlassbezogen (etwa „Auswirkungen von COVID-19 auf die Kriminalitätslage in Deutschland; Betrachtungszeitraum: 2020/ 2021) erstellt.

Basierend auf den Erkenntnissen des Kriminologen Robert Heindl wurde in Deutschland seit den 1930er Jahren ein kriminalpolizeiliches Vergleichssystem, das typische Begehungsweisen bekannter Straftäter beinhaltet, als Plattform zum polizeilichen Informationsaustausch geschaffen. Ziel war es, sowohl den Erkenntnisaustausch zwischen den Polizeidienststellen als auch eine sachgerechte Beurteilung der polizeilichen Lage (BdL) sicherzustellen.

57 BMI (2023) 21.

58 Vgl. z. B. die Lagebilder und Jahresberichte des BKA Verfügbar unter: https://www.bka.de/DE/AktuelleInformationen/StatistikenLagebilder/Lagebilder/lagebilder_node.html, Abruf: 23.7.2023.

Der Kriminalpolizeiliche Meldedienst ist „die zentrale Sammlung von Daten über bestimmte, überwiegend in einer Grundeinteilung aufgeführter geklärter und ungeklärter Straftaten bekannter oder unbekannter überörtlicher Täter oder Tätergruppen mit dem Ziel, durch Auswertung Tatzusammenhänge zu erkennen, ungeklärte Straftaten bekannten Tätern zuzuordnen und vorbeugend die Polizeidienststellen durch allgemeine oder gezielte Informationen in der Verbrechensbekämpfung zu unterstützen.“[59]

Daneben existier(t)en für bestimmte Deliktsbereiche sogenannte **Sondermeldedienste (SMD)** oder auch Besondere Kriminalpolizeiliche Meldedienste, z. B. für

- Rauschgiftkriminalität
- Waffen- und Sprengstoffsachen
- Raub, Erpressung, Geiselnahme
- Tötungs- und Sexualdelikte
- Geldfälschung
- Fälschung von unbaren Zahlungsmitteln

Seit dem Frühjahr 2016 wurden der KPMD/SMD schrittweise durch PIAV abgelöst.

6.8 Vorgangsbearbeitungssysteme

Zur Bearbeitung polizeilicher Systeme werden in den deutschen Polizeien Vorgangsbearbeitungssysteme eingesetzt. Beispielhaft soll hier ein Landessystem kurz vorgestellt werden.

In der sächsischen Polizei wurde z. B. 1995 die Entscheidung für die Entwicklung eines Integrierten Vorgangsbearbeitungssystems (IVO) für die Landespolizei getroffen. Nach Schaffung der notwendigen Infrastruktur wurde das System 2002 eingeführt. IVO unterstützt die Bearbeitung aller Arten von polizeilichen Vorgängen

- Straftaten,
- Ordnungswidrigkeiten,
- Verkehrsunfälle,
- Vermisste, nichtnatürliche Todesfälle,
- Ermittlungsersuchen,

59 *Burghard, W.* (1996) 206.

- Gefahrenabwehr und
- Tätigkeitsregistrierungen.

Die Bearbeitung erfolgt durchgehend rechnergestützt, von den polizeilichen Erstmaßnahmen bis zum Vorgangsabschluss und Übergabe an die zuständige Strafverfolgungsbehörde. Kennzeichen von IVO ist das Sachbearbeiterprinzip, IVO ist darüber hinaus nicht nur ein komplexes Vorgangsbearbeitungssystem, sondern zugleich die zentrale Datenbank und Täterlichtbilddatei sowie die Schnittstelle zu INPOL und zum Schengener Informationssystem.[60]

6.9 Lagebilder, Lageberichte

Unter einem Lagebild versteht man im Allgemeinen die zu einem bestimmten Zeitpunkt zusammengeführten polizeilich bedeutsamen Erkenntnisse.[61]

Unter einen Lagebericht soll im Gegensatz zum Lagebild eine Lagedarstellung verstanden werden, die anlassbezogen erfolgt und in ihren Inhalten daher meist begrenzt bleibt.

Es existieren allein auf Bundesebene zahlreiche Lagebilder, die i. d. R. öffentlich zugänglich sind. In aller Regel enthalten diese aggregierte und bereits bewertete Daten. Die Ergebnisse sind meist auch bereits interpretiert. Insofern ist die Aussagekraft begrenzt auf die jeweiligen Ziele oder Zielgruppen und nicht ohne weiteres auf alle Anwendungsfälle übertragbar. So gibt beispielsweise das Bundeslagebild Rauschgiftkriminalität einen Überblick über allgemeine Trends. Ob diese sich aber auch so tatsächlich in der Kommune XY widerspiegeln, die ein Problem mit einer Drogenszene hat, bedarf der Überprüfung. Zunehmend häufiger werden anlassbezogene Lageberichte/Lagebilder erstellt; so etwa „Auswirkungen von COVID-19 auf die Kriminalitätslage in Deutschland“.[62] Der in diesem Kontext regelmäßig in Bund-Länder-Arbeitsgruppen zu leistende Aufwand ist erheblich und muss mehr und mehr in die strategische Planung (or-

60 Polizei Sachsen, IVO – eigene Softwareentwicklung der sächsischen Polizei, https://www.polizei.sachsen.de/de/9826.htm, Abruf: 28.2.2024.
61 Vgl. PDV 100, Anlage 20.
62 Bundeskriminalamt (2022).

ganisatorisch wie auch personell) einfließen. Auch das ist Kriminalstrategie!

7. Nicht polizeiliche Daten- und Informationsquellen

Polizeiinterne Informationsquellen reichen für kriminalstrategische Planungen oftmals nicht aus. Für die Problemanalyse, die Zielbildung sowie das Abschätzen erwünschter und unerwünschter Wirkungen sind daher – abhängig vom jeweiligen Ziel – weitere Informationsquellen heranzuziehen. In Betracht kommen z. B. Statistiken für die Bereiche des Rechts und der Rechtspflege, für die das Bundesministerium der Justiz (BMJ) zuständig ist. Dazu zählen[63]:

- Auslieferungsstatistik
- Beratungshilfestatistik
- Betreuungsstatistik
- Geschäftsentwicklung bei Gerichten und Staatsanwaltschaften
- Juristenausbildung
- Personalstatistiken
- Rechtspflegerprüfungen
- Rehabilitierungsgesetze
- Schiedspersonen
- Schöffen/ehrenamtliche Richterinnen und Richter
- Telekommunikationsüberwachungsstatistik
- Wohnraumüberwachungsstatistik

Weitere Quellen finden sich beim Statustischen Bundesamt, etwa die Strafverfolgungsstatistik (StVStat), die Strafvollzugsstatistik (StVollSt) Statistiken zur Entziehung der Fahrerlaubnis, Fahrverbote usw.[64]

Diese und andere Statistiken, etwa die vom Bundesfinanzministerium herausgegebene Statistik über die Ergebnisse der Steuerfahndung, die Verkehrsunfallstatistik, die Todesursachenstatistik oder

63 BMJ, Statistiken, https://www.bmj.de/DE/service/statistiken/statistiken_node.html, Abruf: 20.12.2023.

64 Statistisches Bundesamt, https://www.destatis.de/DE/Themen/Staat/Justiz-Rechtspflege/_inhalt.html#sprg234456, Abruf: 20.12..2023.

andere vom Bundesministerium der Justiz zur Verfügung gestellte Statistiken, ermöglichen einen recht umfangreichen Blick auf die Kriminalitätslage und die (staatlichen) Reaktionen auf Kriminalität. Allerdings sind sie nicht geeignet, die Gesamtheit staatlicher Reaktionen auf Kriminalität abzubilden. Es fehlt eine sog. Verlaufsstatistik, die einen Fall von der Anzeigenaufnahme (vom Bekanntwerden) bis zur Aburteilung bzw. einem anderen Verfahrensausgang nachvollziehbar machen würde.

Auch sind die Erfassungsmodalitäten unterschiedlich, wodurch Vergleichbarkeit und Aussagekraft eingeschränkt werden. So erfasst die Strafverfolgungsstatistik lediglich die von Gerichten Abgeurteilten und Verurteilte. Verfahrenseinstellungen durch die Staatsanwaltschaft, die immerhin mehr als die Hälfte aller in der PKS erfassten Fälle ausmachen, werden nicht erfasst. Auch die Erfassungszeiträume korrespondieren nicht miteinander.

Daher gibt es immer wieder die Forderung nach einer Verbesserung des Systems kriminalstatistischer Daten in der Bundesrepublik, insbesondere auch die Schaffung einer Verlaufsstatistik, mit der die Abarbeitung einzelner Delikte im System der Strafrechtspflege (z. B. von der Anzeige bis zur Verurteilung) nachvollzogen werden kann.[65]

Internationale Kriminal- und Justizstatistiken werden beispielhaft in 8.6 dargestellt.

Daneben können weiterhin von Bedeutung sein:

- **Berichte und Informationen von Bundes- oder Länderbehörden und Einrichtungen**, wie z. B.
  - der Drogen- und Suchtbericht der Bundesregierung,
  - der Periodische Sicherheitsbericht (PSB),
  - Informationen der Nachrichtendienste,
  - Informationen von Kontroll- und Aufsichtsbehörden (z. B. Bundesaufsichtsämter für den Wertpapierhandel und das Kreditwesen, Bundeskartellamt).

65 Vgl. hierzu z. B. *Heinz, W.* (2013), „System der Kriminal- und Rechtspflegestatistiken in Deutschland optimieren und auf eine solide Grundlage stellen“ (BT-Drs. 17/13715 vom 04.06.2013). Anderer Ansicht: *Antholz, B.* (2016).

- **Veröffentlichungen von Opfer- und Selbstschutzorganisationen** (Weißer Ring) und karitativen Einrichtungen (z. B. im Bereich der Rauschgiftkriminalität).
- **Veröffentlichungen der Arbeitsgemeinschaft für Sicherheit in der Wirtschaft, des Vereins Creditreform, von Verbraucherschutzorganisationen, der Organisation Business Crime Control.**
- **Wissenschaftliche Untersuchungen und Publikationen von Universitäten und anderen Forschungseinrichtungen**, z. B. die regelmäßig erscheinenden Shell-Jugendstudien[66], Studien der einzelnen Institute für Gewalt- und Konfliktforschung, oder Bürgerumfragen im Zusammenhang mit der subjektiven Sicherheit.
- **Statistiken nicht staatlicher (privater) Kriminalitätskontrolle.**
  Eine Statistik, die im Zusammenhang mit Gewalt an Schulen relevant sein kann, ist die sogenannte „Raufhändel-Statistik" des Bundesverbandes der Unfallkassen.[67] Weitere Statistiken werden vom Gesamtverband der Deutschen Versicherungswirtschaft e. V. (GDV) bereitgestellt (z. B. Pkw-Diebstähle).[68] Aber auch die Private Sicherheitswirtschaft stellt z. B. über ihren Bundesverband (BDWS) entsprechende Statistiken zur Verfügung.[69]

8. Daten zur subjektiven Sicherheit

Kriminalstrategische Planungen müssen sich zwar an der objektiven Sicherheitslage orientieren. Gleichzeitig ist aber auch das Sicherheitsgefühl der Bevölkerung in Planungsprozesse und Führungsentscheidungen einzubeziehen.[70]

Probleme bereitet nicht selten die Methodik der Erlangung entsprechender Informationen. Der vermeintliche Bürgerwille offenbart sich

66 Seit 1953 beauftragt die Deutsche Shell führende Forschungsinstitute mit der Erstellung von Jugendstudien. https://www.shell.de/ueber-uns/initiativen/shell-jugendstudie.html, Abruf: 19.2.2024.

67 Diese Statistik ist Teil der Statistik zum Schülerunfallgeschehen. https://publikationen.dguv.de/widgets/pdf/download/article/4757, Abruf: 19.2.2024.

68 URL.: https://www.gdv.de/gdv/statistik/autodiebstahl, Abruf: 19.2.2024.

69 URL: http://www.bdws.de/.

70 Vgl. PDV 100, Nr. 1.1.

auf vielfältige Weise. Dies reicht von en passant geäußerte Einzelmeinungen, anlassbezogenen Beschwerden bis hin zu Äußerungen von Interessenvertretungen und Lobbygruppen. In diesem Zusammenhang sind auch Medienauswertungen zu sehen.[71]

Eine wichtige Quelle sind zudem Bürgerbefragungen. Aussagekraft, Akzeptanz und Verwertbarkeit von Befragungsergebnissen sind maßgeblich von der methodischen Exaktheit der Durchführung abhängig. Einschränkungen in der Aussagekraft können sich z. B. durch die geschlossenen oder ungenauen Fragestellungen ergeben. Bestimmte Bevölkerungsgruppen werden u. U. überhaupt nicht erreicht (z. B. Nichtdeutsche).[72] Auch können Bürgerbefragungen nur in bestimmten Zeitabständen erfolgen, schon um den Bürger nicht zu überfordern, obwohl eine grundsätzlich positive Grundeinstellung der Bevölkerung gegenüber derartigen Befragungen besteht. Es erscheint daher sinnvoll, eine wissenschaftliche Begleitung derartiger Befragungen zu gewährleisten.[73] Die Befragungsinstrumente werden kontinuierlich verbessert, standardisiert und wissenschaftlich abgesichert.[74] Es ist aber auch zu betonten, dass Bürgerbefragungen einen erheblichen Aufwand verursachen.[75]

Grundsätzlich sollten alle Formen der Willensbekundung des Bürgers in die Situationsanalyse einbezogen werden. Ähnlich wie bei der PKS muss man in jedem Einzelfall deren begrenzte Aussagekraft kennen und berücksichtigen.

Beispiele/Modelle für Dunkelfelduntersuchungen usw. finden sich in VIII.9.2 Praktisches Monitoring und Forschung im Rahmen und für Kriminalstrategie.

Nach wie vor wird zu kriminalwissenschaftlichen Themen insbesondere an nichtpolizeilichen Institutionen geforscht. Es ist unmöglich hier auch nur überblicksweise alle polizeiinternen als auch -externen Institutionen oder gar deren Forschungsschwerpunkte darzustellen.

71 Vgl. hierzu z. B. *Krüger. P.* (2009). Beispiele sind: *Scharf, Mühlenfeld & Stockmann* (1999), *Jäger & Chalka* (1998) 113-126 sowie *Hujahn* (1998).

72 Zur Durchführung von Befragung vgl. *Diekmann, A.* (2009) 434-547.

73 Vgl. *Lederer, A.* (1999) 41.

74 Vgl. *Heuer. H.-J.* (1999) und *Kratz, R. S.* (1999).

75 Vgl. Polizeidirektion Coburg (2002).

Vielmehr soll exemplarisch auf „Wissensportale" bzw. Institutionen verwiesen werden:

- **KrimZ** – Kriminologische Zentralstelle (Wiesbaden) – www.krimz.de
- **KFN** – Kriminologisches Forschungsinstitut Niedersachsen e. V. – www.kfn.de
- **MPI** – Max-Planck-Institut für ausländisches und internationales Strafrecht – kriminologische Forschungsgruppe (Freiburg) – www.mpicc.de
- **KI – Kriminalistische Institut des BKA**
- **Deutsche Hochschule der Polizei** https://www.dhpol.de/de/index.php
- **Kriminologie – Das Online-Journal** – https://www.kriminologie.de/index.php/krimoj
- **Konstanzer Inventare**
  Diese stellen kriminologische und kriminalstatistische Informationen zur Struktur und Entwicklung der registrierten Kriminalität und der Sanktionspraxis in Deutschland bereit.
  - Konstanzer Inventar Kriminalitätsentwicklung www.uni-konstanz.de/rtf/kik
  - Konstanzer Inventar Sanktionsforschung http://www.uni-konstanz.de/rtf/kis/
- **KrimDok**
  Ein deutschsprachiges bibliographisches Nachweissystem kriminologischer Literatur; gepflegt von Universität Tübingen.
  - http://www.jura.uni-tuebingen.de/einrichtungen/ifk/krimdok
- **National Criminal Justice Reference Service:**
  Dort sind bibliographische Angaben und Zusammenfassungen zu mehr als 230.000 Publikationen verfügbar.
  - www.ncjrs.gov/abstractdb/search.asp
- **European Sourcebook of Crime and Criminal Justice**
  Ein vom Europarat in Auftrag gegebenes Kompendium von Daten zu Kriminalität/Strafverfolgung in Mitgliedsstaaten des Europarates.
  - https://wp.unil.ch/europeansourcebook/printed-editions-2/6th-edition/
- **Crime Reduction Toolkits**
  Eine Internetseite des britischen Home Office, die detaillierte Informationen zu einzelnen Deliktsbereichen mit Hilfen zur Ent-

wicklung lokaler Strategien und systematisierte Informationen zu Erkenntnissen über die Wirksamkeit präventiver und repressiver Maßnahmen bietet.
- http://whatworks.college.police.uk/Pages/default.aspx

- **The European Institute for Crime Prevention and Control (HEUNI)**
  HEUNI ist das Europäische Regionalinstitut im Netzwerk des Programms der Vereinten Nationen für Strafjustiz und Verbrechensverhütung. Es arbeitet unter der Schirmherrschaft des finnischen Justizministeriums als unabhängiges Forschungs- und Politikgestaltungsinstitut.
  - https://heuni.fi/frontpage

9. Monitoring und Forschung als Bestandteile von Kriminalstrategie

9.1 Begriffe

Der Begriff **Monitoring** findet in einer Vielzahl von Wissenschaftsdisziplinen Anwendung und weist eine breite Palette von Anwendungsfällen auf. Für Unternehmen etwa bedeutet Marktmonitoring die Beobachtung und Analyse der Märkte, auf denen Unternehmen vertreten sind bzw. sein wollen. Hinzu kommen auch Analysen der Rahmenbedingungen, unter denen die Marktpräsenz stattfindet. Auf das Agieren von Sicherheitsakteuren bezogen, kann man Monitoring als eine Beobachtung und Analyse gesellschaftlicher Entwicklungen bezogen auf deren (gesetzliche) Aufgaben kennzeichnen. In jedem Fall ist Monitoring eine maßgebliche Komponente für Handlungssicherheit und zugleich Triebfeder der Innovationsfähigkeit. Dabei schließen die Beobachtung und Analyse gesellschaftlicher Entwicklungen sowohl die sozio-kulturelle Entwicklung, damit Elemente wie etwa den demografischen Wandel ebenso wie die ökonomisch-technische Entwicklung, also z. B. die Social-Media-Entwicklung ein. Die Betrachtung sollte sich dabei selbstverständlich auf die sicherheitsrelevanten und insbesondere kriminogenen Auswirkungen solcher Entwicklungen beziehen. Aber auch die sich daraus ergebenden Chancen für die Sicherheitsakteure, etwa die Nutzung neuer Techniken für die Verbrechensbekämpfung sollte Gegenstand sein. Von besonderer Bedeutung erscheint es, dass diese Beobachtung und Analyse durch spezialisierte Organisationseinheiten durchgeführt wird. Für die Bundeswehr etwa analysiert das Zentrum Operative Kommunikation die „Situation der Bevölkerung in den Einsatzgebieten [der Bundeswehr – d. Verf.] ... um das Informationsumfeld als militärischen Handlungsraum zu erschließen“.[76] Das „Zentrum Innere Führung der Bundeswehr versteht sich als „Sensor zur Erkennung und Bewertung relevanter Entwicklungen in Bundeswehr und Gesellschaft mit der Fähigkeit zur Ableitung handlungsleitender Empfehlungen“.[77]

Die Verfasser definieren **kriminalstrategisches Monitoring** als die strukturierte und institutionell unterlegte Beobachtung und Analyse gesellschaftlicher Entwicklungs- und Meinungsbildungsprozesse zu für die Verbrechensbekämpfung strategisch relevanten, sozialen, rechtlichen, wirtschaftlichen, technischen und ökologischen Themenbereichen. Ziel ist, die Risiken und Handlungserfordernisse, die durch eine Veränderung der Umfeldbedingungen entstehen, in einem möglichst frühzeitigen Stadium zu erkennen und Handlungsstrategien zu entwickeln. Gleichzeitig werden durch Monitoring Ansatzpunkte für erforderliche Kommunikationsstrategien sichtbar.

Die Beobachtung gesellschaftlicher Entwicklungen, die von der Jugendsprache über technische Innovationen, geändertes menschliches Kommunikationsverhalten, Migrationsbewegungen, die Veränderungen rechtlicher Rahmenbedingungen oder auch die aus deren Nichtanpassung erwachsenden Konfliktpotentiale über die Veränderung der Bevölkerungsstruktur bis hin zu neuen Strukturen der sozialen Schichtungen der Gesellschaft reichen, wird immer mehr zur wesentlichen Voraussetzung für die Innovationsfähigkeit der Akteure der Verbrechensbekämpfung. Während bei Wirtschaftsunternehmen diese Fähigkeit zur Innovation existenzieller Natur ist, entscheidet sie bei den Sicherheitsakteuren über deren Akzeptanz im gesellschaftlichen Kontext und die Fähigkeit, unter sich ständig verändernden Rahmenbedingungen ihren (gesetzlichen) Aufträgen nachzukommen.

Monitoring kann weder auf Zuruf, noch durch sachunkundiges Personal erfolgen. Um einen tatsächlichen Monitoringprozess gesellschaft-

76 Bundeswehr (2023a).
77 Bundeswehr (2023b).

licher Entwicklungen mit Sicherheitsrelevanz als dauerhaften Prozess etablieren zu können, bedarf es einer entsprechenden Institution. Für eine solche wird der Begriff des **Think Tanks Kriminalistik** gewählt.

Ein Think Tank (dt. meist mit Denkfabrik, Expertenkommission oder besser vielleicht Ideenagentur[78] übersetzt) ist zunächst ein nicht gewinnorientiertes Forschungsinstitut oder eine informelle Gruppe von Wirtschafts- und Sozialwissenschaftlern, (ehemaligen) Politikern und/oder Unternehmern, die gemeinsam politische, soziale und wirtschaftliche Konzepte oder Strategien entwickeln und entsprechende öffentliche Debatten fördern, also wissenschaftliche und unternehmerische Politikberatung betreiben. Nach *Kenntner* besteht die zentrale Funktion der Ideenagenturen – und dies ist durchaus auf die wissenschaftliche Politikberatung im Allgemeinen übertragbar – in der Bereitstellung von Orientierungswissen.[79] *Thunert* bezeichnet Think Tanks als privat oder öffentlich finanzierte praxisorientierte Forschungsinstitute, die wissenschaftlich fundiert politikbezogene und praxisrelevante Fragestellungen behandeln und im Idealfall entscheidungsvorbereitende Ergebnisse und Empfehlungen liefern[80].

Zu den wichtigsten **Funktionen von Think Tanks** zählen

- die Forschung,
- das Agenda Setting,[81]
- die Politikberatung, die Unterrichtung bzw. die Beratung von Entscheidungsträgern in Verwaltung und Öffentlichkeit,
- die Anregung bzw. Beförderung öffentlicher und wissenschaftlicher Debatten.[82]

78 *Gellner, W.* (1995) 11 ff.

79 *Kettner, H.* (2006) 5.

80 *Thunert, M.* (2003).

81 Agenda Setting, svw. Thematisierung, etwas auf die Tagesordnung setzen; Theorie der Kommunikationswissenschaft, nach der die Massenmedien, indem sie über bestimmte Themen berichten und über andere nicht, die Konsumenten beeinflussen, sich mit bestimmten Themen kognitiv und emotional zu befassen. Agenda Setting bezeichnet insofern eine Beeinflussungswirkung der Massenkommunikation, Gabler Wirtschaftslexikon (2023).

82 Ausführlich zu Think Tank Kriminalistik: *Berthel, R.* (2019).

9.2 Praktisches Monitoring und Forschung im Rahmen und für Kriminalstrategie

Monitoring und kriminalwissenschaftliche Forschung können sowohl in Form von Projektarbeit als auch im Rahmen von fest eingerichteten Organisationseinheiten erfolgen. In der Folge werden exemplarisch Projekte bzw. Studien vorgestellt, die entweder als eigenständige Teile von Kriminalstrategien betrachtet werden können oder die dafür als Grundlage dienten bzw. dienen können.

9.2.1 Befragung „Lebenssituation, Sicherheit und Belastung im Alltag" (LeSuBiA)

In der Bundesrepublik wurden oftmals Dunkelfelduntersuchungen mit Monitoring in Verbindung gebracht. Ein Beispiel dafür ist die Befragung „Lebenssituation, Sicherheit und Belastung im Alltag". Diese verfolgt das Ziel, das Dunkelfeld im Bereich von Gewaltvorkommnissen in Deutschland zu untersuchen.[83]

9.2.2 Barometer für die Sicherheit in Deutschland (BaSiD)

Eines der umfangreichsten deutschen Projekte in diesem Zusammenhang war das Konsortialprojekt „Sicherheiten, Wahrnehmungen, Lagebilder, Bedingungen und Erwartungen – Ein Monitoring zum Thema Sicherheit in Deutschland". Ziel des Projektes war die Erstellung eines umfassenden Sicherheitsmonitorings unter Berücksichtigung der Phänomene Kriminalität, Terrorismus, Naturkatastrophen und technische Großunglücke. Neben dem BKA waren sechs weitere Institutionen an dem Projekt beteiligt. Gefördert wurde das Projekt vom Bundesministerium für Bildung und Forschung im Rahmen des Programms „Gesellschaftliche Dimensionen der Sicherheitsforschung".[84]

In dessen Rahmen konnte das Bundeskriminalamt gemeinsam mit dem Max-Planck-Institut für ausländisches und internationales Strafrecht Freiburg erstmalig die bundesweite repräsentative computergestützte telefonische Dunkelfeldbefragung „Deutscher Viktimisierungssurvey 2012" mit einem Stichprobenumfang von mehr als 35.000 Personen umsetzen.

83 Bundeskriminalamt (2023c).
84 Bundeskriminalamt (2012).

Die bundesweite Dunkelfeldbefragung wurde mit dem „Deutschen Viktimisierungssurvey 2017“ aufgrund eines entsprechenden Auftrages des Bundesinnenministeriums durch das BKA repliziert. Eine Beteiligungsmöglichkeit für interessierte Bundesländer konnte aufgrund der zeitlichen Dringlichkeit der Replikation nicht verwirklicht werden.

Zeitlich parallel mit der Umsetzung der beiden bundesweiten Dunkelfeldbefragungen begannen auch einzelne Bundesländer mit der Durchführung eigener Viktimisierungssurveys.[85]

9.2.3 Untersuchungen in Nordrhein-Westfalen

Der 2015 veröffentlichte Kriminalitätsmonitor NRW war in die Bereiche

- Kriminalitätsmonitor Wohnungseinbruch
- Kriminalitätsmonitor Tätliche Angriffe
- Kriminalitätsmonitor Raub
- Kriminalitätsmonitor Kriminalitätsfurcht

gegliedert. Er entstand auf der Grundlage von Befragungen von 4.000 bis 8.000 in Nordrhein-Westfalen lebende Bürgerinnen und Bürger zwischen 18 und 75 Jahren und diente vordergründig der Dunkelfeldaufhellung. Dem schloss sich die Dunkelfeldstudie „Sicherheit und Gewalt in NRW an. Aktuell beteiligt sich Nordrhein-Westfalen am SKiD.[86]

Ein weiteres Praxisbeispiel stellt die ebenfalls durch die Kriminalistisch-Kriminologische Forschungsstelle des Landeskriminalamtes Nordrhein-Westfalen erstellte Risikoanalyse zum Phänomen Geldautomatensprengungen dar, die zu einem Baustein in der Lagebeurteilung der Polizei Nordrhein-Westfalen im Hinblick auf das Phänomen Geldautomatensprengungen geworden ist. Sie stellt insoweit eine Grundlage dar für die Maßnahmenplanung und Kräftesteuerung im Bereich Gefahrenabwehr/Einsatz sowie für die kriminalpräventive Beratung der nordrhein-westfälischen Kreditinstitute durch die Kriminalpolizei dar.[87]

---

85 Bundeskriminalamt (2020).

86 Landeskriminalamt NRW (2018); *Meyer, M. Dahlen, L. & Berthold, M.* (2021).

87 Polizei Nordrhein-Westfalen, Bevölkerungsbefragungen (2023); *Meyer/Schwarz* (2023) 262 ff.

9.2.4 Bevölkerungsbefragungen in Mecklenburg-Vorpommern und Schleswig-Holstein

Das Landeskriminalamt Mecklenburg-Vorpommern und das Landeskriminalamt Schleswig-Holstein haben jeweils Anfang 2015 einen schriftlich-postalischen Viktimisierungssurvey mit ca. 3.200 bzw. ca. 13.000 erfolgreich befragten Personen durchgeführt.

9.2.5 Monitoringsystem und Transferplattform Radikalisierung (MOTRA)

„Monitoringsystem und Transferplattform Radikalisierung" ist ein über das Bundesministerium für Bildung und Forschung und das Bundesministerium des Innern und für Heimat geförderter Forschungsverbund im Kontext der zivilen Sicherheitsforschung. Das Vorhaben entstand im Rahmen der Einrichtung eines Spitzenforschungsclusters zur Früherkennung, Prävention und Bekämpfung von islamistischem Extremismus und Terrorismus und stellte über die Laufzeit von fünf Jahren (2019 –2024) einen zentralen Anlaufpunkt dar.[88]

9.2.6 Blick in die Schweiz – Das Basler Modell

Eine institutionalisierte Form des Monitorings stellt das seit 2018 bei der Kantonspolizei Basel-Stadt eingerichtete „Fachreferat" dar.[89] Bemerkenswert ist der Ansatz, neben eigenständigen Projekten einen Monitoringprozess zu etablieren, der auch regelmäßige Berichterstattung gegenüber der Behördenleitung mit Handlungsempfehlungen vorsah. Diese Organisationsform ist mittlerweile in eine eigenständige Abteilung „Polizeiwissenschaft" überführt worden. Ein Produkt dieser Abteilung ist ein sog. Crawler[90]. Dieser „gibt einen Überblick über neu veröffentlichte wissenschaftliche Publikationen mit Bezug zum Schweizer Polizeiwesen. ... Der ‚Crawler' deckt ein breites thematisches Spektrum ab, das von der Polizeiarbeit in der Praxis über verschiedene Kriminalitätsphänomene bis hin zu Polizeirecht und der Sicherheitsarbeit im Verbund reicht. Der ‚Crawler' er-

88 Bundeskriminalamt (2023d).
89 *Frei, B; Salathe, J. & Gut, Y.* (2021) sowie *Gut, Y.* (2020).
90 Computerprogramm, das automatisch das Web analysiert.

fasst Beiträge aus allen relevanten wissenschaftlichen Disziplinen, die in der Schweiz und auch international auf Deutsch, Französisch, Italienisch oder Englisch veröffentlicht wurden.“[91]

9.2.7 CyMon – der Cybersicherheitsmonitor[92]

Ein weiteres Monitoring-Produkt stellt der Cybersicherheitsmonitor dar, der die Ergebnisse von Bürgerbefragungen zur Cybersicherheit als Kooperation der Polizeilichen Kriminalprävention der Länder und des Bundes (ProPK) und des Bundesamts für Sicherheit in der Informationstechnik (BSI) manifestiert.

Hier können lediglich beispielhaft zum Zeitpunkt der Entstehung des Buches relevante Monitoring-Instrumente bzw. -produkte vorgestellt werden.
Im Rahmen der Erstellung von kriminalstrategischen Konzepten ist es unabdingbar, dass die Verfasser die aktuellen nationalen wie auch internationalen polizeilichen und nichtpolizeilichen Quellen erkennen und nutzbar machen.
Gleiches gilt im Übrigen auch für die in der Folge darzustellenden Forschungen im kriminalstrategischen Kontext.

9.3 Forschung im kriminalstrategischen Kontext

Neben den umfangreichen kriminalwissenschaftlichen Forschungseinrichtungen bzw. -aktivitäten des Bundeskriminalamtes verfügt eine Reihe von deutschen Polizeien über kriminalistisch-kriminologische Forschungseinrichtungen. Entsprechende Einrichtungen existieren in Hamburg, Nordrhein-Westfalen, Niedersachsen und Bayern.[93] Beispielhaft sollen hier die Aufgaben, die die kriminologische Forschungsstelle beim Landeskriminalamt Hamburg wahrnimmt, aufgeführt werden:

---

91 Justiz- und Sicherheitsdepartment des Kantons Basel-Stadt (2023).

92 https://www.bsi.bund.de/DE/Themen/Verbraucherinnen-und-Verbraucher/Leistungen-und-Kooperationen/Digitaler-Verbraucherschutz/Digitalbarometer/digitalbarometer_node.html, Abruf: 20.12.2023.

93 *Nägel, Ch.* (2016). Mit Einschränkung, weil deutlich weiter, also auf das gesamte polizeiliche Aufgabenspektrum bezogen, sind Forschungseinrichtungen an polizeilichen Bildungseinrichtungen, etwa das Sächsischen Institut für Polizei- und Sicherheitsforschung (SIPS) an der Hochschule der Sächsischen Polizei (FH), zu nennen.

- Organisation und Durchführung der Befragung zu Sicherheit und Kriminalität in Deutschland (SKiD) für Hamburg
- Entwicklung und Durchführung von empirischen Forschungsprojekten
- Initiierung und Begleitung von wissenschaftlichen Evaluationen
- Organisationsberatung und Stellungnahmen für strategische Themen
- Vertretung der Polizei Hamburg in polizeiwissenschaftlichen Angelegenheiten auf Bundes- und Länderebene[94]

Das Bundeskriminalamt nennt folgende Forschungseinrichtungen:

- Forschungs- und Beratungsstelle Cybercrime
- Forschungs- und Beratungsstelle Terrorismus/Extremismus (FTE)
- Forschungs- und Beratungsstelle Organisierte Kriminalität, Wirtschaftskriminalität und Kriminalprävention
- Forschungs- und Beratungsstelle Polizeiliche Kriminalstatistik (PKS) und Dunkelfeldforschung
- RETASAST – Rechtstatsachensammel- und -auswertestelle[95]

Daneben wird auch in der Abteilung „Kriminaltechnisches Institut" umfangreiche Forschungsarbeit geleistet, jedoch insbesondere auf kriminaltechnische Aufgabenfelder bezogen.

Mittlerweile sind **Forschungskooperationen** aus der Verbrechensbekämpfung nicht wegzudenken. Auch das ist Kriminalstrategie. Ein Beispiel ist die 2020 begonnene Kooperation zwischen dem BKA, dem LKA Rheinland-Pfalz und dem Deutschen Forschungszentrums für Künstliche Intelligenz (DFKI) in Kaiserslautern zur Nutzung von Künstlicher Intelligenz bei der Verbrechensbekämpfung.[96]

Studentische Arbeiten in Bachelor- und Masterstudiengängen

Nicht wegzudenken, gleichwohl noch oft unterschätzt und bisweilen wenig beachtet, sind die Forschungsergebnisse, die im Rahmen von wissenschaftlichen Arbeiten an polizeilichen und teilweise auch nichtpolizeilichen Bildungseinrichtungen hervorgebracht werden.[97]

---

94 Polizei Hamburg (2023).
95 Bundeskriminalamt (2023c).
96 Ministerium des Innern und für Sport Rheinland-Pfalz (2020).
97 *Berthel* (2023a); *Berthel* (2022c) sowie *Berthel* (2023c).

9.4 Monitoring und Forschung erfordern Institutionen

Die dargestellten Monitoring- bzw. Forschungsprodukte müssen, wenn sie nicht als Selbstzweck wahrgenommen werden sollen, ihren Niederschlag in Konzepten zur Vorbeugung und/oder Bekämpfung von Kriminalität finden. An dieser Stelle manifestiert sich die praktische Bedeutung der Arbeit von kriminalistisch-kriminologischen Forschungseinrichtungen und wird zugleich deutlich, dass es ohne professionell agierende, personell sachgerecht ausgestattete Institutionen nicht möglich ist, solche Arbeit zu leisten. Eilig berufene Projektgruppen sind jedenfalls keine sinnvolle Alternative.

10. Daten zur Bevölkerung und sonstige Strukturdaten

Unabhängig vom kriminalgeografischen bzw. kriminalökologischen Ansatz und ihren deskriptiven und ätiologischen Zielrichtungen sind Bevölkerungs- und Strukturdaten bei der Planung der Kriminalitätskontrolle in jedem Fall erforderlich.

Informationen entfalten in der Regel erst Aussagekraft, wenn sie in Bezug zu anderen Daten gesetzt werden können. Dies wird schon bei den Kriminalitätsquotienten der PKS deutlich. Insbesondere bei prognostischen Überlegungen ist in aller Regel auch auf außerpolizeiliche Daten zurückzugreifen (z. B. Bevölkerungsentwicklung). In vielen polizeilichen Einsatzzentralen werden bereits umfangreiche regionale Strukturdaten vorgehalten, die im Einsatzfall als Grundlage taktischer Entscheidungen dienen. Die erforderlichen Strukturdaten sind nicht selten bei Kommunen oder Regionalverwaltungen vorhanden und können von dort bezogen werden.

Auch für private Sicherheitsanbieter sind demografische Angaben und regionale bzw. nationale Strukturdaten etwa für Schwerpunktentscheidungen von Relevanz.

11. Die Rolle der klassischen Fallarbeit – Wechselwirkung von Taktik und Strategie

Neben der strafprozessualen Bearbeitung des jeweiligen Falles resultieren aus der klassischen Fallarbeit – zumindest im Bereich der Polizei – weitere wesentliche Aufgaben. Hierzu zählt unter anderem die Erfüllung unterschiedlicher Meldepflichten über den Ermittlungsfall innerhalb der Polizei, gegenüber anderen Behörden und besonders im Rahmen des kriminalpolizeilichen Meldedienstes. Der Sachbearbeiter rastert „seinen" Ermittlungsfall nach melderelevanten Fakten ab und speist diese in unterschiedliche Informationssysteme ein.[98] Diese Informationssysteme bilden aber wiederum die wesentlichen Informationen für kriminalstrategische Entscheidungen.

Die kriminalistische Sachbearbeitung führt über die gewonnenen Erfahrungswerte häufig zu wesentlichen Innovationsschüben für die Ermittlungstätigkeit. Als Beispiele seien die von Grenzpolizeibeamten entwickelte Idee der ereignis- und verdachtsunabhängigen Kontrollen auf überregionalen Verkehrswegen, die technische Überwachungsmöglichkeit von Mobiltelefonen[99] oder die ermittlungsunterstützenden EASy-Anwendungen[100] genannt.

98 So sind für den kriminalpolizeilichen Sondermeldedienst ViCLAS 168 Einzelfragen zu beantworten.

99 Das Bereitstellen der technischen Überwachungsmöglichkeit von Mobiltelefonen ist auf die Initiative eines Beamten des mittleren Kriminaldienstes des Bayerischen Landeskriminalamtes zurückzuführen. 1994 wurde die Ermittlungsgruppe Dilek installiert, die nach zwei Jahren Umfangsverfahren einen der größten Geldwäschefälle in Deutschland aufdeckte und klärte. Der Beamte stellte bei Gesprächen mit dem Provider fest, dass dort für providerinterne Zwecke Verbindungsdaten festgehalten wurden. Im Rahmen dieses technischen Prozesses war offensichtlich ein Zugriff auf laufende Gespräche durch Abfangen von entsprechenden Signalen möglich. Zunächst weigerte sich der Provider, die technische Möglichkeit einsehen zu lassen und später für die Polizei zur Verfügung zu stellen. Handys galten seit jeher als abhörsicher – bis zu diesem Verfahren. Die Justiz erreichte, dass das technische Verfahren zur Verfügung gestellt werden musste. Heute gehört die Überwachung des Mobilfunkverkehrs zu den Standards kriminalpolizeilicher Ermittlungen.

100 In einem Verfahren der OK-Dienststelle Oberbayern u. a. wegen Betrugs und Geldwäsche 1997 wurden buchhalterische Massendaten und TKÜ-Erkenntnisse gewonnen. Die Verarbeitung der Daten und ihre forensische Aufbereitung war Grundvoraussetzung für eine wirkungsvolle Er-

Zusammenfassend lassen sich somit wesentliche Ausformungen der Arbeit am Einzelfall unterscheiden:

- Die an den Prozessmaximen ausgerichtete Ermittlungsarbeit
- Die Erfüllung der Informations- und Meldepflichten
- Die Weiterentwicklung der Methoden und Instrumente der Kriminaltaktik und -technik

Das sind vordergründig keine strategischen Aufgaben.

Allerdings haben die (polizeiliche) Ermittlungstätigkeit und der Umgang mit Gefahrensituationen wesentlichen Einfluss auf die in der in der PKS dargestellten Kriminalitätsquotienten (insbesondere die Aufklärungsquoten und die Häufigkeitszahlen). Diese wiederum gelten sowohl in der Kriminalpolitik als auch auf kriminalstrategischer Ebene als wesentliche Indikatoren für die „objektive" Sicherheitslage und damit für eine erfolgreiche Kriminalitätsbekämpfung. Bei aller erforderlichen kritischen Distanz zur Aussagekraft dieser Kennzahlen[101] – Realität ist, dass sie kriminalpolitische Aussagen dominieren und nach wie vor Grundlage für Organisationsentscheidungen sind. Will man durch strategische Entscheidungen die Kriminalitätsquotienten beeinflussen, muss man offensichtlich auch auf die Prozesse der Einzelfallsachbearbeitung und deren Rahmenbedingungen einwirken.

Die unmittelbare Einflussnahme auf diese Prozesse erfolgt zunächst mit dem Ziel, die relevanten Normen und Standards einzuhalten. Außerdem muss durch die Führungsebene für die notwendigen Rahmenbedingungen gesorgt werden (z. B. Personal, Sachmittel etc.), um ein optimales Ergebnis im Einzelfall zu erhalten.

Etwa seit Mitte der 80er Jahre erfährt das traditionelle Verständnis von kriminalistischer Arbeit durch den Einfluss einer sich weitentwickelnden kriminalstrategischen Ebene eine, allerdings nicht immer

mittlung und spätere Anklage. Ein Sachbearbeiter entwickelte eine DV-Anwendung, um diesen Problemen gerecht zu werden. Ein oberbayerischer Softwareentwickler stellte graphische Darstellungstools zur Verfügung. Die Geburtsstunde von EASy – einer ermittlungsunterstützenden Software, die heute in weiterentwickelter Form in weiten Teilen der deutschen Polizei Verwendung findet.

101 Vgl. *Berthel* (2003).

spannungsfreie, Erweiterung. Mit dem Anspruch, die Rahmenbedingungen für eine erfolgreiche Kriminalitätsbekämpfung zu gestalten und diese intern und extern zu vertreten, wird mehr und mehr unmittelbar auf die Sachbearbeitung eingewirkt.

Nicht zuletzt fließen Erkenntnisse aus der Fallarbeit, etwa bei der Erstellung von Lagebildern, direkt in die kriminalstrategische Ebene ein.

IX. Konkret – Wie entwickelt man kriminalstrategische Konzepte?

1. Grundsätzliches

Die Autoren beziehen sich im Rahmen dieses Kapitels im Wesentlichen auf die Elemente des DMAIC Prozessmanagement-Modells. DMAIC steht für

- Define (Definieren)
- Measure (Messen)
- Analyse (Analysieren)
- Improve (Verbessern)
- Control (Steuern).

Zudem finden Elemente des sog. PDCA-Zyklus, auch PDCA-Methode genannt, Anwendung.

PDCA steht dabei für

- Plan (Planung)
- Do (Umsetzung)
- Check (Überprüfung)
- Act (Verbesserung)

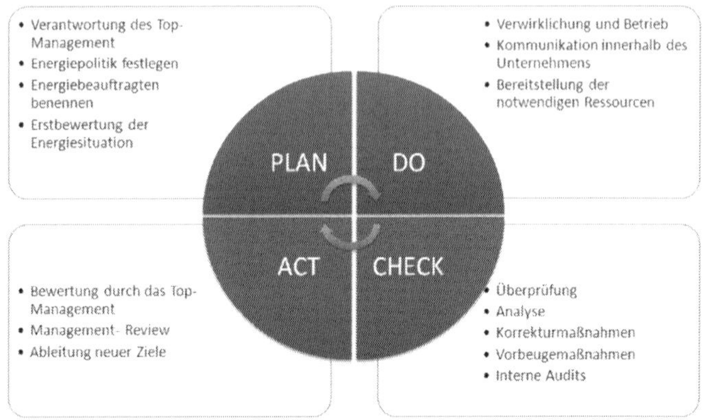

Abb. 5: PDCA-Methode (Entnommen aus ISO 50001)

Ergänzt werden diese Elemente insbesondere durch den problembeschreibenden Analysepart.

1.1 Methodik

Während hinsichtlich der verschiedenen Strategietypen in der Praxis nur selten Diskussionsbedarf entsteht, gab es lange Zeit keine einheitliche und allgemein anerkannte Methode zur Entwicklung von Kriminalstrategien. Entsprechend folgten Strategien oder eben Konzepte dann auch entweder Strukturen, die eher an Einsatzbefehle erinnerten oder die nicht selten schlicht die Dokumentstrukturen vergangener Jahre reproduzierten. Das verhieß zwar einerseits Flexibilität schränkte allerdings anderseits die Vergleichbarkeit von Strategien ein und erschwerte das Adaptieren anderer erfolgreicher Konzepte. Zudem lag einer Vielzahl von Konzepten eben keine wissenschaftlich belastbare Methode zugrunde, was u. a. negative Auswirkungen auf die Belastbarkeit der Konzepte und deren Vermittelbarkeit hatte.

Hier soll nun ein Lösungsansatz vorgestellt werden. Im Prinzip ist die Entwicklung einer Kriminalstrategie oder eines Konzeptes ein Problemlösungsprozess, der sich methodisch kaum von Prozessen in anderen Bereichen unterscheidet. Gleichwohl erfordern die Spezifika der Kriminalitätsbekämpfung eine speziell darauf ausgerichtete Methodik.

1.2 Orientierungsrahmen für den kriminalstrategischen Problemlösungsprozess

Im Rahmen der kriminalstrategischen Lehre an der ehemaligen Polizei-Führungsakademie (PFA), der heutigen Deutschen Hochschule der Polizei wurde immer wieder versucht, den künftigen Führungskräften der Polizeien ein handhabbares Gerüst zur Entwicklung derartiger Konzepte zur Verfügung zu stellen. Der bis zum Erscheinen der ersten Auflage dieses Buches umfassendste Versuch zur Entwicklung eines solchen Gerüsts mündete im Jahr 2006 in den bereits vorgestellten „Orientierungsrahmen“.[1] Dabei ließen sich die Verfasser von folgender Überlegung leiten:

1 Vgl. *Berthel, R.*, u. a. (2006a).

„Die analytische Bewältigung kriminalstrategischer Problemstellungen unterschiedlichster Art (…) bedarf eines professionellen methodischen Vorgehens. Unabhängig von der Ausgangsfragestellung (…) könnte ein einheitliches Bearbeitungsgerüst als Grundlage für planendes Vorgehen erstellt werden. Diese Methode sollte die konsequente Anwendung der Elemente kriminalstrategischer Planung gewährleisten und bislang nebeneinander dargestellte Elemente zu einer praktisch anwendbaren Technik verschmelzen“.[2] Zudem stellten sie klar, dass der Planungsprozess nicht die eigentliche Kriminalstrategie sei, sondern *„das handwerkliche Rüstzeug, mit dem strategische Überlegungen verwertbar konkretisiert werden können.“*[3]

Die Bedeutung des Orientierungsrahmens für die Kriminalstrategie besteht fraglos darin, den strategischen Prozess analytisch durchdrungen und facettenreich dargestellt zu haben.

Im Wesentlichen werden dabei folgende Bereiche betrachtet und analysiert:

- Anlass zur Entwicklung einer Kriminalstrategie,
- Informationen zur Beschreibung des Problems,
- Ziele, die mit der Lösung des Problems verfolgt werden,
- Wirkungen, die mit der Zielerreichung einhergehen können (erwünschte und unerwünschte) sowie
- Möglichkeiten zur Sicherung der Zielerreichung.

In der Regel münden kriminalstrategische Entscheidungen in Konzepte zur Lösung/Bewältigung kriminalistischer Fragegestellungen im strategischen Kontext. Die Kriminalstrategie bildet sich jedoch nur teilweise in dem Endprodukt, dem entwickelten Konzept ab. Deshalb formulierten die Verfasser folgende wesentliche Inhalte für ein Fach-, Delikts- oder Regionalkonzept:[4]

- Darstellung der Ausgangslage,
- Darstellung der Arbeitsmethodik und Dokumentation der Problemlösung,
- Darstellung der Daten- und Informationsbasis,
- Prognoseaussagen für die Problementwicklung,

2 Ebd. 15.
3 Ebd. 29.
4 Vgl. *Berthel, R.* u. a. (2006a) 16.

- Entscheidungsalternativen/-vorschläge, ggf. das Arbeitsergebnis gemäß Auftrag, also ein Konzept, eine Stellungnahme, Vorlage o. ä.,
- Zielsystem und Wirkungen,
- Maßnahme(n)planung, Handlungsempfehlungen,
- Festlegungen zu Evaluation und Controlling,
- ggf. Zusammenfassung.

Diese umfassende Darstellung und das tiefe Eindringen in Einzelthemen stellte allerdings auch ein Hindernis in Bezug auf die Praxistauglichkeit des Buches dar. Nur wenige Absolventen der PFA/DHPol bezogen sich in ihren späteren Führungsfunktionen auf die Systematik des Orientierungsrahmens.

1.3 Problemlösungs- bzw. Prozessoptimierungsmodelle

In der Folge wird eine Auswahl von Problemlösungs- bzw. Prozessoptimierungsmodellen vorgestellt:

1.3.1 Die Prozessoptimierungs-Methode Lean Six Sigma[5]

Lean Six Sigma ist eine Kombinationsmethode aus dem Lean Management und Six Sigma. Lean Management verfolgt die konsequente Beseitigung von Verschwendung durch kontinuierliche Verbesserung unter Einbezug aller Mitarbeitenden. Der Six-Sigma-Ansatz besteht darin, die Kundenanforderungen besser zu erfüllen und die Streuung der Prozessergebnisse mittels Verbesserungsprojekten zu reduzieren (*George*, 2002).

Elemente sind etwa:

- Stakeholderanalyse
- Tätigkeitsstrukturanalyse
- Auswertung bestehender Kennzahlen
- Experteninterviews
- Pugh Matrix[6] (Bewertung konkurrierender/alternativer Konzepte)
- Prozesscontrolling

5 *Basler, A. & Heim. E.* (2021).

6 Mit der Ende der 1980er Jahre von *Stuart Pugh* entwickelten Methode werden Konzepte dahingehend bewertet, wie gut sie definierte Anforderungen erfüllen. Eine Gewichtung der Anforderungen ist dabei möglich aber nicht zwingend erforderlich.

1.3.2 SARA- Modell[7]

Dahinter verbirgt sich ein verbreitetes Vorgehensmodell, das auf folgenden Elementen basiert (*Scanning, Analysis, Response and Assessment*, sinngemäß etwa Aufklärung, Auswertung, Reaktion, Bewertung). Eine gute Anleitung zur praktischen Anwendung findet sich in der durch den Landespräventionsrat Niedersachsen ins Deutsche übersetzten Anleitung von *Clark* und *Eck*.[8]

1.3.3 5-I-Modell

Intelligence (Auswertung/Analyse), Intervention, Implementation, Involvement, Impact (Evaluation)[9]

Hierbei handelt es sich um eine Weiterentwicklung des SARA-Modells.

1.3.4 National Intelligence Model (NIM)[10]

Es folgt dem Ansatz des sogenannten *Intelligence-led Policing*. Das NIM beschreibt Arbeitsschritte, mit deren Hilfe durch die Auswertung relevanter Information eine wirksamere Problemlösung ermöglicht werden soll.

1.3.5 Beccaria-Modell

Das **Beccaria-Modell** oder die Beccaria-Standards umfassen Maßgaben und Anforderungen an die Qualität der Planung, Durchführung und Bewertung kriminalpräventiver Programme und Projekte. Sie beziehen sich dabei auf folgende sieben Hauptarbeitsschritte eines Projekts:

a) Problembeschreibung
b) Analyse der Entstehungsbedingungen des Problems
c) Festlegung der Präventionsziele, Projektziele und Zielgruppen

---

7 Vgl. Arizona State University (2023).
8 *Clarke, R. & Eck, J.* (2007).
9 Vgl. z. B. *Ekblom, P.* (2005).
10 Vgl. z. B. ACPO (Hrsg.), Guidance on the National Intelligence Model, 2005, http://whereismydata.files.wordpress.com/2009/01/national-intelligence-model-20051.pdf, Abruf: 4.2.2013.

d) Festlegung der Maßnahmen für die Zielerreichung
e) Projektkonzeption und Projektdurchführung
f) Überprüfung von Umsetzung und Zielerreichung des Projekts (Evaluation)
g) Schlussfolgerungen und Dokumentation.[11]

1.3.6 VOLTAGE-Modell

Im anglo-amerikanischen Raum wird für die Analyse von Kriminalitätsphänomenen das sogenannte VOLTAGE-Modell empfohlen.[12]

Das Akronym **VOLTAGE** steht für

V	Victims (Opfer) Gibt es einen bestimmten Opfertypus oder nicht? Erregt das Opfer besondere Aufmerksamkeit (z. B. Kinder)?
O	Offenders (Täter) Werden die Taten durch wenige Intensivtäter begangen oder durch viele verschiedene Täter? Handeln die Täter unabhängig voneinander oder wirken sie zusammen? Gibt es neue Täter bzw. Tätergruppen, die bisher nicht bekannt waren? Handeln örtliche oder reisende Täter?
L	Locations (Tatörtlichkeiten) Handelt es sich um Hotspots oder sind die Tatorte disloziert? Wie ist die geografische Verteilung der Tatorte? Gibt es spezielle Tatobjekte? Welche Besonderheiten weisen die Tatorte auf (z. B. Spätverkaufsstellen, Aufenthaltsorte von Problemgruppen)?
T	Times (Tatzeiten) Normale Variation der Tatzeiten? Saisonale Schwankungen? Konzentration von Tatzeiten? Lässt sich ein mögliches Zeitmuster erkennen?
A	Attractors (besondere Anziehungskraft) Besonders attraktive Orte? „Einfache“ Tatgelegenheiten? Unbeabsichtigte Tatgelegenheiten? Besondere Anziehungspunkte?

11 Landespräventionsrat Niedersachsen (2005).
12 *Ratclife, J.* (2019), Kap. 4.

G	Groups (Gruppen) Könnten Konflikte zwischen Tätergruppen eine Rolle spielen? Gibt es Hinweise auf Organisierte Kriminalität? Handelt es sich um Fanauseinandersetzungen? Sind Schulkinder involviert?
E	Enhancers (Verstärker) Z. B.: Drogenkonsum? Alkoholmissbrauch? Mentale Gesundheit? Sonstige persönliche Faktoren?

Dieses pragmatische Analyse-Modell fokussiert sehr stark auf das zugrundeliegende Problem und stellt sicher, dass zumindest einige der grundlegenden Elemente betrachtet werden.

2. Empfehlung für die Entwicklung von Kriminalstrategien

2.1 Grundsätzliches

Die nachfolgenden Elemente eines kriminalstrategischen Konzeptes verstehen sich nicht als Checkliste. Sie sind vielmehr Anhalte zur Strukturierung der Arbeitsweise und mithin auch der Gliederung des eigentlichen Konzepts. Allerdings ist die konkrete Gliederung in jedem Fall von der Beschreibung des Problems, das zur Erstellung des jeweiligen kriminalstrategischen Konzeptes geführt hat, abhängig:

- Beschreibung der Ausgangslage (der eigenen Feststellungen) bzw. des Auftrages
- Analyse der Ausgangslage (Informationsmanagement)
- Problembeschreibung
- Zielbildung
- Maßnahmenplanung
- Umsetzung des Konzeptes
- Evaluation

Die Elemente Zielbildung und Maßnahmenplanung werden zudem von einer Wirkungsprognose unterstützt, die den ständigen Abgleich mit der Problemdarstellung zum Gegenstand hat.

Den gesamten Prozess sowohl der Entwicklung als der Umsetzung des Konzeptes begleitet ein entsprechendes Controlling.

Die nachfolgende Grafik stellt dabei zunächst modellhaft den Prozesscharakter, der mit der Entwicklung solcher Projekte verbunden ist, dar.

Die Entwicklung und Umsetzung kriminalstrategischer Konzepte

Schematische Darstellung

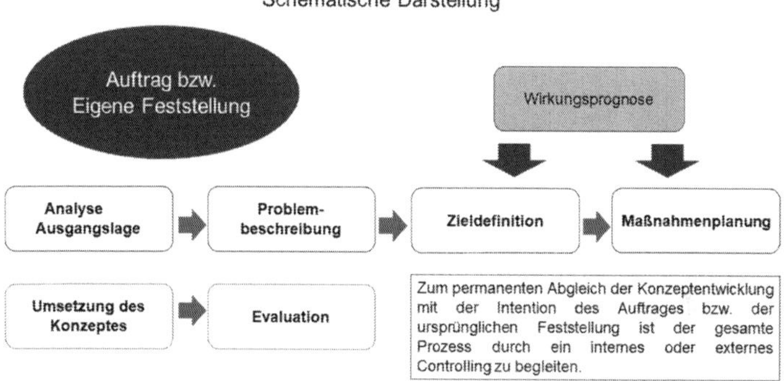

Abb. 6: Der kriminalstrategische Planungsprozess, © Berthel, R./Lapp, M. (2016)

2.2 Beschreibung der Ausganslage

2.2.1 Auftrag/Eigene Feststellungen

Beschrieben werden alternativ oder kumulativ

- der Auftrag,
- die eigenen Erkenntnisse bzw.
- der Anlass

für die Entwicklung eines kriminalstrategischen Konzeptes. Das Spektrum reicht etwa von neuen rechtlichen Regelungen über kriminalstatistische Erkenntnisse zur Entwicklung in einzelnen Deliktsbereichen, die Wirksamkeit oder Unwirksamkeit polizeilichen Handelns, auch vorheriger Konzepte (Evaluationsergebnisse), gesellschaftliche oder technischen Veränderungsprozesse, Fortschreibungen vorangegangener Konzepte bis hin zu kriminalpolitischen Aufgabenstellungen. Zur Beschreibung der Ausgangslage können auch die geltende Rechtslage, Eckpunkte neuerer Rechtsprechung, Erlasse oder Beschlüsse usw. gehören.

Auslöser/Initiatoren können entsprechend Auftraggeber, etwa aus dem Bereich vorgesetzter Behörden bzw. Institutionen, politische Verantwortungsträger oder die eigene Organisation selbst sein.

2.3 Analyse der Ausgangslage

2.3.1 Analyse und Synthese

Die Analyse (altgriechisch, das Zergliedern) stellt eine ganzheitliche systematische Untersuchung eines definierten Gegenstandes bzw. Prozesses dar.

Die Synthese (spätlateinisch *synthesis*, griechisch, *sýnthesis – die* Zusammensetzung, Zusammenfassung) stellt eine Verknüpfung von bekannten Sachverhalten, Erkenntnissen, Daten dar.

Für den deutschen Philosophen Hegel war der Dreischritt „These – Antithese – Synthese" ein wesentlicher Bestandteil seines dialektischen Denkmodells. Für die Kriminalistik bedeutet das etwa, dass die Negation einer Position (etwa einer Tathypothese) durch Argumentation zu einer (begründeten!) „Gegenhypothese" führt, die letztlich Voraussetzung für das Erlangen einer „neuen Wahrheit" sind. Was für die Betrachtung des Einzelfalles richtig ist, ist es gleichermaßen für die Untersuchung von Kriminalität im gesellschaftlichen Kontext. Mithin erlangen die o. g. Begriffe für die Beschreibung des Problems im kriminalstrategischen Sinne ebenso Bedeutung.

2.3.2 Kriminalistisches Denken

Bisweilen erscheint es angeraten darauf zu verweisen, dass auch die Kriminalstrategie kriminalistisches Denken erfordert. Ziel des kriminalistischen Denkens ist sowohl die Wahrheitsfindung im konkret zu untersuchenden Einzelfall (Mikroebene) als auch die Problemlösung hinsichtlich der Bekämpfung von Kriminalitätserscheinungen auf der Makroebene. Damit ist der Werkzeugkasten kriminalistischen Denkens selbstverständlich auch auf Kriminalstrategie anzuwenden.

Die Verwandtschaft strategischen Agierens mit kriminalistischem Denken wird in folgender Definition deutlich:

Kriminalistisches Denken ist ein auf Problembewältigung gerichteter Prozess der geistigen Verarbeitung kriminalistisch relevanter Sachverhalte unter Anwendung logischer, psychologischer und anderer natur- und geisteswissenschaftlicher Gesetzmäßigkeiten und der Sprache (Begriffe) unter Berücksichtigung kriminalistischer Möglichkeiten. Ziel des kriminalistischen Denkens ist sowohl die Wahrheitsfindung im konkreten Einzelfall (Mikroebene) als auch die Problemlösung hinsichtlich der Bekämpfung von Kriminalität als gesellschaftliche Erscheinung (Makroebene).[13]

Reichertz kennzeichnet den Zweifel zu Recht als die Grundhaltung des kriminalistischen Denkens.[14] Auch *Walder* geht, wenn auch lediglich bezogen auf die Fallbearbeitung auf die Bedeutung des Zweifels aus kriminalistischer Sicht ein: *„Überzeugt sein heißt*, so *Walder*, *nichts anderes, als etwas für wahr halten, ohne zu zweifeln oder nachdem vorhandene Zweifel mit guten Gründen überwunden werden konnten.“*[15] Im Gegensatz zum algorithmischen Vorgehen wird kriminalistisches Denken von Heurismen gekennzeichnet, also von der Suche nach Wahrheiten, mithin vom stetigen Hinterfragen von Erkenntnissen, vom Infragestellen des vermeintlich Sicheren. Als **Algorithmus** bezeichnet man eine definierte Handlungsvorschrift (Dienstanweisung, Bedienungsanleitung, Kochbuch ...), bei deren Befolgen der Erfolg garantiert wird. Kriminalistisches Denken geht insoweit und damit auch in konsequenter Anwendung etwa logischer Denkgesetze von der grundsätzlichen Erkennbarkeit der Welt aus. Hier ist insbesondere das Gesetz vom zureichenden Grunde (lat. *lex rationis determinantis sive sufficientis*) zu nennen. Nach *Leibniz* sagt der Satz oder das Gesetz vom zureichenden Grunde, *„dass keine Tatsache als wahr oder existierend und keine Aussage als wahr betrachtet werden kann, ohne dass ein zureichender Grund vorhanden wäre, warum es so ist und nicht anders...“*[16]

Für die Entwicklung von Kriminalstrategien gilt es gleichermaßen, die Überzeugung von deren Sinnhaftigkeit und Richtigkeit durch die Überwindung von Zweifeln zu erlangen. Damit verbietet sich die kritiklose Übernahme „alter“ Konzepte oder die ebenso kritiklose

13 *Berthel, R.* (2007) 736.
14 *Reichertz, J.* (1998) 51.
15 *Walder, H., Hansjakob, T., Gundlach, Th. E. & Straub, P.* (2024) 422.
16 *Leibniz, G.W.* (1956) 41.

Übernahme von Konzepten anderer Dienststellen bzw. Institutionen als unwissenschaftlich und für die Praxis regelrecht gefährlich.

2.3.3 Verifizieren oder Falsifizieren

Problemlösung setzt stets die Auseinandersetzung mit Aussagen, also mit Daten und/oder Informationen voraus. Wie bei der Analyse von Einzeldelikten oder Straftatenserien sind diese auch bei der Erstellung kriminalstrategischer Konzepte zu bestätigen oder zu verwerfen. Erst nach diesem gedanklichen Prozess sind sie als Analyseergebnisse anzusehen. Behauptungen, seien sie auch von noch so bedeutsamer Stelle erhoben worden, Wünsche, Hoffnungen oder Vermutungen haben hier keinen Platz!

Einmal entwickelte Hypothesen sind bis zum Beweis ihrer Wahrheit (Verifizieren) ständig auf Richtigkeit zu überprüfen. Falls erforderlich, sind Thesen abzuändern oder auch vollständig über Bord zu werfen, also zu falsifizieren.

2.3.4 Exkurs Expertenwissen

Der Verifizierung bzw. Falsifizierung dienen auch Experteninterviews. *Zimbardo* hat die Charakteristika eines Experten bereits 1995 wie folgt beschrieben:

> „Wodurch unterscheiden sich Experten der Forschung, der angewandten Medizin, des Schachspiels oder der Kochkunst von Anfängern? Einfach gesagt: Experten wissen mehr..... der offensichtlichste Unterschied zwischen Anfängern und Experten liegt in dem umfangreichen Wissen über eine kleine Klasse von Fragen und Problemen, das Experten durch Übung und Rückmeldung aufgebaut haben.
>
> Expertenwissen wird in der Kognitionspsychologie als Expertise bezeichnet. Es beinhaltet:
>
> a) effiziente Systeme von Regeln, Schemata und Scripts,
> b) heuristische Abkürzung für Suchprozesse durch eine große Menge an Informationen und gespeichertem Wissen für eine kleine Anzahl relevanter Möglichkeiten,
> c) die Fähigkeit sowohl TOP-DOWN als auch BOTTOM-UP Verarbeitungsprozesse kurz nacheinander oder gleichzeitig durchzuführen,
> d) die Speicherung einer beträchtlichen Menge von Fakten- und Handlungswissen sowie einer umfassenden Perspektive

e) und die Fähigkeit, allgemeines oder Alltagswissen auf technische oder spezielle Bereiche anzuwenden.[17]

Hinsichtlich der Durchführung und Auswertung von Experteninterviews wird die Qualitative Inhaltsanalyse nach *Mayring* empfohlen. Diese Methode der empirischen Sozialforschung bietet sich regelmäßig an, wenn Informationen erhoben werden sollen, die nur von einem bestimmten Personenkreis erlangt werden können. Da deren Darstellung jedoch viel Raum einnehmen würde, wird hier lediglich auf einige Quellen verwiesen.[18]

2.3.5 Heuristik in der Kriminalstrategie

Nicht anders sieht es mit der Heuristik aus. Zur Erinnerung:

Die heuristische Herangehensweise ist gekennzeichnet durch Suche nach „neuen“ Wahrheiten.

Bei Heuristik handelt es sich dabei nicht um Formalregeln; vielmehr um das Erstellen von Hypothesen, das Erkennen von Zusammenhängen und die Erarbeitung von Modellen. Im Gegensatz zum heuristischen Denkansatz steht das checklistenartige algorithmische Agieren, das im polizeilichen Bereich seinen markantesten Niederschlag in Polizeidienstvorschriften findet.

Heurismen können in folgende Gruppen unterteilt werden:

- Induktion (Schluss vom Besonderen auf das Allgemeine),
- Variation (Abwandeln von Bedingungen im gleichen Kontext und Ergebnisüberprüfung),
- Reduktion (Antithesen aufstellen oder aus wahren Annahmen und Behauptungen Folgerungen für die Situation ziehen),
- Interpretation (In einen anderen Kontext bringen, nach Analogien suchen),
- Abduktion (Kreativer Schluss vom Besonderen auf eine Regel).

17 *Zimbardo, P. G.* (1995) 381.

18 *Mayring, P.* (2010); Ruhr-Universität Bochum, Methodenzentrum (2023); *Pfeiffer, F.* (2022).

2.3.6 Workshops zur Analyse und Ideenfindung

Methodisch bietet sich auch die Durchführung von Workshops an, um Sachverhalte zu analysieren, Thesen zu erarbeiten und zu verifizieren bzw. falsifizieren und zu Schlüssen zu gelangen. Auch in diesem Kontext kann spezifisches Expertenwissen „abgefragt" werden.

> In jedem Fall sollte ein kriminalstrategisches Konzept auch diesen Prozess der Erlangung von spezifischem Wissen abbilden, ggf. auch damit verbundene offene Fragen.
>
> Das erscheint wichtig, um den Lesern und jenen, die Konzepte umsetzen sollen, zu vermitteln, wie welche Erkenntnisse zustande gekommen sind.

2.3.7 Informationsmanagement

Um sachgerecht und möglichst frei von subjektiven Wunschvorstellungen Einzelner ergebnisoffene Ziele und sich anschließende Maßnahmen formulieren zu können, kommt dem Informationsmanagement eine besondere Rolle zu. Das Managen von Daten und Information ist der Kern des Elementes „Analyse der Ausgangslage". Ohne sachgerechten und unvoreingenommenen (!) Umgang mit vorhandenen Daten bzw. Informationen erscheint nicht erst im digitalen Zeitalter eine sachgerechte Analyse jeglicher Ausgangssituation nicht zielführend denkbar.

> *„Der Umgang mit Informationen und Daten stellt das Wesen und den Kern kriminalistischer Problemlösungsprozesse dar. Sowohl bei der fallanalytischen Bewältigung des Einzelfalles oder der Straftatenserie als auch bei der konzeptionellen Ausrichtung einer Organisation auf die örtlichen, sachlichen und zeitlichen Schwerpunkte des Kriminalitätsgeschehens sind eine Vielzahl von Daten und Informationen zu erschließen, zu bewerten und zu Entscheidungen zu generieren.*
>
> *Das Informationsmanagement durchdringt jedoch darüber hinaus nahezu alle Bereiche gesellschaftlichen Lebens."*[19]

Ausführlich zum Informationsmanagement vgl. Kapitel VIII (Informationsmanagement als Teil kriminalstrategischer Planung). Somit soll an dieser Stelle ein Verweis auf diese Darstellungen genügen.

19 *Berthel, R.* u. a. (2006a) 69.

2.3.8 Umfeld- und/oder Organisationsanalyse

Diese Untersuchung verfolgt das Ziel, die Krisenanfälligkeit des Systems bzw. des Umfelds zu betrachten. Dazu können etwa Informationsprozesse, der Aus- und Fortbildungsstand, die Qualität von Kooperationsbeziehungen, der Einsatz von Ressourcen, die Rechtslage und deren Auswirkungen auf die Aufgabenerfüllung usw. zählen.

Bei der **Betrachtung der Organisation** können zudem Felder wie z. B.

- Führung
- Aufbauorganisation
- Ablauforganisation
- Haushaltmittel
- Personalstruktur (z. B. Alterspyramide oder Krankenstand usw.)

einbezogen werden.

Bei der **Betrachtung der Umfeldfaktoren** könnten etwa folgende relevant sein:

- wirtschaftliche
- haushalterische
- historische
- religiöse
- technische
- ökologische
- demografische Rahmenbedingungen

Die jeweilige Auswahl ist selbstverständlich von der konkreten Problemstellung abhängig.

Darüber hinaus wird hier auf die Ausführungen zu Rahmenbedingungen und Spannungsfeldern verwiesen (Kapitel V).

Ferner sind politische Vorgaben bzw. der aktuelle Stand politischer Diskussionen (etwa hinsichtlich anstehender Gesetzesvorhaben) zu beachten.

2.3.9 SOFT-Analyse

Die SOFT-Analyse ist eine bewährte Technik, die sowohl der Analyse der Ausgangssituation als auch der späteren Evaluation dient.[20] Die Bezeichnung SOFT ist dem Englischen entnommen und steht für die Anfangsbuchstaben folgender Begriffe:

Satisfaction	(Zufriedenheit)
Opportunities	(Chancen/Möglichkeiten)
Faults	(Fehler)
Threats	(Gefahren/Bedrohungen/Risiken)

Analysiert werden mit der SOFT-Technik sowohl der Ist-Zustand als auch das Potential.

Für die praktische Arbeit bieten sich etwa folgende Fragestellungen an, die aus der Sicht der Konzeptentwickler zu beantworten sind:

Zufriedenheit

Was läuft befriedigend, bzw. gibt befriedigende Resultate?

Warum wird dieser Zustand als befriedigend eingeschätzt? (Welche Kriterien/Gründe/Maßstäbe liegen dieser Bewertung zugrunde?)

Lässt sich ein Unterschied zwischen problemlos und befriedigend herausarbeiten? Und wie sieht dieser aus?

Chancen/Möglichkeiten

Welche Chancen, Gelegenheiten und Entwicklungsziele liegen in welchen Bereichen?

Was sind bekannte, aber noch nicht genutzte Chancen?

Wo bzw. in welcher Richtung sollten systematisch Chancen und Möglichkeiten gesucht werden?

Fehler

Wo liegen Fehler/Schwachstellen?

Wo existieren Konflikte/Spannungen und warum?

20 Vgl. auch AD HOC (2015).

Welche Umstände/Arbeits- bzw. Verhaltensweisen verhindern eine Verbesserung der Situation? Hier geht es um ergebnisoffene Ursachenforschung!

Gefahren/Bedrohungen/Risiken

Welche bedrohlichen Entwicklungen zeichnen sich ab?

Welche Gefahren für die Organisation bzw. für Prozesse existieren bzw. können prognostiziert werden?

In welchem zeitlichen Kontext sind/werden die existieren bzw. existent sein?

Was wird/würde geschehen, wenn nichts geschieht?

Aus der zuletzt genannten Frage leitet sich ab, dass die Idee der SOFT-Analyse neben dem analytischen Element auch eine wichtige Kommunikationsfunktion in die Organisation bietet. Diese wird am besten mit den folgenden beiden Fragen verdeutlicht:

Was könnte passieren, wenn wir nichts unternehmen?
Was könnte passieren, wenn wir etwas unternehmen?

2.3.10 Szenario-Technik

Die Entwicklung von Szenarien ist eine aufwendige und daher insbesondere umfangreichen Konzepten vorbehaltene Prognosetechnik. Sie wurde z. B. zur Ermittlung kriminogener Faktoren bei der Einführung der Gemeinschaftswährung EURO durch das Bundeskriminalamt angewendet.[21] Seit 2012 kommt die Szenario-Technik in der Republik Österreich bei der Erstellung der sog. strategischen Vorausschau des Nationalen Sicherheitsrates zur Anwendung.[22] Ihr Einsatz dient in diesem Kontext dem Ziel, *„realistische Handlungsoptionen für die Politik vorzubereiten, um sich andeutende Bedrohungen abwenden bzw. auftuende Chancen nutzen zu können und Impulse für politische Strategie, Zielfindung und Planung zu geben.“*[23]

21 *Stübert, D. F.* (1999).
22 *Wagnest, J.* (2013).
23 Ebd. 32.

Die Szenario-Technik erscheint gerade vor dem Hintergrund der Vielzahl von Einflussfaktoren bei der Betrachtung kriminalistisch relevanter Entwicklungen von Bedeutung, da sie die Einbeziehung unterschiedlicher Perspektiven und Rahmenbedingungen einschließt und zudem die Nutzung von Expertenwissen ermöglicht. Sehr anschaulich wird das Vorgehen bei der Entwicklung von Szenarien durch *Englberger*[24], der sich auf in seinen Darstellungen auf *Kosow*, *Gaßner* und *León*[25] bezieht, dargestellt.

Abb. 7: Der Szenarioprozess nach Englberger/Kosow&Gassner.

„1.**Szenariofeldbestimmung**. Dabei wird genau bestimmt, wofür die Szenarios erstellt werden sollen, und negativ abgegrenzt, was in den Szenarien nicht betrachtet bzw. außer Acht gelassen wird.

24 *Englberger, H.* (2022) 492 ff.
25 *Kosow, H. Gaßner, R.* (2008); *Kosow, H. & León, Ch.* (2015).

Weiterhin wird festgelegt, welchen zeitlichen und räumlichen Horizont die Szenarios abdecken sollen.

2. **Identifikation der Schlüsselfaktoren**, also „diejenigen Variablen, Parameter, Trends, Entwicklungen und Ereignisse, die im weiteren Verlauf des Szenarioprozesses zentral betrachtet werden".
3. **Analyse der Schlüsselfaktoren:** Dies bedeutet, für jeden einzelnen Schlüsselfaktor wird betrachtet, wie er sich im zu betrachtenden Zeithorizont entwickeln könnte.
4. **Szenario-Generierung**: Konsistente Faktorenbündel werden zusammengestellt, ausgewählt und zu Szenarien ausgearbeitet. Eine Kombination verschiedener Ausprägungen zu Szenarien kann nach streng formalisierten Verfahren, etwa Konsistenzanalysen oder Cross-Impact-Analysen, erfolgen. Die Auswahl kann aber auch weniger formal anhand inhaltlicher Interpretation und Abgrenzung möglichst unterschiedlicher Szenarien erfolgen. In der Regel werden dabei vier bis fünf Szenarien erstellt. Seltener werden auch mehr erstellt, vor allem wenn den Baseline-Szenarios (Szenarien, bei denen keine Maßnahmen durch Politik, Verwaltung etc. eingeplant sind) sogenannte Policy-Szenarios gegenübergestellt werden, bei denen Effekte etwa geplanter Gesetzes-änderungen o.ä. beleuchtet werden.
5. Abschließend erfolgt der **Szenario-Transfer**, im Rahmen dessen die gewonnenen Erkenntnisse verarbeitet werden oder Implikationen für zukünftige Strategieprozesse formuliert werden."[26]

2.3.11 Anspruchsgruppenanalyse

Anspruchsgruppen, sog. Stakeholder sind soziale Gruppen, die eigene, eben gruppenspezifische Interessen verfolgen. Sie äußern diese allgemein oder konkret in Bezug auf den Gegenstand des zu erarbeitenden Konzepts. Sie artikulieren Ansprüche und Erwartungen. Das erfolgt entweder direkt adressiert an den Ersteller des Konzeptes oder indirekt über Vertreter oder öffentliche Bekanntgabe in Medien.

26 *Englberger, H.* (2022) 493.

Die Analyse der Anspruchsgruppe besteht aus folgenden Schritten:

a) Identifikation der Anspruchsgruppe
b) Abschätzen der Ziele/Erwartungen der Anspruchsgruppe sowie
c) Ableitung von Schlüssen für die Konzeptentwicklung und -umsetzung

Dabei ist nach *Sachs* u. a.[27]die Betrachtung folgender Attribute der Stakeholder von Bedeutung:

a) **Macht** – Verfügt der Stakeholder über Potential und/oder das Ansehen, das Konzept nachhaltig zu beeinflussen?
b) **Legitimation** – Ist er legitimiert, auf das Konzept Einfluss zu nehmen?
c) **Vergangenheit** – Muss aufgrund der Historie des Stakeholders davon ausgegangen werden, dass er Einfluss nehmen wird?
d) **Wichtigkeit** – Ist das Konzept für den Stakeholder von (zentraler) Bedeutung?

Diese Analyse beeinflusst im Rahmen der Konzeptentwicklung bzw. -umsetzung insbesondere die **Beteiligungsformen,** also Fragen der Information, Mitgestaltung oder Mitentscheidung.

2.3.12 Fazit zur Analyse der Ausgangslage

Bereits die Autoren des 2006er Orientierungsrahmen kamen bezogen auf die Analyse der Ausgangslage zu folgendem noch heute gültigem Fazit:

„Zusammenfassend ist anzumerken, dass ein intensiver fachlicher Diskurs Voraussetzung für tragfähige Aussagen und Ergebnisse der Ursachenanalyse ist. Dazu können wiederum kriminalistische Beurteilungs- oder Erhebungsmethoden, Hilfestellungen bieten. Beachtet werden sollte ferner, dass Partikularinteressen beteiligter Personen (Fachleute aus betroffenen Dienststellen) objektive Ergebnisse beeinträchtigen mögen. Es ist also nicht nur wichtig, welcher Beitrag erbracht wird, sondern auch in welchem Kontext und mit welcher Intention (von wem) er kommt.“[28]

27 *Sachs, S.*, u. a. (2019) 17 – 18.
28 *Berthel, R.* u. a. (2006a) 146.

2.4 Problembeschreibung

Was gelöst werden soll, muss erst einmal als Problem erkannt/beschrieben/ verstanden werden!

Probleme stellen zunächst nichts anderes dar als die Diskrepanz zwischen einem Sollzustand, also einem gewünschten, geforderten, erwarteten oder gar durch gesetzliche Bestimmungen vorgegeben Zustand und dem Istzustand. Wer in der Lage ist, das kriminalstrategische Problem exakt zu formulieren, hat mithin bereits einen wesentlichen Schritt zu dessen Lösung getan.

Albert Einstein kennzeichnete die Bedeutung der Problembeschreibung wie folgt:

„Die Formulierung eines Problems ist häufig wesentlicher als die Lösung, die nur eine Frage mathematischer oder experimenteller Fertigkeiten sein kann."

Sowohl der oben dargestellte Orientierungsrahmen als auch das Becarria-Modell stellen das „Problem" in den Vordergrund der strategischen Überlegungen. Daher erscheint es zielführend auf dieses Bonmot des wohl bekanntesten Problemlösers hinzuweisen.

Nicht selten hört man gerade von polizeilichen Führungskräften die Klage, dass man fremdbestimmt sei und Ergebnisse konzeptioneller Arbeit bereits vorgegeben seien. Andere berichten, dass sie für konzeptionelle Arbeit keine Zeit hätten und daher die Konzepte der vorangegangenen Jahre auf „neu" umgeschrieben wurden.

Der einen wie der anderen Führungskraft sei mit *Ida Frederike Görres* geantwortet:

„Antworten stehen am Ende, nicht am Anfang des Weges"[29]

Die Zahl derer, die sich an der Entwicklung von kriminalstrategischen Konzepten machten und die diesen Satz, trotz persönlichen Engagements, bereits zu Beginn ihrer Arbeit zu den Akten legen mussten, dürfte beachtlich sein. Dieses Buch ist aber nicht verfasst worden, um an entscheidender Stelle vor diesem Umstand zu resignieren.

29 Dieses Zitat wird dem chinesischen Philosophen und Begründer des Taoismus, *Laotse* zugerechnet. Dort heißt es: *„Erst am Ende unseres Weges stehen die Antworten."* Von *Thomas Zahrnt* stammt die hier abgedruckte Fassung.

Vielmehr soll hier zunächst festgehalten werden, dass die Organisationsform, die zur Entwicklung gewählt werden sollte, der Beschreibung des Problems folgen sollte. Mithin kommt der Einstein'schen Forderung nach Beschreibung des Problems eine zentrale Bedeutung bereits bei der Organisationsform zu. Handelt es sich etwa um ein Problem regionaler Bedeutung, sollten die regional relevanten Akteure in der Organisation, die sich der Konzeptarbeit widmet, vertreten sein. Von Bedeutung ist dabei in jedem Fall, einen übergreifenden Ansatz zu wählen, da kriminalstrategische Fragestellungen regelmäßig mehrere Akteure tangieren dürften. Neben der Landespolizei könnten das (deliktsbezogen unterschiedlich) die Bundespolizei, der Zollfahndungsdienst, die Steuerfahndung, Gebietskörperschaften, freie Träger der Jugendarbeit, Sozialämter, wissenschaftliche Einrichtungen usw. sein.

In diesem Bereich sind die Probleme, die sich aus der Ausgangslage für das kriminalstrategische Handeln ergeben, zu beschreiben. Mit Blick auf die Definition des Begriffes Problem ist mithin die Diskrepanz zwischen dem Soll- und dem Istzustand abzubilden. Wie bereits mehrfach dargestellt, kommt diesem Strukturelement besondere Bedeutung zu. Aus der Beschreibung dieser Diskrepanz lassen sich in der Folge die anzustrebenden Ziele nachvollziehbar ableiten. Werden etwa in einer Sicherheitskonzeption bestimmte Erwartungen an die Polizei formuliert und kommt die Polizei diesen nicht nach, ist dieses Auseinanderklaffen exakt darzustellen.

Im Rahmen der Problemdarstellung sollten auch Gefahren bzw. Risiken abgebildet werden, die eintreten könnten, würde der aktuelle Zustand fortbestehen; etwa im Zusammenhang mit der Entwicklung im Bereich der BtM-Delikte und ihrer öffentlichen Wahrnahme. Zudem ist in diesem Bereich die Rechts- ggf. auch die Beschlusslage (z. B. der polizeilichen Gremien) abzubilden.

Eine exakte Problemdarstellung setzt ebenso exaktes, ergebnisoffenes Analysieren voraus. Dabei erlangen klassische kriminalistische Begrifflichkeiten Bedeutung.

Der Orientierungsrahmen zur Lösung kriminalstrategischer Probleme bietet in diesem Kontext einen umfassenden Werkzeugkasten an.[30]

30 *Berthel, R.* u. a. (2006a) 191- 206.

Hier sollen lediglich Eckpunkte der **Organisation der Problemlösung** dargestellt werden:

- Beschreibung des Problems in seinen rechtlichen, taktischen, strategischen, ggf. auch historischen, kulturellen, logistischen, personellen, temporären usw. Dimensionen. Hier muss besondere Sorgfalt an den Tag gelegt werden, um die Folgeelemente sachgerecht ausfüllen zu können.
- Beschreibung der Zuständigkeiten (Zuweisung an Akteure)
- Beschreibung der Organisationsform der Problemlösung (also im Rahmen der Allgemeinen Aufbauorganisation oder etwa in besonderen Formen, wie z. B. in einer Projektorganisation, Arbeitsgruppen, Workshops usw.)
- Festlegungen von Verantwortlichkeiten ggf. Bestimmung von Gliederungen, etwa Unterarbeitsgruppen oder Teilprojektgruppen
- Festlegungen zur Moderation, Kommunikation, Protokollierung, Dokumentation, Visualisierung, Öffentlichkeitsarbeit, Berichtspflichten usw.
- Bereitstellung von Ressourcen (z. B. Räumlichkeiten, Technik, Haushaltmittel)
- Festlegung von zeitlichen Rahmenbedingungen (etwa für Zwischenberichte, Meilensteine etc.)
- Festlegung der Form und Struktur der abschließenden Berichterstattung bzw. der Vorlage des Konzeptes

Ganz im Sinne kriminalistischen Denkens sind die Elemente der Organisation ständig zu hinterfragen und ggf. ähnlich wie etwa bei der Organisation einer Sonderkommission anzupassen. Von besonderer Bedeutung ist in der gesamten Zeit die Rückkopplung mit dem Auftraggeber.

2.5 Zieldefinition

2.5.1 Grundsätzliches

Von besonderer Bedeutung ist es, ein Zielsystem zu entwickeln, das überschaubar und für den Adressaten nachvollziehbar ist. Begriffliche Vielfalt und Ausdifferenzierung beeinträchtigt nicht selten die Übersichtlichkeit. Sowohl das Zielsystem als auch die darauf fußenden Maßnahmen sind hinsichtlich ihrer erwartbaren Wirkungen (wie etwa Verdrängung durch polizeiliche Präsenz, Verunsicherung der Öffentlichkeit durch verstärktes Kontrollverhalten, zeitweiliger Anstieg von Fallzahlen durch Erhöhung der Verfolgungsaktivitäten usw.) zu prüfen. Das bedeutet, dass **in jedem Fall eine Wirkungspro-**

gnose anzustellen ist. Gleiches findet sich auch bei der Planung der Maßnahmen. Natürlich ist dieser gedankliche Prozess für beide Elemente im Rahmen des schriftlichen Konzeptes zu dokumentieren. Dieser Umstand erlangt allein deshalb Bedeutung, weil er Ansätze für eine spätere Evaluation und damit für die Ermittlung der Wirksamkeit des Konzeptes und seiner Maßnahmen bietet. Wunschdenken, etwa um den Erwartungen des Auftraggebers unbedingt zu entsprechend, ist hingegen sowohl unwissenschaftlich als auch unseriös, mit kriminalistischem Denken im Übrigen auch nicht zu vereinbaren.

Folgende **Charakteristika prägen Ziele**:

- Sie beschreiben angestrebte oder erwünschte Zustände, die durch menschliche Aktivitäten erreicht werden können.
- Ziele sind als in der Zukunft liege Zustände zu beschreiben.
- Der Adressat von Zielen muss diese als realistisch und erreichbar ansehen. Das setzt nicht nur eine umfassende Analyse der Ursachen, Wirkzusammenhängen und Rahmenbedingungen voraus. Es bedingt auch eine ungefärbte Beurteilung der relevanten aufbau- und ablauforganisatorischen Zusammenhänge sowie der Leistungsfähigkeit der Organisation sowie der Partner.
- Ziele können auf eine optimierte Gewährleistung (Qualität, Effektivität, Effizienz) eines gesetzlichen Auftrages gerichtet sein, aber auch Prioritätensetzungen innerhalb dieses Auftrages beinhalten.
- Ziele können sich auf eine Verbesserung der organisatorischen Abläufe wie auch auf die Aufbauorganisation, auch auf die Schaffung neuer oder die Abschaffung alter Organisationseinheiten, richten.
- Neben der Zielvereinbarung, d. h. dem Kontrakt zwischen Vorgesetzten und Mitarbeitern über bestimmte Ziele, ist auch die Vorgabe von Zielen in geeigneten Fällen denkbar und zulässig.
- Ziele, die in einer Kriminalstrategie formuliert werden, bedürfen des Abgleiches mit grundsätzlichen Organisationszielen, gesetzlichen Bestimmungen, politischen Rahmenvorgaben und anderen Einflussgrößen, die im Rahmen der Analyse der Ausgangslage ermittelt wurden.
- Ziele müssen messbar formuliert werden. Dazu muss der gewünschte Grad der Zielerreichung möglichst genau schon bei der Zielformulierung genannt (Operationalisierung), und geeignete Messinstrumente (valide, reliabel, objektiv) eingesetzt bzw. häufig entwickelt werden. Dies bildet die Grundlage für die spätere Evaluation.

2.5.2 Zielsystem überschaubar und nachvollziehbar gestalten!

Um das Zielsystem für alle Adressaten überschaubar und nachvollziehbar zu gestalten, wir ein lediglich zweistufiges System empfohlen. Dabei sollte sprachlich exakt formuliert werden, nämlich **Ober- und Unterziele** oder **Haupt- und Nebenziele**.

Die zu bildenden **Oberziele** befassen sich dabei mit der aus der Analyse der Ausganslage erarbeiteten, angestrebten Situation. Die ausgestaltenden **Unterziele** setzen die erkannten erfolgskritischen Faktoren um und bilden gemeinsam ein stringentes, in sich geschlossenes und möglichst widerspruchsfreies Zielsystem.

Beispiel Oberziel: Cybercrime wird im Bundesland X an zentraler Stelle durch die die Dienststelle Y bekämpft.

Beispiel Unterziel: Eine Ermittlungsdienststelle zur Bekämpfung von Cybercrime ist bis zum (im Landeskriminalamt) eingerichtet.

Diesem Zielsystem wäre dann etwa ein Analyseergebnis vorausgegangen, dass zum Inhalt hatte, dass die Anzahl der Cybercrime-Delikte in einem Bundesland in einem definierten Zeitraum angestiegen war, gleichwohl keine adäquate Organisationsform vorhanden war, um diese Delikte gezielt bekämpfen zu können.

Ziele kennzeichnen in Zukunft liegende Zustände und sollten auch so formuliert werden, bespielweise: „Die Aufklärungsquote im Deliktsbereich XYZ ist um bzw. auf ...% erhöht.“ Oder „Eine spezialisierte Aufbauorganisation zur Bekämpfung von Cybercrime ist bis zum ... eingerichtet.“

Nicht immer können konkrete Zahlenwerte als Messgrößen angegeben werden. Nicht immer erscheint eine solche Angabe zielführend, abrechenbar und/oder vermittelbar. Dann bietet sich gelegentlich ein Vergleich mit anderen Institutionen oder Zeiträumen an, falls im Rahmen der Analyse festgestellt wurde, dass die eigene Organisation in diesen Vergleichen Defizite aufweist. So könnte etwa beim festgestellten Rückgang der Aufklärungsquote ein Durchschnittswert der vorangegangenen Jahre als Zielgröße sinnvoll sein. Eine Formulierung wie „Die Aufklärungsquote im Bereich des Tageswohnungseinbruches erreicht den Stand der Vorjahre.“ erscheint zudem vermittelbar, da ja die eigene Organisation in der Vergangenheit offenbar in der Lage war, dieses Niveau zu erreichen. Ähnlich verhält es sich mit Zielgrößen, die sich an Werten orientieren, die etwa im Landesdurchschnitt auch von anderen vergleichbaren Organisationseinheiten erreicht werden.

Ungeeignet sind Formulierungen, die lediglich Allgemeinplätze darstellen, wie etwa „Die Ermittlungsintensität ist zu verstärken." Zum einen handelt es sich bei dieser Aussage um eine Forderung/Erwartung und kein Ziel. Zum anderen liefert sie keinerlei Anhalt für die Bewertung der Zielerreichung, also für eine spätere Evaluation.

Gerade bei behörden- und institutionsübergreifenden Kriminalstrategien sind unterschiedliche Organisationseinheiten und Verantwortungsträger an der Zielerreichung beteiligt. Will man hier nicht nur die Wirkung des Gesamtkonzeptes messen, sind entsprechende operationalisierbare Teil- und Unterziele zu bilden und durch differenzierte Maßstäbe deren Einzelwirkungen zu erfassen. Dabei sind bei der Formulierung der Ziele die entsprechenden Zuständigkeiten zu beachten.

Auch hierzu ein **Beispiel:** Wenn etwa im Rahmen einer Bekämpfungsstrategie im Bereich der BtM-Kriminalität eine möglichst hohe Aufklärungsquote erreicht werden soll und sich im Zuständigkeitsbereich der örtlichen Polizeidienststelle auch eine Bahnhofanlage mit entsprechender Zuständigkeit der Bundespolizei befindet, so ist dies sowohl bei der Zielbeschreibung als auch bei den Maßnahmen zu berücksichtigen.

2.5.3 SMARTe Ziele – ein praxistaugliches Format

Im Projektmanagement hat sich das sog. SMART-System zur Entwicklung von Zielen bewährt. SMART ist ein Akronym und steht für „**S**pecific **M**easurable **A**ccepted **R**ealistic **T**ime Bound".

Die nachfolgende Tabelle gibt eine denkbare Entsprechung in Deutsch wieder:

S	spezifisch	Ziele sollten eindeutig und präzise definiert sein
M	messbar	Ziele operationalisierbar, also mit Messgrößen versehen sein.
A	attraktiv akzeptiert	Ziele sollten für die Adressaten eines Konzeptes attraktive Zustände beschreiben Zumindest sollten sie von den Adressaten akzeptiert werden.
R	realistisch	Ziele sollten auf realistische Weise erreichbar sein
T	terminiert	Jedes Ziel sollte mit einer klaren Zeitvorgabe versehen werden.

Auch wenn es etwa im Bereich der Verbrechensbekämpfung nicht immer leichtfallen wird, sollten Ziele möglichst positiv beschrieben werden.

2.6 Maßnahmenplanung

Die Planung der Maßnahmen ist, so banal es klingen mag, direkt an die Elemente Problembeschreibung und Zielbildung zu binden.

Während Ziele beschreiben, WAS erreicht werden soll, bestimmen Maßnahmen das WIE der Zielrealisierung.

Maßnahmenplanung bedeutet planerische Bestimmung aller Handlungen, die der Zielerreichung dienen.

Nicht selten ist in der Praxis zu beobachten, dass Maßnahmen, von denen man überzeugt ist, dass sie „machbar" und „mit dem vorhandenen Personal realisierbar" sind, aufgeführt werden. Bezüge zu den festgestellten Problemen und zu den formulierten Zielen fehlen hingegen.

In jedem Fall ist auch bei der Planung der Maßnahmen eine Wirkungsprognose vorzunehmen. Die **Maßnahmen sind** zudem

a) strikt an den Zielen auszurichten sowie
b) ständig auf ihre Wirkungen zu überprüfen; ggf. anzupassen.

Maßnahmenpläne können sowohl Einzelmaßnahmen

- *taktischer (z. B. Observationsmaßnahmen),*
- *technischer (z. B. Einsatz technischer Mittel zur Überwachung bestimmter gefährdeter Objekte),*
- *organisatorischer (z. B. Anpassungen der Aufbau- oder Ablauforganisation),*
- *strategischer* (z. B. Entwicklung neuer rechtlicher Regelungen)

und/oder

- *flankierender* (z. B. Aus- und Fortbildungsmaßnahmen, Kooperationsfestlegungen)

Art beinhalten.

Maßnahmen im kriminalistischen Sinne müssen nicht zwingend den Charakter eines Rechtseingriffes haben. Von Bedeutung ist, Maßnahmen anderer Akteure nicht nur zu berücksichtigen (dazu muss man sie im Rahmen der Analyse der Ausgangslage zunächst erkennen), sondern auf diese im Konzept auch ausdrücklich zu verweisen.

„Folgende Anforderungen werden an einen Maßnahmenplan gestellt:

1. Maßnahmen müssen rechtlich zulässig sein.
2. Sie müssen im Hinblick auf die Zielerreichung geeignet, d.h. effektiv (das Ziel muss erreicht werden können) und effizient (von mehreren Maßnahmen die wirtschaftlichste) sein.
3. Maßnahmen müssen auch bezüglich ihrer personellen Untersetzung realistisch sein. (Qualifizierung/Geeignetheit des Personals)
4. Sie müssen im Sinne einer Wirkungsprognose erwünschte und unerwünschter Wirkungen, Haupt- und Nebenwirkungen erkennen lassen. Eine Wirkungsprognose über die Gesamtmaßnahmen ist anzustellen.
5. Maßnahmen müssen zeitlich dimensioniert sein (kurz-, mittel- und langfristig).
6. Sie müssen in ein koordiniertes Gesamtsystem eingestellt sein, d.h., dass Maßnahmen einander nicht ausschließen dürfen.
7. Ressourceneinsatz, Zuständigkeiten, Kommunikation und Führung müssen erkennbar sein."[31]

31 *Berthel, R.* u. a. (2006a) 165.

2.7 Wirkungsanalyse bzw. -prognose

2.7.1 Grundsätzliches

Es geht um Prognostizieren von Wirkungen, die mit Zielen bzw. Maßnahmen verbunden sein können. Es geht nicht um Erwartungen Einzelner oder Kaffeesatzleserei!

Alle bisherigen Überlegungen unterstellen einer konkreten Strategie bestimmte Wirkungen. Das ist nichts Neues, denn spätestens seit *Kaplan* und *Norton* kann man Strategien auch als Ursache-Wirkungs-Annahmen begreifen.[32]

Insofern enthalten Strategien zwingend Annahmen über Ursache- und Wirkbeziehungen zur Zielerreichung.[33]

Im Rahmen der Zielbildung als auch bei der Planung von Maßnahmen kommt deshalb bei der Gesamteinschätzung konzeptioneller Überlegungen der Wirkungsanalyse und -prognose eine große Bedeutung zu.

Im folgenden Text werden die Begriffe Wirkungsanalyse und Wirkungsprognose synonym verwandt.

Wirkungsanalysen sollen die strategische Planung optimieren. Sie sind wie der gesamte strategische Prozess kein Selbstzweck. Wirkungsanalysen sollen demzufolge Wirkungszusammenhänge erkennen lassen. Sie dienen als Grundlage für nachhaltige Sicherung der kriminalstrategischen Entscheidung.

Die Entwicklung von kriminalstrategischen Zielen ist eng mit der Überlegung verbunden, welche Wirkungen durch die Umsetzung der Ziele erreicht werden sollen. Wenn die Auseinandersetzung mit den Wirkungen allerdings erst nach Abschluss der Zielfestlegung erfolgt, tritt ein in der Praxis häufig anzutreffendes Problem auf: Es wird festgestellt, dass Wirkungen auftreten könnten, die im Rahmen der strategischen Zielfindung nicht erkannt oder nicht weiter beachtet wurden. Dies müsste eigentlich dazu führen, die Ziele zu überdenken und gegebenenfalls zu modifizieren. Die Komplexität sicherheitsrelevan-

32 Vgl. *Kaplan, R. S./Norton, D. P.* (1996) sowie *Kaplan, R. S./Norton, D. P.* (2004).

33 *Frühauf, L.* (2001).

ter Sachverhalte, der Druck, zu Ergebnissen zu kommen oder etwa kriminalpolitische Zielvorgaben erschweren diesen Reflexionsprozess. Nicht selten bleibt es bei der ursprünglichen Zielsetzung oder gar der Planung der Maßnahmen.

2.7.2 Ursache- Wirkung-Beziehungen – Zurechenbarkeit von Wirkungen[34]

Die Entstehung von konkreten Straftaten (Kriminalität) hat vielfältige Ursachen, die sich nur selten exakt extrahieren lassen. Auch in ihrer sozialen Wahrnehmbarkeit ist sie äußerst komplex. Kriminalität erfährt als soziales Geschehen weit mehr Einfluss durch die unmittelbar Beteiligten wie Opfer, Täter oder Zeugen und die sie unmittelbar umgebenden sozialen Netze, als durch strukturierte Intervention wie etwa einer Kommune oder durch die Strafverfolgungsbehörden. Diese soziale Reaktion beeinflusst das Kriminalitätsgeschehen – verhütend, unterbindend aber auch fördernd. Mitten in diese soziale Reaktion auf Kriminalität wirken die Bekämpfungsstrategien. Es ist deshalb nahezu unmöglich, „herauszurechnen“, welchen Anteil die Umsetzung der Kriminalstrategie und welchen Anteil dieses beschriebene soziale Geschehen tatsächlich an der erreichten Wirkung haben.

Wirkungen können also nicht immer eindeutig auf eine bestimmte Ursache zurückgeführt werden: Es fällt schwer, den maßgeblichen Akteur oder die (!) Maßnahme als Hauptgrund für einen Erfolg oder auch einen Misserfolg festzustellen.

Hierzu ein Beispiel: Seit 1993 nahm die Zahl der in der PKS erfassten Diebstähle von Kraftwagen (PKS-Schlüssel ***1 00) und aus Kraftfahrzeugen (PKS-Schlüssel *50* 00)[35] um rund drei Viertel ab. Wirkungsfaktoren waren unter anderem verstärktes polizeiliches Handeln, veränderte Versicherungsbedingungen und die zunehmende Verbreitung von Wegfahrsperren in den Fahrzeugen.

Wem ist diese Wirkung zuzuschreiben? Der Polizei, den Versicherungen oder den Herstellern? Es nicht möglich „herauszurechnen“, welchen Anteil welche Maßnahme an der beobachteten Veränderung hat.

34 Vgl. *Feltes, T.* (2000).
35 Vgl. Bundeskriminalamt (2015) 191.

Die Unsicherheit in Bezug auf die **Ursache-Wirkung-Beziehungen** darf aber nicht zur Untätigkeit führen. Eingeleiteten Maßnahmen müssen jedoch permanent hinterfragt und gegebenenfalls korrigiert werden.

Hilfreich und zulässig erscheint bei derartig komplexen Relationen von Ursachen und Wirkungen folgende Annahme:

Lässt sich mit einiger Sicherheit sagen, dass andere Einflussgrößen relativ gleichgeblieben sind und hat man nur eine zielgeleitet verändert, darf mit einer bestimmten Wahrscheinlichkeit ein Ursache-Wirkungszusammenhang angenommen werden.[36]

Im Zusammenhang mit Wirkungen können folgende Klassen von Beziehungen[37] zu unterscheiden:

- **Kausalbeziehung**: Zustand B ist immer die Wirkung von Maßnahme A. Die Beziehung ist eindeutig und stets reproduzierbar (deterministisch). Beispiel: Durch die Festnahme eines Einbrechers kann dieser während der Inhaftierung keine weiteren Tageswohnungseinbrüche begehen.
- **Korrelativbeziehung**: Zustand B ist die mehr oder weniger wahrscheinliche Ursache der Wirkung A.
  Beispiel: Durch massive polizeiliche Präsenz an einem bestimmten Ort ist diese für die Begehung von Straftaten weitgehend unattraktiv.
- **Koinzidenz**: Zustand A und B treten gleichzeitig auf, eine Ursache-Wirkungs- Beziehung ist jedoch nicht nachweisbar.
  Beispiel: Massives polizeiliches Vorgehen gegen eine offene Drogenszene und Rückgang der Drogentodesfälle im gleichen Raum.

2.7.3 Verdrängungseffekte – Strategischer Nutzen und Herausforderung

Da kriminalstrategische Überlegungen häufig in Bekämpfungskonzepte münden, ist die Täterreaktion auf das vermutete oder beobachtbare Verhalten der Polizei ein wesentlicher Analysegegenstand. In diesem Zusammenhang sind Verdrängungswirkungen zu berücksichtigen, die allerdings nicht generell prognostiziert werden können. Es kommt wesentlich auf den Tätertyp, den Deliktsbereich,

36 Vgl. *Volkmann, H.-R. & Jäger, J.* (2000) 8.
37 Entwickelt nach *Scholles, F. & Fürst, D.* (2002).

auf das vermeintliche oder tatsächliche Entdeckungsrisiko, auf die Tatgelegenheit aber auch auf das Verhalten der Opfer und der Bevölkerung an.

Derartige **Verdrängungseffekte** können verschiedene Formen annehmen. Täter können ...

- die Örtlichkeit wechseln,
- die Tatzeit ändern,
- die Zielrichtung ihrer kriminellen Handlungen ändern (anderes Opfer),
- neue Verhaltensweisen annehmen, um die gleichen Ziele anzugreifen (Änderung des Modus Operandi),
- die Art des Verbrechens wechseln.[38]
- Darüber hinaus, kann die Tat auch durch andere Täter begangen werden (z. B. illegaler Handel mit BtM oder Übernahme eines Gebietes durch eine andere Motorgang (Substitution oder „perpetrater displacement“).[39]

Diese Verdrängungseffekte im kriminalistischen Sinne lassen sich als räumliche, zeitliche und/oder deliktische Effekte kennzeichnen.

Die Verdrängung kann darüber hinaus differenziert werden in qualitative, quantitative und innovative Verdrängung. Allerdings treten Verdrängungseffekte in erster Linie mit dem Bekanntwerden der Umsetzung der Strategie in konkrete Maßnahmen auf.

Verdrängungseffekte können Bestandteil der Strategie werden. Sie treten aber auch als unerwünschte Folge auf.

Im Rahmen eines visualisierten Analyseergebnisses, das selbstverständlich in den Strategieunterlagen dokumentiert und zur Verfügung gehalten wird, können z. B. durch Ampelsysteme Folgewirkungen – unproblematische grün, problematische gelb und unerwünschte rot – gekennzeichnet und so im Rahmen der Nachhaltigkeitssicherung immer wieder auf Aktualität oder Erledigung überprüft werden.

---

38 *Füllgrabe, U.* (1998) 16. Füllgrabe stützt seine Ausführungen auf die Studie von *Sherman* u. a., College Park.

39 Vgl. *Barr, R. & Pease, K.* (1990) 279.

Beispiel 1:
Im Zuge offener Maßnahmen gegen Kriminalität rund um Kraftfahrzeuge auf öffentlich zugänglichen Flächen wird ein Raumschutzkonzept umgesetzt. Darüber wird auch in den Medien berichtet. Die Straftäter treten im überwachten Raum nicht mehr in Erscheinung. Nach kurzer Zeit werden in benachbarten Dienstbezirken erneut Kraftfahrzeuge angegriffen. Diese Verdrängung wird in der Strategie berücksichtigt, in dem eine zeitgerechte verdeckte Überwachung dieses Bereiches erfolgt, um dort die Täter gegebenenfalls auf frischer Tat festzunehmen.

Beispiel 2:
Im Rahmen einer Deliktsstrategie zur Bekämpfung der Sachbeschädigung durch Graffiti im Bereich von Bahnanlagen, wird durch offene Präsenz uniformierter Beamter angestrebt, den Schaden zu begrenzen. Eine Folgewirkung könnte die Zunahme von ähnlichen Sachbeschädigungen an anderen exponierten Örtlichkeiten der Stadt – Schulen, Kinos, Rathaus – sein. Diese Folgewirkung ist unerwünscht. Sie muss beobachtet und gegebenenfalls mit geeigneten Maßnahmen darauf reagiert werden. Im Matrixfeld „Folgewirkungen“ wird die unerwünschte Wirkung beschrieben und rot markiert.

Leider fehlt es bisher noch an systematischen Evaluationen zu den einzelnen Verdrängungseffekten. Am häufigsten ist bislang noch die örtliche Verdrängung untersucht worden. Eine wesentliche Erkenntnis ist dabei, dass der Umfang der Verdrängung regelmäßig überschätzt wird. In den bisherigen Untersuchungen zur örtlichen Verdrängung wurde in keinem Fall eine 100%ige Verdrängung festgestellt, so dass immer noch ein positiver Netto-Effekt vorhanden war.[40]

Bemerkenswert ist, dass im Zusammenhang mit der Beurteilung von Verdrängungseffekten auch genau entgegengesetzte Wirkungen eintreten können: eine Ausweitung der beabsichtigten positiven Wirkung auf andere Räume und Deliktsfelder. *Volkmann und Jäger* sprechen hier von der „Verbreitung des Positiven“ und definieren hier so ein Gegenstück zur Verdrängung.[41] Allerdings ist dieses Phänomen noch nicht ausreichend untersucht, um es auch berücksichtigen zu können.

Als z. B. Magnetstreifen in die Bücher einer Universitätsbibliothek eingefügt wurden, ging zum einen der Bücherdiebstahl zurück. Aber

40 Vgl. *Volkmann, H.-R. & Jäger, J.* (2000) 37.
41 *Volkmann, H.-R. & Jäger, J.*, zitiert nach *Brisach* u. a. (2000) 14.

es wurden auch weniger Tonband- und Videokassetten gestohlen, obwohl sie nicht durch Magnetstreifen gesichert waren. In einer anderen Untersuchung wurde festgestellt, dass nicht nur die videoüberwachten Busse weniger durch Vandalismus beeinträchtigt wurden, sondern auch die nicht überwachten.[42]

2.7.4 Adaption von Konzepten

Nicht selten wird angeregt oder gar vorgegeben, Strategien oder Umsetzungskonzepte zu adaptieren und im „eigenen Beritt" anzuwenden. Achtung: Wenn kriminalstrategische Konzepte aus anderen politischen, gesellschaftlichen oder rechtlichen Zusammenhängen übernommen werden sollen, darf nicht davon ausgegangen werden, dass der gleiche erwünschte Effekt eintritt. Am Beispiel der Errichtung von Drogenkonsumräumen soll gleich dies kurz verdeutlicht werden.

Beispiel: Konzept zur Bekämpfung offener Drogenszenen

Offene Drogenszenen zeichnen sich unter anderem dadurch aus, dass zuständigen Behörden und Institutionen den Konsum illegaler Rauschgifte in der Öffentlichkeit dulden. Dies galt in den 90er Jahren etwa auch für die Frankfurter Taunusanlage. Neben einer Reihe anderer Gründe trugen der öffentliche Konsum und die damit sichtbare Verelendung der Szenenangehörigen zur Errichtung von Drogenkonsumräumen bei. Obwohl die gesetzlichen Voraussetzungen für die Errichtung von Drogenkonsumräumen bundesweit vorlagen, wurden diese nicht in allen Bundesländern eingerichtet.

Ein wesentlicher Grund hierfür waren die unterschiedlichen Rahmenbedingungen. Während beispielsweise in München Polizei und Staatsanwaltschaft massiv und konsequent gegen jede Form des BtM-Besitzes vorgingen, war dies in anderen Bundesländern zumindest im Umfeld offener Drogenszenen nicht der Fall.

Der Betrieb von Drogenkonsumräumen setzte aber praktisch voraus, dass die Konsumenten auf dem Weg zum Drogenkonsumraum Drogen mit sich führen und dies von Polizei und Staatsanwaltschaft geduldet wird. In Frankfurt war dies aufgrund der Duldungsstrategie kein rechtliches und praktisches Problem. In München hätte die Errichtung von Drogenkonsumraumes dazu geführt, dass das Mitführen von Betäubungsmitteln von der Polizei hätte akzeptiert werden müssen – und zwar nicht nur auf dem unmittelbaren Weg zum Drogenkonsumraum. Während also in Frankfurt mit der

42 *Füllgrabe, U.* (1998) 16.

Errichtung der Drogenkonsumräume die offene Drogenszene eingedämmt und schließlich beseitigt wurde, befürchtete man in München, durch die Einrichtung von Drogenkonsumräumen eine solche offene Szene neu entstehen zu lassen.

Ein ähnliches Beispiel war die kriminalpolitische Überlegung, die US-amerikanische „Zero-Tolerance"-Strategie (Vgl. VI. Policing Styles als Kriminalstrategien) in deutschen Großstädten zu übernehmen,[43]. In deutschen Großstädten waren zu keiner Zeit solche Kriminalitätsraten und schon gar nicht ein solcher Grad an Störung der subjektiven Sicherheit vorhanden, wie es aus den USA bekannt war. Der Sicherheitszustand in der Bundesrepublik Deutschland erforderte zu keiner Zeit eine solche massive und teilweise unverhältnismäßige Strategie. Man stelle sich vor, dass etwa der Englische Garten in München während der Dunkelheit geschlossen werden müsste, um Raubstraftaten, Vergewaltigungen oder gar Tötungsdelikte zu verhindern. Genau diese Diskussion fand aber angesichts der dramatischen Verhältnisse in den 80er Jahren in Manhattan statt (Central Park) und war neben anderen Vorkommnissen maßgeblicher Motor der „Zero-Tolerance"-Debatte. Die Rahmenbedingungen und vor allen Dingen die Ergebnisse der Strategie, insbesondere die Umsetzung in der New-Yorker Polizei, wurden nicht sonderlich hinterfragt.[44]

2.7.5 Instrumente

Als Instrumente zur Wirkungsanalyse und -prognose[45] stehen im Wesentlichen zur Verfügung:

- wissenschaftliche Untersuchungen,
- vergleichende Betrachtungen aus anderen Planungen/Konzepten (Benchmarking), auch über Institutionsgrenzen hinweg,
- prognostische und analytische Einschätzungen unter Zuhilfenahme etwa von Experteninterviews oder Szenario-Techniken, die eine exakte und vorurteilsfreie Erschließung von Handlungsprozessen und Ressourcen ermöglichen,

43 Vgl. *Steffen, W.* (1995).
44 Vgl. *Steffen, W.* (1995) und *Feltes, T.* (1998).
45 *Scholles, F.* (2002).

- Kreativmethoden bzw. -techniken (Dazu zählen etwa Brainstorming, Brainwriting, Ideenworkshops, Collective-Notebook [CNB] u. a.),
- Diskussionen,
- Expertenbefragungen (vgl. Exkurs Expertenwissen).

Wichtige Anhalte für eine sachgerechte Wirkungsprognose bietet selbstverständlich auch die Auseinandersetzung mit Evaluations- bzw. Erfahrungsberichten anderer Dienststellen oder Institutionen. Hierzu sollten frühzeitig Abfragen vorgenommen werden.

In den Naturwissenschaften findet man oft lineare Kausalketten, bei denen eine Ursache genau eine Wirkung hervorbringt. In diesen Fällen ist es möglich, Ursache-Wirkungs-Zusammenhänge aufzuschlüsseln. In den Sozialwissenschaften ist dies nicht zu einfach. Hier finden wir regelmäßig eine Vielzahl sich wechselseitig beeinflussender Variablen, die nicht mehr alle für eine Wirkungsanalyse berücksichtigt werden können. Für Kriminalstrategien gilt dies in besonderem Maße, da hier niemals alle erforderlichen Daten vollständig und zeitgerecht zur Verfügung stehen. So wichtig eine grundlegende Analyse der Wirkungen der strategischen Entscheidung ist, so begrenzt sind die tatsächlich vorhandenen, praktikablen Methoden und Werkzeuge.

Im Rahmen von kriminalstrategischen Wirkungsanalysen entsteht zusätzlichen das Problem, eine Wirkungsbeziehung zu analysieren bevor diese eintritt, was den Analysevorgang noch weiter erschwert.

Gleichwohl sollen in der Folge Möglichkeiten für das Prognostizieren von Wirkungen dargestellt werden.

2.7.5.1 Experteninterviews

Auf die Möglichkeiten des Experteninterviews wurde bereits unter Kapitel IX.2.3.4 (Exkurs Expertenwissen) eingegangen. Daher wird hier lediglich darauf verwiesen.

2.7.5.2 Strategievergleiche

Eine Methode der Wirkungsanalyse ist der Strategievergleich. Dabei wird versucht, die Evaluationsergebnisse einer bereits umgesetzten Kriminalstrategie heranzuziehen.

Beispiel:
In den USA wurde bereits in den 60er Jahren des vergangenen Jahrhunderts die Racketeering-Enterprise-Investigation-Strategie (REI) zur Bekämpfung der Organisierten Kriminalität entwickelt. Im Kern ging es um die langfristige und nachhaltige Zerschlagung von Organisationsstrukturen – ein Ziel, dass in den 90er Jahren auch in Deutschland im Mittelpunkt der OK-Bekämpfung sowohl kriminalpolitisch als auch strategisch gesetzt wurde. Das FBI erhielt so umfassende Kenntnisse über das organisierte Verbrechen in den USA und generierte daraus eine Fülle von Ermittlungsverfahren.
Da die gesetzlichen Rahmenbedingungen jedoch nicht vergleichbar waren, konnte der REI-Ansatz nicht in der ursprünglichen Form in der deutschen Bekämpfungslandschaft angewandt werden. Wesentliche Inhalte waren jedoch beispielgebend. So führte das FBI schon sehr frühzeitig einen mehrstufigen Bekämpfungsansatz ein, in dessen Mittelpunkt die Abfolge verdeckter Informationsbeschaffung, Exekutivmaßnahmen, Begleitung des Hauptverfahrens und Follow up standen. Dieses System wurde in den deutschen Unternehmensansatz übernommen, der heute von den meisten OK-Dienststellen angewandt wird.

2.7.5.3 Das EMMIE-Modell

In den 2010er Jahren wurde durch *Johnson, Tilley und Bowers*[46] das sogenannte **EMMIE-Modell** für den Vergleich von Präventionsmaßnahmen vorgeschlagen, dass sich auch auf andere kriminalstrategische Konzepte übertragen lässt.

EMMIE ist ein Akronym für
E = Wirkung in Richtung und Größe (effects)
M = Wirkungsmechanismus und Mediatoren (mechanisms/mediators)
M = Einflussfaktoren aus dem Kontext (moderators/context)
I = Erfolgskritische Faktoren bei der Implementierung (key sources of success and failure in implementing)
E = Kosten/Nutzen (economic costs and benefits)

Durch dieses Modell wird es möglich, die Anwendung ähnlicher Strategien an unterschiedlichen Orten oder in unterschiedlichen Zusammenhängen (z. B. Video-Überwachung) miteinander zu vergleichen und besser Erfolge oder Misserfolge zu beurteilen.

46 Vgl. *Johnson, S.D., Tilley, N./Bowers, K.J.* (2015).

2.7.5.4 Simulation

Immer wieder gibt es Versuche, die Wirkungen polizeilicher Aktivitäten mit Computern zu simulieren. Diese als „agent based modeling“ oder „agent based policing“ bezeichneten Ansätze sollen es zukünftig ermöglichen, über die Simulation von Täterverhalten und polizeilicher Intervention die Interaktionen zwischen beiden Seiten zu modellieren. Damit könnte es möglich werden, hypothetische Strategien zunächst am Computer zu simulieren, um die möglichen Wirkungen zu prognostizieren und auf diese Weise Kosten und Zeit zu sparen.[47] Allerdings wird die Qualität dieser Modelle nicht nur von der verfügbaren Rechenleistung, sondern vielmehr von den hinter der Simulation liegenden kriminologischen Theorien abhängen.

2.7.5.5 Szenario-Technik

Ein weiteres Instrument zur Prognostizierung von Entwicklungen ist die Szenario-Technik, die bereits unter IX.2.3.10 beschrieben wurde.

2.7.5.6 Wirkungsforschung[48]

Nach wie vor sind die Wirkungen, die mit bestimmten Strategien erzielt werden können, nur unzureichend erforscht oder vorliegende Forschungsergebnisse kaum in der Praxis adaptiert.

Eine der aktuellsten Untersuchungen auf diesem Gebiet ist die wissenschaftliche Evaluation des sechsmonatigen „Pilotprojekte Predictive Policing (P4)“ der Polizei Baden-Württemberg durch das Max-Planck-Institut für ausländisches und internationales Strafrecht aus dem Jahr 2016.

Beispiele für weitere Forschungsergebnisse sollen hier lediglich exemplarisch genannt werden:

---

47 Vgl. z. B. *Liu, L./Eck. J.* (eds.). (2008); *Troitzsch, K. G.* (2014); *Troitzsch, K. G.* (2015) sowie *Metz, T.* (2017).

48 Eine ausführliche Literaturliste zu allen genannten Beispielen der Wirkungsforschung liegt bei den Autoren vor und kann dort abgerufen werden.

- Wirkung der Polizeistärke auf die Kriminalitätsrate durch *Loftin/McDowall* und *Gary S. Becker* oder *David Bayley,*
- Die Untersuchungen zur Wirksamkeit von Polizeistreifen von *George L. Kelling, Tony Pate, Duane Dieckmann* und *Charles E. Brown* aus dem Jahr 1974 (Effektivität mobiler Funkstreifen – „Kansas City Preventive Patrol Experiment") und von *A. M. Pate* aus dem Jahr 1978/79 zum taktischen Nutzen von Fußstreifen,
- Die Polizei-Aktivitätsforschung von *James Wilson* und *Barbara Boland* aus dem Jahr 1979,
- Die Ergebnisse der Reaktionszeit-Forschung von *William Spelman* und *Dale Brown* zum Zusammenhang zwischen der Reaktionszeit der Polizei auf einen Notruf und der Aufklärungswahrscheinlichkeit,
- Forschungen zum Zusammenhang von Aufklärungsquoten und Polizeiarbeit von *Steffen, Mantel* u. a. oder *Naplava* u. a.,
- Die Sherman-Studie zur Wirksamkeit kriminalpräventiver Maßnahmen aus dem Jahre 1996/1997,
- Die Untersuchungen zu den Auswirkungen der Wahrnehmung von Polizeipräsenz auf das Sicherheitsgefühl von *Reuband* in den Jahren 1999 und 2002/03
- Forschungen zur Wirksamkeit von Videoüberwachung.
- Untersuchungen von *Reuter* zum Verhältnis von polizeilicher Präsenz zur Anzahl der Straftaten aus 2009
- (umstrittene) Untersuchung von *Antholz* zum Verhältnis von Polizeistärke zu Kriminalitätsverlauf aus 2015

2.8 Zusammenfassung Wirkungsanalyse/-prognose

Bei der Entwicklung eines kriminalstrategischen Konzeptes, sei es nun als Fach-, Delikts- oder Regionalstrategie ist der Wirkungsanalyse entsprechender Raum zu geben. Sie erfolgt nicht zum Selbstzweck. Wirkungen werden in Beziehungsklassen beschrieben, um einer Maßnahme auch einen entsprechenden Effekt zuordnen zu können. In der kriminalstrategischen Wirklichkeit werden wir selten Kausalitäten, manchmal Korrelationen, aber sehr häufig koinzidente, also zusammenfallende Wirkungen antreffen. Dies ist der Komplexität der Kriminalität und der Intervention geschuldet.

Für die Qualitätssicherung im Rahmen kriminalstrategischer Vorhaben sind die Elemente Controlling und Evaluation von Bedeutung.

2.9 Controlling

Eine einheitliche, allgemeinverbindliche Definition für Controlling ist in der Literatur nicht erkennbar. Folgt man der Herleitung über den Wortstamm, so gelangt man zu „to control". Im amerikanischen Sprachgebrauch bedeutet das sinngemäß Beherrschung, Lenkung und Steuerung eines Vorganges. Es geht also nicht vordergründig um Kontrolle. *Horváth* definiert Controlling als „dasjenige Subsystem der Führung, das Planung und Kontrolle sowie Informationsversorgung systembildend und systemkoppelnd zielorientiert koordiniert und so die Adaption und Koordination des Gesamtsystems unterstützt."[49]

Mit Blick auf polizeiliches Controlling sind die Darstellungen von *Christe-Zeyse* von Interesse. Er charakterisiert **Controlling** in diesem Kontext als

- die Sicherstellung der Rationalität polizeilicher Führung;
- das Sammeln, Analysieren und Aufbereiten sowie Anbieten von Zahlen, Daten und Fakten zur Wirksamkeit polizeilicher Strategien;
- zum Zwecke der Sicherstellung von Steuerungsentscheidungen.[50]

Erfolgreiches Controlling setzt stets die Bildung von Kennzahlen, die Ziele operationalisierbar und Maßnahmen abrechenbar machen, voraus.

Zur Umsetzung ist zunächst die Entscheidung zu treffen, ob man ein Eigen- oder Fremdcontrolling installieren will. Das Controlling sollte sich sowohl auf die „Begleitung" des Prozesses der Strategieentwicklung als auch auf die Durchführung der Maßnahmen richten.

Es ist zu bestimmen bzw. zu ermitteln:

- Wer führt das Controlling durch?
- Auf welcher Grundlage (Daten, Meilenstein usw.) erfolgt das Controlling? Erfolgt das nicht, besteht die Gefahr, dass im Prozessverlauf Wünsche und Erwartungen dominieren und ggf. sogar Werturteile über die Qualität der Konzeptentwicklung bestimmen.
- Mit welchen Mitteln bzw. Werkzeugen erfolgt das Controlling?

---

49 *Horvath, P., Gleich, S. & Seiter, M.* (2015) 58.
50 *Christe-Zeyse, J.* (2003b) 44.

- Welche zeitlichen Rahmenvorgaben existieren für das Controlling?
- Welche inhaltlichen Vorgaben gibt es für das Controlling?

Erkenntnisse aus dem Controlling dienen der Steuerung des gesamten Prozesses. Sie müssen, falls sie Abweichungen von Vorgaben bzw. Zielen zutage fördern sollten, der Rückkopplung dienen und damit Veränderungen etwa bei der Zielbildung und/oder Maßnahmenplanung zur Folge haben.

Ggf. sind Controllingfeststellungen im Prozess dem Auftraggeber mitzuteilen, um ggf. erforderliche Korrekturen diesem gegenüber zu kommunizieren.

2.10 Evaluation

Die Deutsche Gesellschaft für Evaluation definiert sie in den bereits 2002 veröffentlichten Standards für Evaluation als die „systematische Untersuchung des Nutzens oder Wertes eines Gegenstandes".

Evaluationsgegenstände können z. B. Programme, Projekte, Produkte, Maßnahmen, Leistungen, Organisationen, Politik, Technologien oder Forschungen sein".

In einer enger gefassten Definition wird Evaluieren als das „systematische Anwenden sozialwissenschaftlicher Forschungsmethoden zur Beurteilung der Konzeption, Ausgestaltung, Umsetzung und des Nutzens sozialer Interventionsprogramme"[51] bezeichnet. Diese zweite Definition erscheint unter strategischen Gesichtspunkten zu eng.

Einer Evaluation können das Ergebnis und die Umsetzung aller Problemlösungsprozesse, die zukunftsgerichtet und mit messbaren Zielen ausgestattet sind, unterzogen werden.

Generell können mit Evaluationen vier miteinander verbundene Ziele angestrebt werden:

- die Gewinnung von Erkenntnissen,
- die Ausübung von Kontrolle,
- die Schaffung von Transparenz, um einen Dialog zu ermöglichen sowie
- die Dokumentation des Erfolgs (Legitimation).[52]

51 *Rossi, P. H.* u. a. (1988).
52 *Stockmann, R.* (2002) 3.

Am bedeutsamsten erscheint allerdings, dass durch Evaluation Erkenntnisse über die Qualität eines Prozesses, die Wirksamkeit eines Konzeptes, über das Erreichen von Zielgruppen und Erkenntnisse über Effizienz bzw. Effektivität und über ggf. neue Probleme erlangt werden können.

Im Bereich der Polizei finden der Begriff bzw. die Inhalte von Evaluation mittlerweile regelmäßig Anwendung. Die Polizeidienstvorschrift 100 führt etwa in Ziffer 2.1.1.11 aus:

„Die Wirksamkeit präventiver Maßnahmen ist anhand vorgegebener oder zu entwickelnder Bemessungskriterien zu überprüfen. Die gewonnenen Erkenntnisse sind zu analysieren und zur Optimierung von Präventionsmaßnahmen zu nutzen.“

Im Rahmen der kriminalstrategischen Planung ist die Evaluation stets vorzusehen und im Konzept als Instrument zur Ermittlung von Erfolg oder Misserfolg auszuweisen. Evaluation als Methode und die Ergebnisse der Evaluation sind in die Organisation und ggf. auch nach außen zu kommunizieren.

Evaluationsergebnisse können Grundlage für neue Konzepte sein.

3. Qualität und Nachhaltigkeit von Strategien

Im Zusammenhang mit Strategien bzw. Konzeptionen ist oft von Qualität die Rede.

Trotz der notwendigen Abstraktion müssen für das Verständnis der Zusammenhänge eingangs einige Begriffe und Prozesse im Zusammenhang mit „Qualität“ geklärt werden. Anschließend wird die Begrifflichkeit „Nachhaltigkeit“ im Rahmen von Strategieentwicklungen besprochen.

3.1 Qualität aus kriminalstrategischer Sicht

Bei vielfältigen Diskussionen um Probleme der Kriminalitätskontrolle tritt immer wieder der Begriff der „Qualität“ auf. Bei der nordrhein-westfälischen Polizei gab es Mitte der 2000er Jahre eine Qualitätsoffensive.[53] Einige Dienststellen haben sogar Qualitätsmanagementsysteme eingeführt oder sich zertifizieren lassen (z. B. Kriminalwissenschaftliches und -technisches Institut des Hessischen Landeskriminalamtes, Bundespolizeipräsidium Ost, Polizeidirektion Offenburg). In der jüngeren Vergangenheit skizzierte ein Leitender Oberstaatsanwalt in Aachen auf sechs Seiten gravierende Probleme bei der Kriminalpolizei Aachen. U. a. bemängelte er, dass gesicherte Datenträger nicht „in der für eine Haftsache gebotenen Kürze und Qualität" ausgewertet wurden (Kölner Stadtanzeiger vom 24.01.2021). In der Folge waren die Arbeitsbedingungen in den Direktionen Kriminalität (K) der Polizei NRW, „die daraus resultierenden Belastungen und die Sorge vor Qualitätsdefiziten" Gegenstand polizeiinterner sowie von Debatten im politischen Raum und in den Medien.[54]

Interessant ist in diesem Zusammenhang, dass „Qualität" eine der Konstanten im Wandel aller Management-Konzepte („Management by...") und Steuerungsmodelle geblieben ist.

Jeder hat bereits aus seiner Alltagswelt eine Vorstellung davon, was mit „Qualität" gemeint sein könnte. Das scheint auch für (kriminal)-polizeiliche Aufgaben der Fall zu sein, wenngleich diese Vorstellungen individuell verschieden sein können. So kann in einem Bundesland, bei dem die Aufklärungsquote jahrelang bei 40 % lag, bei einer Steigerung auf 45 % von guter Qualität der Ermittlungsarbeit gesprochen werden, während in einem anderen Bundesland, 55 % als schlecht gelten, weil dort über Jahre hinweg Werte von über 60 % erreicht werden konnten.

Fragt man aber danach, wann eine Strategie eine hohe Qualität hat oder wann ihre Qualität niedrig ist, dann wird es schon schwieriger, sich etwas darunter vorzustellen. Bedeutet hohe Qualität, dass die

53 Vgl. Innenministerium NRW (2008) und *Behrendt, R.* (2006).

54 Vgl. IM NRW. (2023). *Szenario Arbeitswelt K: Szenarien für die Entwicklung der Kriminalpolizei in Nordrhein-Westfalen: Ergebnisbericht einer Expertengruppe zu den Herausforderungen der Zukunft für eine leistungsstarke Kripo in NRW.* Düsseldorf: IM NRW, S. 6.; 91. Sitzung des Innenausschusses des Landtages NRW am 11.3.2021 zu Antrag der SPD vom 5.2.2021 „Kriminalpolizei am Limit – Welche Maßnahmen ergreift die Landesregierung zur Sicherstellung der Einsatzfähigkeit der Kripo" – LT 17/1900.

Strategie schön formuliert ist oder, dass sie auf wissenschaftlichen Erkenntnissen fußt oder, dass sie methodisch richtig erarbeitet ist oder zählen nur die Ergebnisse, die infolge der Strategie erreicht worden sind (und sind diese Ergebnisse überhaupt aufgrund der Strategie erreicht worden)?

3.2 Qualität – Begriffsbestimmungen

In der Folge werden die Begriffe „Qualität", „Qualitätsmanagement", „Qualitätssicherung" und „Nachhaltigkeit" öfter verwendet. Da sowohl in der Literatur als auch in der Umgangssprache unterschiedliche Vorstellungen hinsichtlich dieser Begriffe herrschen, ist zunächst eine Definition erforderlich. Diese erfolgt in Anlehnung an die DIN-Norm (DIN ISO 9000:2005), in der alle Begriffe im Zusammenhang mit Qualität definiert worden sind.

„Qualität ist der Grad, in dem ein Satz inhärenter Merkmale Anforderungen erfüllt."[55]

Merkmale sind kennzeichnende Eigenschaften eines Produktes.[56] Anforderungen sind Erfordernisse oder Erwartungen, die von der Organisation, den Kunden oder interessierten Parteien festgelegt oder üblicherweise vorausgesetzt werden oder verpflichtend sind.[57]

Qualitätsmanagement „sind aufeinander abgestimmte Tätigkeiten zum Leiten und Lenken einer Organisation bezüglich Qualität."[58] Qualitätsmanagement umfasst üblicherweise „das Festlegen der Qualitätspolitik und der Qualitätsziele, die Qualitätsplanung, die Qualitätslenkung, die Qualitätssicherung und die Qualitätsverbesserung."[59]

Qualitätssicherung ist „jener Teil des Qualitätsmanagements, der auf das Erzeugen von Vertrauen darauf gerichtet ist, dass Qualitätsanforderungen erfüllt werden."[60]

55 DGQ (2009) 22.
56 Ebd.
57 Ebd. 23.
58 Ebd. 25.
59 Ebd.
60 Ebd.

Qualitätslenkung ist jener „Teil des Qualitätsmanagements, der auf die Erfüllung von Qualitätsanforderungen gerichtet ist.“[61] Insofern ist Qualitätslenkung sehr stark auf den eigentlichen „Produktionsprozess“ gerichtet. Qualitätsprüfung ist Teil der Qualitätslenkung.

3.3 Nachhaltigkeit von Strategien

Im Zusammenhang mit Kriminalstrategie kennzeichnet das Merkmal „Nachhaltigkeit“ solche Strategien, die in der Lage sind, dauerhaft die gewünschten Veränderungen herbeizuführen.[62] Gute Strategien sind nachhaltig, das heißt, sie sind geeignet, die gewünschten Veränderungen dauerhaft herbeizuführen. Um im Vorfeld – also bereits bei der Strategieentwicklung – beurteilen zu können, ob die Strategie nachhaltig sein kann, werden folgende Merkmale der Strategie betrachtet:

- Fristigkeit
- Ausgewählte Perspektiven
- Entwicklung von Erfolgspotentialen
- Steuerbarkeit

Wenn diese Merkmale bzw. Kriterien in einem erforderlichen Ausmaß vorliegen, kann erwartet werden, dass die Strategie nachhaltig wirkt.

3.3.1 Fristigkeit der Strategie

Ein Kennzeichen einer nachhaltigen Strategie ist eine definierte Zeitperspektive.

Es muss realistisch festgelegt sein, in welcher Zeit bzw. in welchem Zeitraum die Strategie wirken soll. Allgemeine Aussagen, die keine Überprüfung zulassen sind dafür nicht geeignet. Bedauerlicherweise

61 Ebd.

62 Damit wird der Begriff „Nachhaltigkeit“ im kriminalstrategischen Zusammenhang bewusst von dem heute üblichen politischen und wirtschaftlichen Kontext abgegrenzt. Dort wird er zur Beschreibung von Entwicklungen verwendet, die gleichzeitig ökologische, soziale und ökonomische Aspekte mit dem Ziel berücksichtigten, trotz gesellschaftlichen Fortschritts die Lebensgrundlagen zu erhalten.

bestehen bei vielen polizeilichen Strategien keinerlei zeitliche Begrenzungen. Dies macht es z. B. nicht möglich, den Status und die zugewiesenen Ressourcen festzulegen. In Anlehnung an die Physik könnte man auch formulieren: Leistung ist gleich Arbeit je Zeiteinheit. Bei einer unendlichen Zeiteinheit ist die Leistung gleich Null.

3.3.2 Perspektiven der Strategie

Um nachhaltig wirken zu können, muss eine Strategie ferner folgende Anforderungen erfüllen:

1. Sie muss effektiv sein: Dies bedeutet, sie muss tatsächlich die erwünschten Wirkungen erreichen können. So ist beispielsweise die Erhöhung der Zahl der motorisierten Streifen kaum geeignet, das Sicherheitsgefühl der Bürger zu erhöhen.
2. Sie muss realisierbar sein. Realisierbarkeit bezieht sich zum einen auf das angestrebte Zielausmaß. So ist beispielsweise die 100%ige Aufklärung aller Straftaten unrealistisch. Zum anderen umfasst Realisierbarkeit auch die Operationalisierbarkeit, d. h., es muss möglich sein, die einzelnen Schritte, die zur Umsetzung der Strategie erforderlich sind, hinreichend zu konkretisieren (Wer macht bis wann wie viel von wovon?).
3. Eine nachhaltige Strategie wird von der Organisation getragen. Die Mehrzahl der Organisationsmitglieder macht sich die Strategie zu eigen und richtet ihr Verhalten danach aus.
4. Schließlich muss die Strategie organisationskongruent sein. Die angestrebten Wirkungen müssen dem Zweck und den Möglichkeiten der Organisation bzw. den beteiligten Organisationen entsprechen. So macht es keinen Sinn, wenn sich die Polizeidirektion A-Stadt das Ziel setzt, in ihrem Zuständigkeitsbereich die Betreuung von Jugendlichen in der Freizeit zu verbessern. Obwohl dieses Ziel geeignet sein kann, Kriminalität zu verhindern, liegt es letztlich außerhalb des polizeilichen Organisationszweckes und kann höchstens gemeinsam mit Partnern (Eltern, Schule, Jugendamt etc.) erreicht werden.

3.3.3 Die Entwicklung von Erfolgspotentialen

Nachhaltige Strategien besitzen Erfolgspotenziale sowohl für die Mitarbeiter und die Organisation, als auch für den eigentlichen Strategiegegenstand.

Einerseits könnte beispielsweise eine Fachstrategie zur Bekämpfung von Cybercrime zur Verbesserung des Wissensstandes der Mitarbeiter, zur Verbesserung der Kooperationsmöglichkeiten etc. führen. Auch die Organisation könnte neue Ermittlungsmethoden praktizieren und als Pilotdienststelle fungieren. Die Strategie könnte zur Erhöhung der Aufklärungsquote und zur Verbesserung von Beweissicherung und -führung beitragen. Andererseits weist möglicherweise eine Strategie, die auf die Erhöhung der offenen Präsenz an gefährdeten Gebäuden (Objektschutz) setzt, solche Erfolgspotenziale per se nicht auf. Es überwiegen u. U. die Risiken eines Misserfolges, weil durch unzureichende Überwachung, Tarnung der Täter oder einen plötzlichen massiven Angriff eine Gefährdung des Objektes eintritt. Es ist Aufgabe der Führung solche Erfolgspotenziale zu identifizieren und zu erschließen.

Was als **Erfolg** eines Konzeptes definiert wird, ist in erster Linie in den Zielen, die durch eine Strategie erreicht werden sollen, darzustellen.
Nur über exakte Benennung des Problems, das mit einem Konzept bewältigt werden soll und über die genaue Zieldefinition ist es möglich, **erfolgskritische Faktoren**, also Faktoren, deren Beachtung bzw. Einhaltung für den Erfolg eines Konzeptes bzw. Projektes von entscheidender Bedeutung sind, zu benennen und **zu kommunizieren**.

3.3.4 Steuerbarkeit

Ein wichtiges Kriterium nachhaltiger Strategien ist die Steuerbarkeit. Steuerbarkeit setzt voraus, in angemessenen Zeitabständen den Zielerreichungsgrad sowie mögliche Abweichungen messen und diese Abweichungen gezielt beeinflussen zu können (z. B. durch zusätzliche Kräfte, durch andere Kräfte, die Zuweisung von weiteren Ressourcen). Insofern sind Strategien, bei denen die Ergebnisse erst nach Jahren festgestellt werden können, ebenso problematisch, wie „Lawinen“, die einmal ausgelöst, nicht mehr beeinflusst werden können.

3.4 Qualitätsmerkmale guter Strategien/Operationalisierbarkeit/ Abrechenbarkeit

Die Qualität einer Kriminalstrategie kann im Hinblick auf drei unterschiedliche Felder betrachtet werden:

Zunächst kann die Qualität der Strategie Ergebnis orientiert betrachtet werden. Also zum Beispiel:

- Wurde durch die Strategie das erwünschte Ergebnis erreicht?
- Sanken die Fallzahlen?
- Gingen die Diebstähle durch Mitarbeiter zurück?

Sofern die angestrebten Ziele erreicht wurden, wird dann die Strategie meist als gut bezeichnet, nach dem Motto: „Der Erfolg gibt recht".

Sollte eine Strategie das Ziel verfolgt haben, die Zahl der Wohnungseinbrüche in einer bestimmten Region um 20 % zurückzudrängen und ist dies in dem einen Fall nur um 10 % und im anderen sogar um 25 % gelungen, so könnte man dies als Qualitätsmaßstab für diese Strategien sehen, sofern die Strategien kausal zu diesen Änderungen geführt haben. Wegen der fraglichen Zurechenbarkeit von Wirkungen muss dieser Schluss bezweifelt werden.

Weiterhin könnte Qualität im Hinblick auf die Auswirkungen auf die Prozesse der Umsetzung einer Strategie betrachtet werden. Hierzu zählen zum Beispiel:

- Wie verändert sich die Qualität der Fallbearbeitung?
- Wie verändern sich die Sicherheitsbedingungen in einem Unternehmen?
- Wie verändern sich die Einsatz-Reaktionszeiten?
- Wie haben sich die Kosten entwickelt?

Schließlich könnte man die Qualität der Strategie selbst betrachten. Dazu muss die Frage beantwortet werden, was eine gute Kriminalstrategie auszeichnet?

Diese Frage könnte im Hinblick auf

- Formale Aspekte – Wie ist die Strategie dokumentiert? – Wie werden die Betroffenen einbezogen? – Wie wird die Strategie kommuniziert? – u.s.w.
- Inhaltliche Aspekte – Welchen Stellschrauben versucht die Strategie zu bewegen? – Welche Annahmen liegen der Strategie zugrunde? – Auf welche Informationsbasis wird die Strategie gestützt? – u.s.w.

untersucht werden.

Es geht dabei nicht um die Bearbeitung einzelner Anzeigen, sondern um die Frage, warum die Strategie A der Strategie B bei ansonsten vergleichbaren Rahmenbedingungen überlegen war?

Trotz aller Vielfalt lässt sich beobachten, dass qualitativ gute Strategien

a) sich auf eine valide Informationsbasis stützen,
b) bestimmte Handlungsfelder berücksichtigen und
c) nachhaltig sind.

Bei den angesprochenen Handlungsfeldern handelt es sich um:

- Prävention vor Repression
- Behörden und Institutionen übergreifende Kooperation und Koordination
- Bürger- und Gemeinwesenorientierung
- Aufbau- und Ablauforganisation[63]

3.4.1 Prävention und Repression

Vorbeugen ist besser als Heilen. Dieser Grundsatz gilt auch in Bezug auf Kriminalstrategien. Dabei wird Prävention sowohl als klassische Kriminalprävention im Sinne des Programms Polizeiliche Kriminalprävention (ProPK) als auch im Sinne der operativen Prävention und der vorbeugenden Verbrechensbekämpfung gesehen.

Sie trägt gesamtgesellschaftlichen Charakter und umfasst auch das Handeln nicht polizeilicher Akteure. Die gesamtgesellschaftliche Verantwortung für Kriminalprävention verbindet die staatliche mit der Verantwortung der Eltern, Erzieher und Kommunen als Institutionen der Primärsozialisation.

Das Handlungsfeld Prävention ist aber auch eine Entwicklung von klassischer Strafverfolgung mit den fest gefügten Prozessmaximen der deutschen Strafrechtspflege hin zu einer von Initiativermittlungen geprägten vorbeugenden Verbrechensbekämpfung.[64] Die Gestaltung dieses polizeilichen Initiativfeldes verschafft der Polizei in ihrem ureigenen Feld der Gefahrenabwehr einen Informationsvorsprung noch vor der eigentlichen Entdeckung einer Straftat bzw. des

63 Vgl. *Kasecker, R. & Lapp, M.* (2009a) 21-35.
64 Vgl. *Schöch, H.* (2007) 50.

Anfangsverdachtes. Die gesetzlichen Regelungen zur vorbeugenden Verbrechensbekämpfung erfordern eine strategische Ausrichtung der kriminalistischen Arbeit.

Daher berücksichtigt eine gute Kriminalstrategie vorrangig immer auch präventive Aspekte.

3.4.2 Behörden- und institutionsübergreifende Kooperation und Koordination

Kriminalitätsprobleme entstehen aus sozialen Gemengelagen. Demzufolge sollten dort, wo Kriminalität entsteht, begünstigt oder gefördert wird, auch ihre Ursachen erkannt und beseitigt werden.[65] Beteiligte solcher sozialen Gemengelagen sind naturgemäß alle das Gemeinschaftsleben gestaltende oder nutzende Individuen und Gruppen. Deshalb kann Kriminalität auch nur dann wirksam bekämpft werden, wenn von allen verantwortlichen Behörden und Ämtern gemeinsam dagegen vorgegangen wird. Sowohl Prävention als auch Strafverfolgung sind folglich ohne die Zusammenarbeit mit anderen Behörden, aber auch mit der gewerblichen Wirtschaft und dem privaten Sicherheitsgewerbe und dem Bürger nur Stückwerk (Vgl. Kapitel III.2.5 Kriminalpolitik, IV.9.2 Kooperationsformen sowie IV.9.3 Kriminalistik 2.0 als Begriff wird geprägt).

3.4.3 Bürger- und Gemeinwesenorientierung

Zentrale und unbestrittene Aufgabe der Polizei ist die Gewährleistung der öffentlichen Sicherheit und Ordnung – eine Leistung der Polizei für die Gesellschaft, das Gemeinwesen, den einzelnen Bürger. Insofern hat sich die Polizei an den Vorgaben, Wünschen und Bedürfnissen des Gemeinwesens, in dessen Auftrag sie ihre Aufgaben erfüllt, zu orientieren.[66] Die Polizeiforschung[67] belegt, dass die Erfolge der Polizei bei Verhinderung und Verfolgung der überwiegenden Mehrheit aller Straftaten, deren Aufklärung und der Festnahme sowie Überführung von Straftätern entscheidend von der Informations- und Kooperationsbereitschaft der Bevölkerung abhängen. Mehr als 80 % der polizeilichen Aufklärungserfolge resultieren aus der Be-

---

65 Vgl. *Steffen, W.* (1995) 120.

66 Vgl. *Steffen, W.* (1995) 107 und *Thier. J. K. M.* (2015).

67 Vgl. *Steffen, W.* (1995) 113 und *Manchin* (2006).

nennung der Tatverdächtigen durch Opfer, Zeugen oder Dritte.[68] Damit ist die Orientierung am Bürger, mithin am Gemeinwesen unerlässlich für erfolgreiche Kriminalitätsbekämpfung.

Das Handlungsfeld lässt sich mit folgenden Grundaussagen zusammenfassen:[69]

- Präsenz der Polizei im öffentlichen Raum schafft Vertrauen beim Bürger.
- Präsenz bedeutet auch, polizeiliche Maßnahmen dort zu treffen, wo Bürger sich Gefahren ausgesetzt sehen, auch wenn das tatsächliche Opferrisiko gering ist.
- Polizei muss sich im Rahmen der Kriminalitätsbekämpfung auch um die Beseitigung von Störungen kümmern, die unterhalb der Schwelle der Kriminalität liegen, also Unordnung und Verwahrlosung öffentlicher Plätze und Einrichtungen.
- Polizei soll sich den Ängsten und Sorgen der Bürger widmen und dabei den persönlichen Kontakt aufnehmen, zuhören und Inhalte ernst nehmen – unabhängig davon ob sie aktiv werden kann oder nicht.
- Die Klärung öffentlichkeitswirksamer Straftaten gehört allerdings ebenso zu den Erwartungen der Bürger und darf nicht zugunsten des „mehr Ordnungsstifter als Strafverfolger" übersehen werden.

3.4.4 Aufbau- und Ablauforganisation

Qualitativ gute Kriminalstrategien haben immer auch die Aufbau- und Ablauforganisation im Blick.

Die Autoren fassen Aufbau- und Ablauforganisation in einem umfassenden Sinn:

- Organisationseinheiten
- Ressourcen (Personal mit notwendigen Qualifikationen, Finanzen und Sachmittel, Befugnisse)
- Arbeits- und Informationsprozesse

Aufbau- und ablauforganisatorische Entscheidungen haben großen Einfluss auf die strategische Steuerung.

---

68 Zu den Einflussfaktoren vgl. auch *Horten, B., Guzy, N. & Birkel, C.* (2015).
69 In Anlehnung an *Kerner, H.-J.* (1994) und vgl. *Falk, B.* (1998) 71.

Organisatorische Entscheidungen sind stets unter Berücksichtigung der Aufgabenstruktur, der Kriminalgeografie und der sonstigen soziokulturellen Bedingungen im jeweiligen Zuständigkeitsbereich zu treffen. Weder eine starre und unflexible Organisation, noch eine vermeintliche Einheitlichkeit können diesem Anspruch gerecht werden. Folglich müssen Aufbau- und Ablauforganisation unter dem Aspekt der Zielerreichung (Qualität) im Fokus stehen. In diesem Zusammenhang soll auch auf die umfangreichen Ergebnisse und Untersuchungen zur Bewertung der Arbeitsleistung von Polizeibehörden hingewiesen werden. Einen guten Überblick findet man bei *Sparrow*.[70]

Wie wird nun die Kriminalitätsbekämpfung „am besten" organisiert? Erstaunlicherweise sind empirische Erkenntnisse dazu nur in begrenztem Maße verfügbar. Hier besteht erheblicher Forschungsbedarf, insbesondere auch in der vergleichenden Analyse von Organisationsformen und ihrer Tauglichkeit. Die Organisationsstrukturen der Sicherheitsbehörden müssen jedenfalls so gestaltet werden, dass sie sich veränderten Rahmenbedingungen flexibel anpassen können.[71]

70 Vgl. *Sparrow, M.* (2015).

71 Vgl. Programm Innere Sicherheit (2008/2009) 6.

X. Themen/Begriffe eines kriminalstrategischen Konzeptes

Die folgende Tabelle gibt einige ausgewählte Themen und Begriffe sowie deren wesentliche Inhalte wieder, die häufig in Konzepten verwendet werden.

Managementfassung	Bei umfangreichen Konzepten: Kurze Zusammenfassung für eilige Leser/innen Kann als eigenständiges Dokument Kerngedanken des eigentlichen Konzeptes widerspiegeln
Ausgangslage	Beschreibung der Situation, die ursächlich für die Entwicklung des Konzeptes/der Strategie war
Beschreibung des Vorgehens	Insbesondere bei größeren Konzepten: Darstellung des methodischen Vorgehens, wie das Konzept durch wen und mit welchen Methoden erstellt wurde
Situationsanalyse Analyse der Ausgangslage	Auseinandersetzung mit der Ausgangslage, Darstellung der Rahmenbedingungen und Systemgrenzen etc.
Problembeschreibung	Aus der Ausgangslage und/oder aus deren Analyse festgestelltes Auseinanderklaffen von Soll- und Istzustand
Ziele	Zustände, die erreicht werden sollen und die zur Auflösung der ermittelten Probleme zum Gegenstand haben
Zielgruppe	Adressaten des Konzeptes, z. B. • Medien • Eigene Organisation • Definierte Bevölkerungsgruppen • Politik

Methoden	Arbeitsweise, Methodik ggf. Didaktik mit der a) das Konzept erarbeitet wurde oder b) dessen Umsetzung erfolgen soll
Zuständigkeiten	Strukturen, Kompetenzen, die möglichen Rollen etc.
Termine	Zeitliche Aspekte a) der Konzepterstellung oder b) der Umsetzung
Ressourcen	Personelle, finanzielle, infrastrukturelle, ausbildungs-spezifische Ressourcen
Budget, Finanzierung, Haushaltmittel	Haushalterische Aspekte a) der Konzepterstellung oder b) der Umsetzung
Risiken	Aspekt, die Auswirkungen auf das Gelingen des Konzeptes haben können
Kooperationen/Vernetzung	Darstellung von Formen der Zusammenarbeit bzw. Kooperationen etc.
Öffentlichkeitsarbeit	Kommunikationserfordernisse, Öffentlichkeitsarbeit, Information etc.
Personal	Festlegungen zur Personalsituation bei a) der Konzepterstellung b) der Umsetzung ggf. eigenes Teilkonzept
Umsetzung/Maßnahmenplanung	Umsetzungsplanung Darstellung der Maßnahmen, die geeignet sind, die definierten Ziele zu erreichen
Maßnahmen anderer Akteure	Ggf. ist die Darstellungen von Aktivitäten anderer Akteure außerhalb der vom Konzept erfassten Tätigkeitfelder und Institutionen erforderlich. Das kann etwa der Fall sein, wenn diese etwa bestimmte gesetzlichen Aufgaben regelmäßig erfüllen, die den Gegenstand des Konzeptes tangieren

Wirkungen/Wirkungsprognose	Darstellung der im Rahmen der Zielbildung und der Entwicklung der Maßnahmen prognostizierten Wirkungen
Qualitätssicherung/Controlling/Berichtswesen Evaluation	Darstellung als Elemente der Qualitätssicherung Regelmäßig werden zumindest Controlling und Evaluation als eigenständige Elemente dargestellt und das erforderliche Berichtswesen festgelegt
Anlagen	Literaturverzeichnisse, Grafiken, Tabellen, Muster, Rechtliche Regelungen, Dokumente z. B. von Gremien, Beschlüsse, Erlasse, Checklisten etc.

XI. Schlussbetrachtung und Ausblick

In den Schlussbetrachtungen zur ersten Auflage dieses Buches hatten wir unter Bezugnahme auf einige sich bereits damals manifestierenden Megatrends u. a. auf die Bedeutung der Kriminalstrategie im Zusammenhang mit gesellschaftlichen Herausforderungen wie

- Naturkatastrophen
- asymmetrischen Konflikten
- wachsender Störanfälligkeit technischer und sozialer Infrastrukturen
- zunehmenden Konfliktpotentialen zwischen verschiedenen Teilen der Gesellschaft
- krisenhaften Entwicklungen oder
- globalen Kriminalitätserscheinungen

hingewiesen. In dieser zweiten Auflage finden sich die damaligen Ausblicke in großen Teilen der Situationsbeschreibung, die wir Ihnen in der Einleitung vorgestellt haben, wieder.

Vor diesem Hintergrund erscheint die damals getroffenen Feststellung, dass der Kriminalstrategie eine bedeutende Rolle bei der Gewährleistung von Stabilität in der Gesellschaft der Zukunft zukomme, aktueller denn je. Damals wie heute muss nach Überzeugung der Autoren Kriminalstrategie also nicht nur im akademischen Diskurs als integraler Bestandteil der Kriminalistik verstanden werden. In Anbetracht der damals beschriebenen und heute noch deutlicher konturierten Herausforderungen an die Akteure der inneren Sicherheit muss sie ganz im Sinne der hier verwendeten Definition ihren *Beitrag zur theoretisch fundierten Planung und Organisation der Gesamtheit der Maßnahmen zur Kriminalitätsbekämpfung leisten und dabei immer wieder Angebote an die Politik und die Öffentlichkeit machen.*

Allein mit Blick auf diese Herausforderungen hat eine seriöse Kriminalstrategie mehr zu leisten, als nur auf Entwicklungen in Politikfeldern oder mediale Meinungsbilder zu reagieren. Es ist vielmehr ihre Aufgabe, Entwicklungen zu beobachten und zu analysieren, auf gesicherter, methodisch belastbarere Grundlage Entwicklungen zu prognostizieren sowie daraus anschlussfähige Handlungsempfehlungen abzuleiten.

Kriminalstrategie sollte also künftig noch mehr als heute als die Teildisziplin der Kriminalistik verstanden werden, die das Bindeglied zur Innen-, Sicherheits-, Außen- und Justizpolitik darstellt. Hier sollte sie im besten Sinne des Wortes für Lobbyarbeit, nämlich für die Sicherheit der Menschen, Anwendung finden. Natürlich bedarf es auch der Lobbyisten. Diese können und müssen sich dort finden, wo die Kriminalistik als Wissenschaftsdisziplin eine Heimstatt hat.[1]

Betrachtet mach allein die Polizeien als Hauptanwender von Kriminalistik, wird deutlich, dass diese ja nicht nur „Vollstrecker" von Rechtsnormen, also nicht allein Rechtsanwender sind. Vielmehr besteht einerseits ihr gesetzlicher Auftrag neben der Strafverfolgung auch in der Gefahrenerkennung und -abwehr. Zunehmend wird polizeiliches Handeln durch die Gesellschaft auch zurecht als allgemeiner Sicherheitsfaktor verstanden. Entsprechend haben sich Erwartungen an polizeiliches Handeln weiterentwickelt. Nicht zuletzt leitet sich sogar aus dem Gesamtsinn der Verfassung, insbesondere aus dem Rechtsstaatsprinzip und dem Recht auf Leben und körperliche Unversehrtheit, eine Pflicht des Staates, für die Sicherheit seiner Bürger zu sorgen, ab.[2] Welche Disziplin, außer die Kriminalstrategie sollte das leisten?

So wie es keine seriöse Kriminalpolitik ohne Kriminologie geben kann,[3] kann diese nach unserer Überzeugung auch nicht ohne Kriminalstrategie auskommen. Vielmehr haben die Polizeien und alle anderen, die sich als Akteure auf dem Feld der inneren Sicherheit verstehen, kriminalstrategisches Gedankengut proaktiv in die Kriminalpolitik, in den öffentlichen Sicherheits-Diskurs einzubringen. In diesem Sinne hat Kriminalstrategie einen, zwar sensibel zu handhabenden, gleichwohl doch beachtlichen Entscheidungs- und Handlungsspielraum.

Polizeiliche und andere Führungskräfte haben vor diesem Hintergrund das Recht und die Pflicht, kriminalstrategische Überlegungen nach innen zu befördern, sie zu strukturieren und selbstbewusst in den kriminal- und sicherheitspolitischen Raum einzubringen.

1 *Ackermann, R.* (2013) 40.
2 Wissenschaftliche Dienste des Deutschen Bundestages (2008) 17.
3 Vgl. *Jäger, J.* (1998). Zum Verhältnis von Kriminologie und Kriminalpolitik vgl. auch: *Wienholtz, E.* (2000).

Mit diesem Buch bieten wir Anhalte an, wie das strukturiert getan werden kann, um der Unordnung und dem „Das haben wir schon immer so gemacht“ ein

- **planvolles,**
- **auf Langfristigkeit angelegtes sowie**
- **begründetes Handeln**

entgegen zu setzen.

Literatur- und Quellenverzeichnis

Ackermann, R., Koristka, C., Leonhardt, R., Nisse, R., Wirth, I. (2000). Zum Stellenwert der Kriminalistik – Teil 2. *Kriminalistik, 54* (10), 655-660.

Ackermann, R. Zu Funktionen und Aufgaben der Kriminalistik (2002) *KRIMINALISTIK*, 297 – 304.

Ackermann, R. Kriminalistik – Wissenschaft – Gesellschaft (2013) In: Artkämper, H. & Clages, H. Kriminalistik gestern – heute – morgen, 21 – 48.

Ackermann, R.,Clages, H, Roll, H. (2022). *Handbuch der Kriminalistik* (6. Aufl.). Stuttgart: Boorberg.

AD HOC, Personal- und Organisationsberatung, Was ist ein Konzept und wie werden Konzepte entwickelt?, Luzern, 10.02.2020. URL: https://www.adhoc-beratung.ch/seminare-1.html, Abruf: 23.10.2023.

Albrecht, J., Cold Case-Ermittlungen – Eine Herausforderung auf breiter Ebene, DIE POLIZEI, 2023, S. 265 – 267.

Ambard, F., Miguel, F. J., Blanchet, A. & Gaudou, B. (Eds.), *Advances in Artificial Economics* [LNEMS vol. 676], Cham: Springer, DOI 10.1007/978-3-319-09578-3.

Antholz, B. (2013). Polizeistärke und Kriminalitätsverlauf. *Kriminalistik, 67* (11), 659- 668.

Antholz, B. (2016). Evidenzbasierte Kriminalstatistik. *ZRP – Zeitschrift für Rechtspolitik, 49* (4), 118-120.

Arizona State University (2023) Center for Problem-oriented Policing https://popcenter.asu.edu/content/sara-model-0, Abruf: 16.10.2023.

Ashraf, M.J. (2020). *Precision Policing: A Way Forward to Reduce Crime.* [Masterthesis, Naval Postgraduate School Monterey].

Association of Chief Police Officers (ACPO) (Hrsg.). (2005). Guidance on the National Intelligence Model. Bedford: Centrex/ACPO. Zugriff am 04.02.2013. Verfügbar unter http://whereismydata.files.wordpress.com/2009/01/national-intelligence-model-20051.pdf.

Barr, R. & Pease, K. (1990). Crime Placement, Displacement, and Deflection. *Crime & Justice, 12* (1), 277-318.

Basler, A. & Heim. E. (2021) Anwendung der Lean-Six-Sigma-Methode zur Prozessoptimierung bei der Kantonspolizei Zürich, *DIE POLIZEI*, 45 – 47.

Bässman, J. & Vogt, S. (1997). *Community Policing – Projektbericht des Bundeskriminalamtes zu den Erfahrungen in den USA.* (BKA-Forschung, Kriminalistisch-kriminologische Forschungsgruppe).

Baraulina, T., Kreienbrink, A. & Riester, A. (2011) Potenziale der Migration zwischen Afrika und Deutschland. Im Auftrag des Bundesamtes für Migration und Flüchtlinge.

Baurmann, M. C. (1999). VICLAS – Ein neues kriminalpolizeiliches Recherchewerkzeug. *Kriminalistik, 53* (2), 824-826.

Bayley, D. H. (1994). *Police for the future.* New York: Oxford Univ. Press.

Bayley, D. H. & Nixon, C. (2010). The Changing Environment for Policing, 1985-2008. *New Perspectives in Policing Bulletin.* Washington, D.C.: U.S. Department of Justice, National Institute of Justice. Zugriff am 11.12.2015. Verfügbar unter https://www.ncjrs.gov/pdffiles1/nij/ncj230576.pdf.

Becker, G. (1968). Crime and Punishment: An Economic Approach. *Journal of Political Economy, 76* (2), 169-217.

Becker, J., Kugeler, M. & Rosemann, M. (Hrsg.). (2000). *Prozessmanagement: Ein Leitfaden zur prozessorientierten Organisationsgestaltung* (2. Aufl.). Berlin: Springer.

Behrendt, R. (2006). Zukunft der Kriminalitätsbekämpfung in NRW. In Deutsche Hochschule der Polizei (Hrsg.), *Seminar Planung der Kriminalitätskontrolle.* Münster: DHPOL.

Berner, G. & Köhler G. (1995). *Polizeiaufgabengesetz: Handkommentar* (14. Aufl.). München: Jehle.

Berner, G. & Köhler, G. M. (2008). *Polizeiaufgabengesetz: Handkommentar* (19. Aufl.). Heidelberg: Jehle. Zugriff am 14.02.2011. Verfügbar unter: http://deposit.d-nb.de/cgi-bin/dokserv?id=3071433&prov=M&dok_var=1& dok_ext=htm.

Berthel, R. (2003). Wie aussagekräftig ist das Zahlenwerk? Eine Replik auf den Beitrag „Möglichkeiten und Grenzen des Aussagewerts Polizeilicher Kriminalstatistiken". *Die Polizei, 94* (10), 283-289.

Berthel, R. (2005a). Kriminalstrategie gestern und heute: Eine Betrachtung zur Entwicklung einer Teildisziplin der Kriminalistik zu ihren Wurzeln und Perspektiven, Teil 1, *Kriminalistik, 59* (11), 619-627 und sowie

Berthel, R. (2005b). Kriminalstrategie gestern und heute: Eine Betrachtung zur Entwicklung einer Teildisziplin der Kriminalistik zu ihren Wurzeln und Perspektiven, Teil Teil 2, *Kriminalistik, 59* (12), 708-716.

Berthel, R., Mentzel, Th., Neidhardt, K., Schröder, D., Spang, T. &Weihmann, R. (2005) Grundlagen der Kriminalistik/Kriminologie, *Lehr und Studienbriefe Kriminalistik/Kriminologie, Bd. 1.* Hilden: VDP.

Berthel, R. & Peilert, A. (2005). Netzwerke des Terrors – Netzwerke gegen den Terror: Bericht über die Herbsttagung des Bundeskriminalamtes, *Die Polizei,* 96 (2), 61-69.

Berthel, R., Petzold, P., Spang, T., Westphal, N. & Zott, H. (Hrsg.). (2006 a). *Der kriminalstrategische Problemlösungsprozess: Ein Orientierungsrahmen.* Stuttgart: Boorberg.

Berthel, R., Mentzel, Th., Neidhardt, K., Schröder, D., Spang, T. & Weihmann, R. (2006 b). Grundlagen der Kriminalistik/Kriminologie, *Lehr und Studienbriefe Kriminalistik/Kriminologie, Band 1* (2. Überarbeitete und aktualisierte Auflage). Hilden: VDP.

Berthel, R. (2007). Kriminalistisches Denken neu denken!, *Kriminalistik, 61* (12), 732 – 737.

Berthel, R. (2012). Worüber sich Franz v. Liszt freuen würde – In Deutschland kann man wieder Kriminalistik studieren! *Die Polizei,103* (9), 237 – 242.

Berthel, R. (2015a) Think Tank Polizei Statement für ein innovatives Instrument, (Teil I) *Die Polizei, 106* (5), 125 – 130.

Berthel, R. (2015b) Think Tank Polizei, Statement für ein innovatives Instrument, (Teil II), *Die Polizei, 106* (6), 159 – 165.

Berthel, R. (2016), Notwendigkeiten, Chancen und Grenzen interkultureller Kommunikation in der Polizeiarbeit – Teil I, Die Polizei, erscheint voraussichtlich in Heft 9/2016.

Berthel, R. (2017) Megatrends und aktuelle Herausforderungen an die Kriminalistik, DIE KRIMINALPOLIZE, 2017, 3, 8 – 14.

Berthel, R. (2018) Polizei im Umbruch – Herausforderungen und Zukunftsstrategien Die Herbsttagung des Bundeskriminalamtes Ausgabe 2017. *DIE POLIZEI.* 2018 65 – 71.

Berthel, R. (2019) Aktuelle Herausforderungen an die Kriminalistik – Mit Schlussfolgerungen für die kriminalwissenschaftliche Aus- und Fortbildung an polizeilichen Bildungseinrichtungen, In: Kühne, E. Die Zukunft der Polizeiarbeit – die Polizeiarbeit der Zukunft, Teil II, Rothenburger Beiträge, Bd. 101 (2019) 1 – 47.

Berthel, R. Kriminalistik studieren in Deutschland – eine widersprüchliche Geschichte I (2020a) *der kriminalist* (7) 13 – 21.

Berthel, R. Kriminalistik studieren in Deutschland – eine widersprüchliche Geschichte II (2020b) *der krimininalist* (8). 6 – 13.

Berthel, R. (Hrsg.) Kriminalistik und Kriminologie in der VUCAWelt – Herausforderungen, Entwicklungen und Perspektiven, Lage, Herausforderungen, Lösungsansätze, Teil I (2020c), Rothenburger Beiträge, Bd. 104.

Berthel, R. (Hrsg.) Kriminalistik und Kriminologie in der VUCAWelt – Kriminalität und digitaler Raum, Gefahren für den Rechtsstaat, Teil II (2020d), Rothenburger Beiträge, Bd. 105.

Berthel, R. (Hrsg.) Kriminalistik und Kriminologie in der VUCAWelt – Ermittlungen, Teil II (2020e), Rothenburger Beiträge, Bd. 106.

Berthel, R. (2020f) Ausgrenzung, Hass und Gewalt – Herausforderungen für den Rechtsstaat und die Sicherheitsbehörden – Mit einem Bericht zur 65. Herbsttagung des Bundeskriminalamtes. *Die Polizei, 111*, 101 – 109.

Berthel, R. (2021) Kriminalität in Zeiten von Corona – Blicke über den kriminalstatistischen Tellerrand. *Die Polizei, 112*, 471 – 480.

Berthel, R. (2022a) Masterstudiengang Kriminalistik, Erste Absolventen in Oranienburg verabschiedet. *Kriminalistik, 71*, 611 – 616.

Berthel, R. (2022b) Stabilität statt Spaltung: Was trägt und erträgt die Innere Sicherheit? Gedanken zur 66. Herbsttagung des Bundeskriminalamtes und zur inneren Sicherheit in der Pandemie-Krisen-Zeit. *Die Polizei, 113*, 153 – 162.

Berthel, R. (2022c) Drei bemerkenswerte Masterarbeiten im Kurzporträt. *Die Polizei, 113*, 452 – 453.

Berthel, R. (Hrsg.) (2023a) Aktuelle Herausforderungen der Kriminalistik. Rothenburger Beiträge. Bd. 110.

Berthel, R. (2023b) Aktuelle Herausforderungen und polizeiliche Strategien in Zeiten von Krisen und Ukrainekrieg – Bericht zur 67. Herbsttagung des Bundeskriminalamtes. *Die Polizei, 114*, 169 – 174.

Berthel, R. (2023c) Kurzportraits bemerkenswerter Masterarbeiten. *Die Polizei, 114*, 366.

Berthel, R. (2023d). Kriminalität und keine Konsequenzen in der deutschen Kriminalistik. In: T. Gundlach, T. Floren & G. Ley, *Kriminalistik heute – morgen – übermorgen* (Schriftenreihe der Deutschen Gesellschaft für Kriminalistik, Bd. 7) (S. 21-72). Stuttgart: Boorberg Verl.

Binninger, C. & Dreher, G. (1997). Der Comstat-Prozeß: Die Erfolge der New Yorker Polizei in der Kriminalitätsbekämpfung. *Die Polizei, 88* (11), 329-331.

Blumstein, A. & Wallman, J. (Hrsg.). (2000). *The crime drop in America.* Cambrigde: Cambridge University Press.

Bosen, R. (2022, 23. Mai). *SIPRI sieht neue Ära multipler Gefahren.* Deutsche Welle. https://www.dw.com/de/sipri-welt-stolpert-in-%C3%A4ra-neuer-gefahren/a-61866997. Abruf: 05.10.2023.

Bowers, K., Johnson, J., Guerette, R. T., Summers, L. & Poynton, S. (2011). Spatial displacement and diffusion of benefits among geographically focused policing initiatives. *Campbell Systematic Reviews, 7*, 1-144. https://doi.org/10.4073/csr.2011.3

Böhme, K. M. (1981). (Gesamtredaktion) *Wörterbuch der Sozialistischen Kriminalistik*, Ministerium des Innern, Publikationsabteilung, Berlin.

Braga, A. A. (2015). Crime and Policing, Revisited. *New Perspectives in Policing Bulletin.* Washington, D.C.: U.S. Department of Justice, National Institute of Justice. Zugriff am 11.12.2015. Verfügbar unter https://www.ncjrs.gov/pdffiles1/nij/248888.pdf.

Braga, A. A., Flynn, E. A., Kelling, G. L. & Cole, C. M. (2011). Moving the Work of Criminal Investigators Towards Crime Control. *New Perspectives in Policing Bulletin.* Washington, D.C.: U.S. Department of Justice, National Institute of Justice. Zugriff am 11.12.2015. Verfügbar unter https://www.ncjrs.gov/pdffiles1/nij/232994.pdf.

Braga, A. & Weisburd, D. (2006). Critic – Problem-oriented policing: the disconnect between principles and practice, in: D. Weisburd & A. Braga (Hrsg.), *Police Innovation: Contrasting Perspectives* (S. 133-155), 2006, S. 134.

Braga, A.A., Weisburd, D. & Turchan, B. (2018). Focused Deterrence Strategies and Crime Control. *Criminology & Public Policy, 17* (1), 205-250. https://doi.org/10.1111/1745-9133.12353.

Braga, A., Kennedy, D. & Tita, G. (2002). New approaches to the strategic prevention of gang and group-involved violence, in: C. R. Huff (Hrsg.), *Gangs in America III* (S. 271-286). Thousand Oaks: Sage.

Braithwaite, J., (2000). The new regulatory state and the transformation of criminology, in: British journal of criminology, 40/2000, S. 222–238.

Bratton, W. & Murad, J. (2018). Precision Policing: A Strategy for the Challenges of 21st Century Law Enforcement. In Manhattan Institute for Policy Research (Ed.), *Urban Policy 2018* (pp. 21-38). New York: Manhattan Institute for Policy Research. https://media4.manhattan-institute.org/sites/default/files/MI_Urban_Policy_2018.pdf.

Brede, H. (2005). *Grundzüge der öffentlichen Betriebswirtschaftslehre* (2. Aufl.). München. Zugriff am 14.06.2011. Verfügbar unter: http://www.gbv.de/dms/bsz/toc/bsz116186976inh.pdf.

Brisach, C.-E., Ullmann, R. & Sasse, G. (2000). *Planung der Kriminalitätskontrolle: Kriminalstrategie am Beispiel der Alltagskriminalität, der Rauschgiftkriminalität und der organisierten Kriminalität.* Stuttgart: Boorberg.

Brodag, W.-D. (2001). *Kriminalistik, Grundlagen der Verbrechensbekämpfung*, Stuttgart.

Broser, T. (2015). Europäische Sicherheitsagenda: Gemeinsames Vorgehen in Sicherheitsfragen. *Kriminalistik, 69* (8-9), S. 494-497.

Brugger, S. (1983). Strategische Planung als polizeiliches Instrument am Beispiel der Drogendelinquenz, in: Kube/Störzer/Brugger (Hrsg.), *Wissenschaftliche Kriminalistik*, Wiesbaden.

Bruhn, M. (2008). *Qualitätsmanagement für Dienstleistungen. Grundlagen, Konzepte, Methoden* (7. Aufl.). Berlin, Heidelberg: Springer.

Büchler, H., Meywirth, C., Kalscher, D. & Vogt, S. (1996). *Kriminalpolizeiliche Auswertung.* BKA Forschung. Wiesbaden: BKA.

Bülles, E. (2005). Verhältnis der Staatsanwaltschaften (StA) zur Polizeiarbeit und ihre Zusammenarbeit. *der kriminalist, 35* (12), 493-498.

Buerger, M. E. & Mazerolle, L.G. (1998). Third party policing: a theoretical analysis of an emerging trend, in: *Justice quarterly, 15* (2), S. 301–328.

Bundeskriminalamt. (Hrsg.). (2001). *Bundeslagebild Wirtschaftskriminalität 2000.* Wiesbaden: BKA.

Bundeskriminalamt (Hrsg.). (2002). *Islamistischer Terrorismus – Eine Herausforderung für die internationale Staatengemeinschaft – Vorträge anlässlich der Herbsttagung des Bundeskriminalamts vom 13. bis 15. November.*

Bundeskriminalamt (Hrsg.). (2003). *Polizeiliche Kriminalstatistik 2002: Bundesrepublik Deutschland* (Nr. 50). Wiesbaden: BKA.

Bundeskriminalamt. (Hrsg.). (2004a). Richtlinien für die Führung der Polizeilichen Kriminalstatistik. Wiesbaden: BKA.

Bundeskriminalamt (Hrsg.). (2009c). *Lagebild Organisierte Kriminalität 2008.* Wiesbaden: BKA. (VS-NfD).

Bundeskriminalamt (Hrsg.). (2012a). *Cybercrime, Bundeslagebild 2012*, Wiesbaden.

Bundeskriminalamt (2012) Kriminalstatistisch-kriminologische Analysen und Dunkelfeldforschung, Barmeter Sicherheit in Deutschland (BaSiD) – Deutscher Viktimisierungssurvey 2012, https://www.bka.de/DE/UnsereAufgaben/Forschung/ForschungsprojekteUndErgebnisse/Dunkelfeldforschung/dunkelfeldforschung.html, Abruf: 11.10.2023.

Bundeskriminalamt, Gemeinsam gegen Cyberkriminalität: „German Competence Centre against Cybercrime e.V.“ (G4C) und Bundeskriminalamt unterzeichnen Kooperationsvereinbarung. (2014). http://www.bka.de/nn_253326/SharedDocs/Downloads/DE/Presse/Pressearchiv/Presse__2014/pm140121__Unterzeichnung__Kooperationsvertrag.html, Abruf: 04.10.2023.

Bundeskriminalamt (Hrsg.). (2015). *Polizeiliche Kriminalstatistik 2014: Bundesrepublik Deutschland* (62. Ausg.). Wiesbaden: BKA.

Bundeskriminalamt, Zusammenarbeit im Bereich der Sicherheitsforschung – BKA und DLR unterzeichnen Kooperationsvereinbarung, 31.07.2015. (2015) URL https://www.bka.de/SharedDocs/Kurzmeldungen/DE/Kurzmeldungen/150729_KooperationDLR.html.

Bundeskriminalamt (2020), „Sicherheit und Kriminalität in Deutschland (SKiD)“, https://www.bka.de/DE/UnsereAufgaben/Forschung/ForschungsprojekteUndErgebnisse/Dunkelfeldforschung/SKiD/Projektbeschreibung/projektbeschreibung_node.html.

Bundeskriminalamt (2022) Auswirkungen von COVID-19 auf die Kriminalitätslage in Deutschland, Betrachtungszeitraum: 2020/2021 (Juli 2022).

Bundeskriminalamt, Herbsttagungen (2023a). https://www.bka.de/DE/AktuelleInformationen/Publikationen/BKA-Herbsttagungen/bka-herbsttagungen_node.html, Abruf: 30.08.2023.

Bundeskriminalamt, Sicherheit und Kriminalität in Deutschland – Projektbeschreibung. (2023b) https://www.bka.de/DE/UnsereAufgaben/Forschung/ForschungsprojekteUndErgebnisse/Dunkelfeldforschung/SKiD/Projektbeschreibung/projektbeschreibung_node.html, Abruf: 30.08.2023.

Bundeskriminalamt (2023b) Forschungs- und Beratungsstellen im BKA (2023c), https://www.bka.de/DE/UnsereAufgaben/Forschung/ForschungsUndBeratungsstellen/ForschungsUndBeratungsstellen_node.html, Abruf: 12.10.2023.

Bundeskrimnalamt (2023c) „Lebenssituation, Sicherheit und Belastung im Alltag“, https://www.bka.de/DE/UnsereAufgaben/Forschung/ForschungsprojekteUndErgebnisse/Dunkelfeldforschung/LeSuBiA/Projektbeschreibung/projektbeschreibung_node.html, Abruf: 11.10.2023.

Bundeskriminalamt (2023d) Monitoringsystem und Transferplattform Radikalisierung(MOTRA), https://www.bka.de/DE/UnsereAufgaben/Forschung/ForschungsprojekteUndErgebnisse/TerrorismusExtremismus/Forschungsprojekte/MOTRA/Umzug.html, Abruf: 10.10.2023.

Bundesministerium der Innern & Bundesministerium der Justiz. (BMI 2001). *Erster Periodischer Sicherheitsbericht.* Berlin: BMI & BMJ.

Bundesministerium der Innern & Bundesministerium der Justiz (Hrsg.) (BMI 2006). *Zweiter Periodischer Sicherheitsbericht.* Berlin: BMI & BMJ.

Bundesministerium der Verteidigung (BVGg) (Hrsg.). (2016). *Weissbuch 2016 zur Sicherheitspolitik und zur Zukunft der Bundeswehr.* Berlin: BMVg.

Bundesministerium des Innern, Das Gemeinesame Terrorismusabwehrzentrum. (2011). https://www.bmi.bund.de/SharedDocs/downloads/DE/publikationen/themen/sicherheit/gtaz-flyer.pdf?__blob=publicationFile&v=1.

Bundesministerium des Innern (2018) Polizei 2020 – White Paper, https://www.bmi.bund.de/SharedDocs/downloads/DE/veroeffentlichungen/2018/polizei-2020-white-paper.pdf;jsessionid=38196E981D9A16E6B9F9269BCB813D26.live892?__blob=publicationFile&v=7.

Bundesministerium des Innern und für Heimat (BMI 2022) Strategie zur Bekämpfung der Schweren und Organisierten Kriminalität, https://www.bmi.bund.de/SharedDocs/downloads/DE/veroeffentlichungen/2022/Strategie-OK.html.

Bundesministerium des Innern und für Heimat (BMI 2023) Auf dem Weg zu einer gemeinsamen, digitalen und vernetzten Polizei – Polizei 20/20.

Bundesministerium für Gesundheit und Soziale Sicherung. (2003, November). *Aktionsplan Drogen und Drogensucht* (Die Drogenbeauftragte der Bundesregierung, Hrsg.). Bonn: BMGS.

Bundeswehr (2023a) Zentrum für operative Kommuniaktion, Auftrag, https://www.bundeswehr.de/de/organisation/cyber-und-informationsraum/kommando-und-organisation-cir/kommando-cyber-und-informationsraum/zentrum-operative-kommunikation-der-bundeswehr, Abruf: 10.10.2023.

Bundeswehr (2023b) Zentrum für Innere Führung, Auftrag, https://www.bundeswehr.de/de/organisation/weitere-bmvg-dienststellen/zentrum-innere-fuehrung, Abruf: 10.10.2023.

Bund-Länder-Projektgruppe. (2003b). *Handbuch der Polizeilichen Auswertung: (Stand: 4.7.2007)* (Bundeskriminalamt, Hrsg.). Wiesbaden: BKA.

Bund-Länder-Projektgruppe. (2008). *Kriminalpolizeilicher Meldedienst: Polizeilicher Informations- und Analyseverbund* (Bundeskriminalamt, Hrsg.). Wiesbaden: BKA.

Bund-Länder-Projektgruppe. (2009, 14. Dezember). *Projektstudie „Polizeilicher Informations- und Analyseverbund“ PIAV* (Bundeskriminalamt, Hrsg.). Wiesbaden: BKA. (VS-NfD).

Bureau of Justice Assistance. (2005). *Intelligence-Led Policing: The new Intelligence Architecture.* Washington: BJA.

Burghard, W. (1976). Kriminalistisches Denken und moderne Planungs- und Entscheidungstechniken, In: *Taschenbuch für Kriminalisten*, Bd. 26, Hilden.

Burghard, W. (1983). Entwicklungsstand und Tendenzen der praktischen Kriminalistik in der Bundesrepublik Deutschland, in Kube/Störzer/Brugger (Hrsg.), *Wissenschaftliche Kriminalistik*, Wiesbaden.

Burghard, W. (Hrsg.). (1986). *kriminalistik-Lexikon* (2. Aufl.). Heidelberg: Kriminalistik Verlag.

Burghard, W. (Hrsg.). (1996). *Kriminalistik-Lexikon* (3. Aufl.). Heidelberg: Kriminalistik Verlag.

Cahn, M. & Tien, J. *An Evaluation Report of an Alternative Approach in Police Response: The Wilmington Management of Demand Program.* Cambribge: Police Systems Evaluation Inc.

Christe-Zeyse, J. (2003a) Controlling in der Polizei (Teil I) – Begrifflichkeiten und Aufgaben, In: *Die Polizei 94* (1), 1-7.

Christe-Zeyse, J, (2003b): Controlling in der Polizei (Teil II) – Begrifflichkeiten und Aufgaben, In: *Die Polizei 94* (2), 40-44.

Christe-Zeyse, J. (2004). *Controlling in der Polizei: Leitfaden für ein wirkungsorientiertes Management*, Stuttgart: Boorberg.

Clages, H., Ackermann, R., Gundlach, Th. (2023) *Der rote Faden* (15. Aufl.). Heidelberg, Kriminalistik Verlag.

Clarke, R. (1998). Defining police strategies: Problem solving, problem-oriented policing and community-oriented policing, in: A. Grant & T. O'Conner Shelley (Hrsg.), *Problem-oriented policing: Crime-specific problems, critical issues, and making POP work (Vol. 1)* S. 315-329, Washington: US Department of Justice.

Clarke, R. & Eck, J. (2007). Der Weg zur Problemlösung durch Kriminalitätsanalyse. In 55 kleinen Schritten. Landespräventionsrat Niedersachsen, Hannover. (Originaltitel: Clarke, R.V.G. & Eck, J. (2003). *Become a problem-solving crime analyst: in 55 small steps.* London: Jill Dando Institute of Crime Science).

Clausewitz, C. von (1973). *Vom Kriege: Hinterlassenes Werk des Generals Carl von Clausewitz* (18. Aufl.). Bonn: Dümmler.

Cordner, G. (1998). Problem-oriented policing vs. Zero tolerance, in: A. Grant & T. O'Conner Shelley (Hrsg.), *Problem-oriented policing: Crime-specific problems, critical issues, and making POP work (Vol. 1).* Washington: US Department of Justice.

Crime and Policing, Revisited. *New Perspectives in Policing Bulletin.* Washington, D.C.: U.S. Department of Justice, National Institute of Justice. Zugriff am 11.12.2015. URL: https://www.ncjrs.gov/pdffiles1/nij/248888.pdf.

Cutting Crime Impact (CCI) (2019). Factsheet Community. https://www.cuttingcrimeimpact.eu/resources/factsheets/community-policing--/community_policing/?lang=de.

Davis, Edward F. III, Alves, A. A. & Sklansky, D. A. (2014). Social Media and Police Leadership: Lessons From Boston. *New Perspectives in Policing Bulletin.* Washington, DC: U.S. Department of Justice, National Institute of Justice. Zugriff am 01.12.2015. Verfügbar unter: https://www.ncjrs.gov/pdffiles1/nij/244760.pdf.

Dennhardt, Y. (2022) Der administrative Ansatz – Der Weg zu einem ganzheitlichen Konzept in der Bewältigung organisierter Kriminalität? Zeitschrift für Internationale Strafrechtswissenschaft (2022) 507 – 514.

Dennhardt, Y. (2023). Der administrative Ansatz. In A. Sinn, *Organisierte Kriminalität? Frag doch einfach! Klare Antworten aus erster Hand* (S. 145-166). München: UVK Verlag.

Der Senator für Inneres und Sport der Freien Hansestadt Bremen. (2009, 4. Juni). „Programm Innere Sicherheit" mit einheitlichem Handlungsrahmen gegen alte und neue Herausforderungen (Pressemeldung). https://www.senatspressestelle.bremen.de/pressemitteilungen/programm-innere-sicherheit-mit-einheitlichem-handlungsrahmen-gegen-alte-und-neue-herausforderungen-24078, Abruf: 28.2.2024.

De Vries, H. (2010). Ist Kriminalistik eine Wissenschaft? *SIAK Journal, 7* (3), 27-35.

De Vries, H. (2015). *Einführung in die Kriminalistik für die Strafrechtspraxis.* Stuttgart: Kohlhammer.

Deutsche Gesellschaft für Evaluation e.V. (DeGEval). (2002). Standards für Evaluationen, Köln.

Deutscher Bundestag (2023) heute im bundestag, 581/2023„ 2. August 2023.Unterschiede zwischen „Piav-Operativ" und „Piav-Strategisch".

Deutscher Richterbund, Ermittlungen des Generalbundesanwalts, Richterbund kritisiert Eingreifen des Bundesjustizministers, Pressemitteilung, 04.08.2015, http://www.drb.de/cms/index.php?id=917&L=http%3A%2F%2Fwww.npk-spb.ru%2Fimages%2Fcircle.gif, Abruf: 18.08.2015.

DGQ – Deutsche Gesellschaft für Qualität (Hrsg.). (2009) Normen zum Qualitätsmanagement [Themenheft]. Frankfurt.

Diekmann, A. (2009). *Empirische Sozialforschung: Grundlagen, Methoden, Anwendungen* (20. Aufl.). Reinbek: Rowohlt.

Dienstbühl, D. (2020) Die Bekämpfung von Clankriminalität in Deutschland: Verbundkontrollen im kriminalpolitischen und gesellschaftlichen Diskur, KriPoZ 210 – 216.

Dienstbühl, D. (2021) Clankriminalität – Phänomen, Ausmaß, Bekämpfung, Heidelberg.

Dienstbühl, D. (2024) Clankriminalität – Phänomen, Ausmaß, Bekämpfung, Heidelberg.

Dölling, D. (1987). Polizeiliche Ermittlungstätigkeit und Legalitätsprinzip: Erster Halbband. *BKA-Forschungsreihe Sonderband.* Wiesbaden: BKA.

Dörmann, U. & Heinz, W. (2004). *Zahlen sprechen nicht für sich: Aufsätze zu Kriminalstatistik, Dunkelfeld und Sicherheitsgefühl aus drei Jahrzehnten.* Polizei + Forschung: Bd. 28. München: Luchterhand. Zugriff am 01.06.2011. Verfügbar unter: http://www.bka.de/kriminalwissenschaften/veroeff/band/band28/band28_zahlen_sprechen_nicht_fuer_sich.pdf.

Dörner, D. (1992). *Die Logik des Misslingens.* Reinbek: Rowolt.

Dreher, G. & Feltes, T. (1996). *Notrufe und Funkstreifenwageneinsätze bei der Polizei: Eine empirische Studie in drei Polizeidirektionen in Baden-Württemberg.* Empirische Polizeiforschung: Bd. 10. Holzkirchen/Obb: Felix.

Dreher, G. & Feltes, T. (Hrsg.). (1998). *Das Modell New York: Kriminalprävention durch „Zero Tolerance"? Beiträge zur kriminalpolitischen Diskussion* (2. Aufl.). Empirische Polizeiforschung: Bd. 12. Holzkirchen/Obb: Felix.

Englberger, H. (2022) Die Szenario-Technik zur Prognose von Problementwicklungen in kriminalstrategischen Konzepten, *KRIMINALISTIK,* 492 – 494.

Elsner, E. & Molnar, H.-J. (2001). *Kriminalität Heranwachsender und Jungerwachsener in München: Teilergebnisse einer Untersuchung der Kriminologischen Forschungsgruppe der Bayerischen Polizei.* Zugriff am 06.11.2009. Verfügbar unter: http://www.polizei.bayern.de/content/4/3/7/jugend.pdf.

EBDD (2015). *Europäischer Drogenbericht: Trends und Entwicklungen 2015.* Luxemburg: EBDD. Zugriff am 12.12.2015. Verfügbar unter: http://www.dbdd.de/images/EDR_2015/edr_2015_de.pdf.

Ekblom, P. (2005). The 5Is Framework: Sharing Good Practice in Crime Prevention, in E. Marks, A. Meyer & R. Linssen (eds.), *Quality in Crime Prevention* (S. 55-84). Hannover: Landespräventionsrat Niedersachsen.

European Network on the Administrative Approach (ENAA). (2020). *3. EU Handbuch über den administrativen Ansatz in der Europäischen Union.* Brüssel: ENAA.

Falk, B. (1998). Polizeiliche Bekämpfungsdefizite – Kann die Polizei gegen die neuen Herausforderungen bestehen? In Bundeskriminalamt (Hrsg.), *Neue Freiheiten, neue Risiken, neue Chancen – Aktuelle Kriminalitätsformen und Bekämpfungsansätze* (S. 51-73). Wiesbaden: BKA.

Farrington, D.P. & Welsh, B.C. (2007). The Advantages of Experimental Evaluations in Criminology, in: F. Lösel, D. Bender & J.M. Jehle (Hrsg.), Kriminologie und wissensbasierte Kriminalpolitik: Entwicklungs- und Evaluationsforschung (S. 19-44) Mönchengladbach: Forum.

Feix, G. (1965*). Kleines Lexikon für Kriminalisten*, Ministerium des Innern, Publikationsabteilung, Berlin.

Feltes, T. (1988). Polizeiliches Alltagshandeln: Konsequenzen für eine „neue Polizei" aus einer Analyse von Notrufen und Funkstreifeneinsatzanlässen in der Bundesrepublik Deutschland. In G. Kaiser, H. Kury & H.-J. Albrecht. (Hrsg.), *Kriminologische Forschung in den 80er Jahren. Bd. 1.* (Kriminologische Forschungsberichte aus dem Max-Planck-Institut für Ausländisches und Internationales Strafrecht, 35/1, S. 125–156). Freiburg i. Br.

Feltes, T. (1990). Zur Effektivität polizeilichen Handelns. *Die Polizei, 81* (11), 301-309.

Feltes, T. (1996). Effizienz bei der Straftatenbekämpfung. In M. Kniesel, E. Kube & M. Murck (Hrsg.), *Handbuch für Führungskräfte der Polizei. Wissenschaft und Praxis* (S. 573-602). Wiesbaden: Schmidt-Römhild.

Feltes, T. (1998). Zur Einführung: New York als Modell für eine moderne und effektive Kriminalpolitik? In G. Dreher & T. Feltes (Hrsg.), *Das Modell New York: Kriminalprävention durch „Zero Tolerance"? Beiträge zur kriminalpolitischen Diskussion.* 2. Aufl. (Empirische Polizeiforschung, S. 3-15). Holzkirchen: Felix-Verl.

Feltes, T. (2000). Polizeiliche Konzepte zur Kriminalitätsbekämpfung: Oder: Wie man Polizeiarbeit „messen" kann. *Kriminalistik, 54* (10), 661-665.

Ferguson, A. G. (2017). *The Rise of Big Data Policing: Surveillance, Race, and the Future of Law Enforcement.* New York University Press.

Fenner, A.-M. (2023), Crowdsourcing- und Gamification-Ansätze in der Verbrechensbekämpfung, In: Rüdiger/Bayerl, Handbuch der Cyberkriminologie, Bd. 1, Wiesbaden, 2023 (461 – 498).

Forker, A. (2004). Einführung in die Kriminalistik, in: Kriminalistische Kompetenz, S. 53-54.

Fraunhofer ITWM, Künstliche Intelligenz unterstützt bei Verfolgung von Abrechnungsbetrug in der Pflege, Pressemitteilung vom 30. Juni 2023. (2023). https://www.itwm.fraunhofer.de/de/presse-publikationen/presseinformationen/2023/2023_06_30_pflegemanagement.html. Abruf: 30.08.2023.

Frei, B; Salathe, J. & Gut, Y. Effiziente Gewaltbekämpfung dank wissenschaftlicher Führungsunterstützung, *Die Polizei, 112*, 665 – 671.

Frühauf, L. (2001). Strategisches Management in der Polizei am Beispiel der ergebnisorientierten Steuerung bei der Polizei Bremen. In Polizei-Führungsakademie (Hrsg.), *Seminar Balanced Scorecard als Steuerungsinstrument. Seminar 34/2001* (S. 29ff). Münster: PFA.

Fuchs, B.: Polizeiliche Verbrechensbekämpfung, In: *Kriminalistische Kompetenz*, Lübeck, 2000, KR 2.

Füllgrabe, U. (1998). Welche Maßnahmen verhindern Kriminalität?: Die Strategie der „Nulltoleranz“ und andere Präventionsmaßnahmen auf dem Prüfstand. *Magazin für die Polizei, 29* (3), 14-17.

Gabler, Wirtschaftslexikon (2023) Agenda Setting, https://wirtschaftslexikon.gabler.de/definition/agenda-setting-28237, Abruf: 11.10.2023.

Geerds, F. (1983). Entwicklungsstand und Tendenzen der wissenschaftlichen Kriminalistik in der Bundesrepublik Deutschland, In: Kube/Störzer/Brugger (Hrsg.), *Wissenschaftliche Kriminalistik*, Wiesbaden.

Gellner, W. (1995) Ideenagenturen für Politik und Öffentlichkeit – Think Tanks in den USA und in Deutschland.

Geschäftsführung der AG Kripo (1998) Bund-Länder-Gremienarbeit – Effektivierung und Straffung, Wiesbaden.

Getto, W. (1998). Kriminalistisches Denken und polizeiliche Tatsachenfeststellung – Teil 1: Zugleich ein Vorschlag zur Begründung einer Wissenschaftstheorie für die Kriminalistik. *Kriminalistik, 52* (8-9), 567-571.

Gläser, W. Woher kommt der Begriff „VUCA“? (2018) VUCA-Blog, 13. Juni 2018, https://www.vuca-welt.de/wohervuca/, Abruf: 04.10.2023.

Groß, H., Geerds, F. (1978). *Handbuch der Kriminalistik*, Bd. II, Berlin.

Gluba, A. (2014). Predictive Policing – eine Bestandsaufnahme: Historie, theoretische Grundlagen, Anwendungsgebiete und Wirkung. *Kriminalistik, 68* (6), S. 347-352.

Gluba, A. (2015). *Predictive Policing – Chancen, Risiken und offene Fragen eines in Deutschland jungen Ansatzes.* Rede anlässlich des „Forum KI“ vom 24.-25. Juni 2015 in Wiesbaden. Verfügbar unter: http://www.bka.de/nn_193480/DE/Publikationen/ForumKI/ForumKI2015/forumKI2015__node.html?__nnn=true.

G4C German Competence Centre against Cyber Crime e. V. (2023). https://www.g4c-ev.de/. Abruf: 04.10.2023.

Goldstein, H. (1979). Improving Policing: A Problem-Oriented Approach. *Crime and Delinquency, 25*, S. 234-258.

Greenwood, P. & Petersilia, J. (1975). *The Criminal Investigation Process. Vol. 1, Summary and Policy Implications.* Santa Monica, Calif.: RAND Corp.

Gundlach, T. & Mentzel, T. (1992). Fehlerquellen der PKS und ihre Auswirkungen am Beispiel Hamburgs. In Polizei-Führungsakademie (Hrsg.), *Transformation – Zur Entwicklung in den neuen Bundesländern* (Schriftenreihe der Polizei-Führungsakademie). Münster: PFA.

Gut, Y. (2020) Die Brücke schlagen zwischen Wissenschaft und Praxis, format magazine – Zeitschrift für Polizeiausbildung und Polizeiforschung (2020) 77 – 81.

Haberman, C. P., Bratton, W. J., Murad, J. & Rawlins, W. E. (2022). *Prescision Policing 2.0: A Framework for the Future of Policing.* University of Cincinnati, Institute of Crime Science. https://www.publicsafetyresearch.org/s/Precision-Policing-20-White-Paper.pdf.

Hauber, J. Jarchow. E. & Rabitz-Suhr, S. (2019) Prädiktionspotenzial schwere Einbruchskriminalität – Ergebnisse einer wissenschaftlichen Befassung mit Predictive Policing; https://publikationen.uni-tuebingen.de/xmlui/bitstream/handle/10900/99541/abschlussbericht-praediktionspotenzial-schwere-einbruchskrminalitaet-do_p.pdf?sequence=1&isAllowed=y.

Hänsel, M. & Zeuch, A. (2003a). Intuition im Management: Auf die innere Stimme hören. *managerSeminare, 69,* 29-35.

Hänsel, M. & Zeuch, A. (2003b). Intuition im Management: Erfolgsradar innere Stimme. *INSight* (3-4), 18-20.

Heinz, W. & Koch, K.-F. (1992). Kriminalistische Diagnose, Prognose und Strategie auf Makro- und Mikroebene. In: Kube, E., Störzer, H. U. und Timm, K. J. (Hrsg.): *Kriminalistik – Handbuch für Praxis und Wissenschaft. Band 1*, Stuttgart.

Heinz, W. (2004). Alle 5 Sekunden geschieht eine Straftat – Wer hier wohnt lebt auf Nummer sicher: Von Schwierigkeiten und Fehlern der Berichterstattung über Kriminalität. In Bundeskriminalamt (Hrsg.), *Zahlen sprechen nicht für sich Aufsätze zu Kriminalstatistik, Dunkelfeld und Sicherheitsgefühl aus drei Jahrzehnten* (Polizei + Forschung, S. 359-412). München: Luchterhand.

Heinz, W. (2007). Kriminalität und ihre Messung in den amtlichen Kriminalstatistiken: Ein Überblick über einige vermeidbare Fehler. *Kriminalistik, 61* (5), 301-307.

Heinz, W. (2013). Was sollte der Gesetzgeber wissen sollen? Oder: Worüber sollten dem Gesetzgeber aus den Kriminal- und Strafrechtspflegestatistiken aktuelle und verlässliche Informationen zur Verfügung stehen? In K. Boers, T. Feltes, J. Kinzig, L. W. Sherman, F. Streng & G. Trüg (Hrsg.), *Kriminologie – Kriminalpolitik – Strafrecht: Festschrift für Hans-Jürgen Kerner zum 70. Geburtstag* (S. 345-357). Tübingen: Mohr Siebeck.

Heuer, H.-J. (1999). Bürger- und Mitarbeiterbefragungen im Verhältnis zur „Bürgerpolizei" –Eine Einleitung. In Polizei-Führungsakademie (Hrsg.), *Bürger- und Mitarbeiterbefragung in der polizeilichen Praxis* (Schriftenreihe der Polizei-Führungsakademie, Bürger- und Mitarbeiterbefragung in der polizeilichen Praxis, S. 3-15). Münster: PFA.

Hillen, H. (o. J.). Kriminalistik (Kriminaltechnik, Kriminalstrategie), *Krim-LEX.* Zugriff am 18.08.2015. Verfügbar unter: http://www.krimlex.de/artikel.php?BUCHSTABE=&KL_ID=104.

Hirschmann, K. (2003). Veränderte Sicherheitskonstellationen im Fokus, *der kriminalist*, 333 – 334.

Horten, B., Guzy, N. & Birkel, C. (2015). Aufklärungsquoten in der Polizeilichen Kriminalstatistik: Eine Untersuchung relevanter Einflussfaktoren und Aufbereitung des Forschungsstandes. *MSchrKrim*, *98* (2), 96–115.

Horváth, P. Gleich, S. & Seiter, M. (2015). *Controlling* (13., komplett überarb. Aufl.). München: Vahlen.

Hujahn (1998). Vergleichende Analyse der Berichterstattung über Kriminalität und Kriminalitätskontrolle in den lokalen Printmedien der Städte Herten und Castrop-Rauxel: Schwerpunkt: Erarbeitung eines standardisierten Erhebungsbogens und eines qualitativen Auswerterasters, in: Polizei-Führungsakademie (Hrsg.), Kriminalprävention als gesamtgesellschaftliche Aufgabe. Werkstattbericht einer Lehrveranstaltung des Fachbereichs Kriminalistik/Kriminologie, 1998.

IMK (Ständige Konferenz der Innenminister und -senatoren der Länder). (Hrsg.). (1994). *Programm Innere Sicherheit: Fortschreibung 1994,* IMK, Potsdam.

IMK (Ständige Konferenz der Innenminister und -senatoren der Länder). (Hrsg.). (2009). *Programm Innere Sicherheit: Fortschreibung 2008/2009,* IMK, Potsdam.

Innenministerium des Landes Baden-Württemberg (Hrsg.). (1996). *Kommunale Kriminalprävention.* Stuttgart: LMI.

Innenministerium des Landes Nordrhein-Westfalen (2008, 11. August). *Qualitätsoffensive in der Kriminalitätsbekämpfung: Erlass des Innenministeriums des Landes Nordrhein-Westfalen,* Az.: 42/41-59.03.02.

International Association of Law Enforcement Intelligence Analysts (IALEIA). (2012, April). Law Enforcement Analytical Standards (2nd editiuon). o. O.: IALEIA. Zugriff am 12.12.2015. Verfügbar unter: http://www.ialeia.org/images/docs/las2012.pdf.

Jaeger, R. & Sominka, V. (2001). Drogenkonsumräume – der richtige Weg? *der kriminalist, 33* (3), 119-122.

Jäger, J. (1998). Kriminalpolitik ohne Kriminologie. In Polizei-Führungsakademie (Hrsg.), *Polizei und Politik* (Schriftenreihe der Polizei-Führungsakademie, Heft 4/97-1/98, S. 153-159). Münster: Polizei-Führungsakademie.

Jäger, J. (2001). *Führungsinformationen und Sicherheitsgefühl: Lagebild/Subjektive Sicherheit an der Polizei-Führungsakademieim Rahmen der Ausbildung der Anwärterinnen und Anwärter des höheren Dienstes: Studienjahr 2001/2002.* Münster: PFA.

Johnson, S.D., Tilley, N. & Bowers, K.J. (2015). Introducing EMMIE: an evidence rating scale to encourage mixed-method crime prevention synthesis reviews. *Journal of Experimental Criminology*, *11* (3), 459–473. doi:10.1007/s11292-015-9238-7.

Julier, M. (1927). Die Anwendung militärischer Kampfgrundsätze in der Kriminalistik. *Kriminalistische Monatshefte: Zeitschrift für die gesamte kriminalistische Wissenschaft und Praxis, 1* 154.

Justiz- und Sicherheitsdepartment des Kantons Basel-Stadt (2023) Polizeiwissenschaften, Monitoringprodukte, CRAWLER, 2023/1. Halbjahr https://www.polizei.bs.ch/ueber-uns/Polizeiwissenschaften.html.

Kaiser, G. (1996). *Kriminologie: ein Lehrbuch* (3. Aufl.). Heidelberg: Müller.

Kaiser, G. (1997). *Kriminologie: eine Einführung in die Grundlagen* (UTB für Wissenschaft Uni-Taschenbücher, Bd. 594) (10., völlig neubearb. Aufl.). Heidelberg: Müller.

Kaplan, R. S. & Norton, D. P. (1996). *The Balanced Scorecard: Translate Strategy Into Action*, Harvard, 1996.

Kaplan, R. S. and Norton, D. P. (2004). The strategy map: guide to aligning intangible assets, in: *Strategy & Leadership 32* (5), S. 10 – 17.

Karmen, A. (Hrsg.) (1999). Crime and justice in New York City, New York: Mc Graw Hill.

Karmen, A. (Hrsg.) (2000). *New York murder mystery: The true story behind the crime crash of the 1990s.* New York: NYU.

Kasecker, R. (1998). Die Bekämpfung der Rauschgiftkriminalität durch die Polizei: Die polizeiliche Arbeit aus der Sicht der Praxis. In A. Kreuzer (Hrsg.), *Handbuch des Betäubungsmittelstrafrechts* (S. 963-1027). München: Beck.

Kasecker, R. (2003). Polizeiliche Konzeptionen zum Einsatz von verdeckten Ermittlern und Vertrauenspersonen: Rechtliche Vorgaben und taktische Konsequenzen. In Polizei-Führungsakademie (Hrsg.), *Seminar 21/03 Bekämpfung der Organisierten Kriminalität.* Münster: PFA.

Kasecker, R. (2008a). Aktuelle Strategien der Kriminalitätskontrolle in Deutschland. In Deutsche Hochschule der Polizei (Hrsg.), *Deutsch-Niederländisches Seminar.* Münster: DHPol.

Kasecker, R. (2008b). *Polizeiliche Fahndungsmethoden: (Rechtliche) Grundlagen.* Vortrag bei der Fachtagung der DPolG, „Offene Grenzen in Europa – Polizeiliche Fahndung zwischen Anspruch und Wirklichkeit“, Berlin.

Kasecker, R. & Lapp, M. (2009). *Elemente der Kriminalstrategie: Ziele und Wirkungen.* Studienbrief im Studiengang 2008/2010. Münster: DHPol, unveröffentlicht.

Kawelovski, F. (2021) Kriminaltechnik für Studierende und Praktiker, Eigenverlag.

Kelling, G., Pate, T., Dieckmann, D. & Brown, C. E. (1974). *The Kansas City Preventive Patrol Experiment: A summary Report.* Washington D.C.: Police Foundation.

Kelling, G. & Sousa, W. (2001). Do police matter? An analysis of the impact of New York Citys police reforms. (The Center for Civic Innovation at the Manhattan Institute, Civic Report No. 22). Zugriff am 15.02.2013. Verfügbar unter: http://www.manhattan-institute.org/html/cr_22.htm#15.

Kennedy, D., Braga, A. & Piehl, A. (2001) *Reducing Gun Violence: The Boston Gun Project's Operation Ceasefire*, Washington: U.S. Dept. of Justice, Office of Justice Programs.

Kerner, H.-J. (1991). *Kriminologielexikon* (4. Aufl.). Heidelberg: Kriminalistik Verlag.

Kerner, H.-J. (1994). Kriminalprävention: Ausgewählte strukturelle Überlegungen. *Kriminalistik, 48* (3), 171-178.

Kersten, J. (2012). „Polizeiwissenschaft": Eine programmatische Standortbestimmung [Elektronische Version], *SIAK-Journal – Zeitschrift für Polizeiwissenschaft und polizeiliche Praxis, 9* (1), 4-18.

Kettner, H. (2006) Politikberatung – Vermittlung und Orientierung. Universität Passau, http://www.thinktankdirectory.org/blog/wp-content/uploads/2007/03/kettner_2006_politikberatung-vermittlung-und-orientierung.pdf.

Keuschnigg, M., & Wolbring, T. (2015). Disorder, social capital, and norm violation: Three field experiments on the broken windows thesis. *Rationality and Society, 27* (1), 96-126. https://doi.org/10.1177/1043463114561749.

Kleinschmidt, Th. (2021) Kriminalstrategien gegen das gewerbsmäßige Einschleusen von Ausländern, KRIMINALISTIK (2021) 310 – 314.

Klink, M. & Kordus, S. (1986). *Kriminalstrategie: Grundlagen polizeilicher Verbrechensbekämpfung.* Stuttgart: Boorberg.

Kniesel, M. (1995, 6. März). *Strategische Kriminalitätskontrolle und Strafprozeßordnung.* Kriminalstrategie, Münster.

Kniesel, M. (1996). Staatsaufgabe Sicherheit: Grundgesetz und Polizei. In M. Kniesel, E. Kube & M. Murck (Hrsg.), *Handbuch für Führungskräfte der Polizei. Wissenschaft und Praxis* (S. 41-98). Wiesbaden: Schmidt-Römhild.

Knudsen, P. B. (2000). Möglichkeiten der OLAF in der Zusammenarbeit mit der Polizei und Justiz. In Bundeskriminalamt (Hrsg.) (Polizei + Forschung, S. 171-187). Wiesbaden: BKA.

Koch, K.-F. (2007). Präventionsplanung: Bürger als potentielle Opfer. In Innenministerium des Landes Baden-Württemberg (Hrsg.), *Kriminalprävention, Lehr- und Studienbriefe. Kriminalpolizeiliches Vorbeugungsprogramm des Bundes und der Länder.* Stuttgart: LMI.

Koch-Arzberger, C., Bott, K., Kerner, H.-J., Reich, K. & Vester, T. (2008). *Mehrfach- und Intensivtäter in Hessen.* Kriminalistisch-kriminologische Schriften der hessischen Polizei. Wiesbaden: LKA.

Kolmey, U. (2015, Juni). *Bedeutung der Dunkelfeldforschung als ergänzende Datenquelle für eine evidenzbasierte Sicherheitspolitik.* Rede anlässlich des „Forum KI" vom 24.-25. Juni 2015 in Wiesbaden. Verfügbar unter: http://www.bka.de/nn_193480/DE/Publikationen/ForumKI/ForumKI2015/forumKI2015__node.html?__nnn=true.

Körner, H. H. & D. Schremp (Hrsg.). (2007). *Betäubungsmittelgesetz, Arzneimittelgesetz* (6., neu bearb. Aufl.). Beck'sche Kurz-Kommentare. München: Beck.

Kosow, H. & Gaßner, R. (2008) Methoden der Zukunfts- und Szenarioanalyse Überblick, Bewertung und Auswahlkriterien, WerkstattBericht Nr. 103, Institut für Zukunftsstudien und Technologiebewertung. Online verfügbar: https://www.researchgate.net/profile/Robert-Gassner/publication/262198781_Methoden_der_Zukunfts_und_Szenarioanalyse_Uberblick_Bewertung_und_Auswahlkriterien, 2008.

Kosow, H. & León, Ch. (2015) Die Szenariotechnik als Methode der Experten- und Stakeholdereinbindung. In: Methoden der Experten- und Stakeholdereinbindung in der sozialwissenschaftlichen Forschung, von Marlen Niederberger und Sandra Wassermann (Hrsg.), Wiesbaden: Springer VS, 217-242.

Kriminalisten-Fachbuch KFB – Kriminalistische Kompetenz, https://www.kriminalistischekompetenz.de/inhalt.

Kube, E., Störzer, H.U & Brugger, S. (Hrsg.). (1983). *Wissenschaftliche Kriminalistik: Grundlagen und Perspektiven, Teilband 1: Systematik und Bestandsaufnahme* (BKA-Forschungsreihe, Bd. 16-1). Wiesbaden: BKA.

Kube, E. & Schreiber, M. (1992). Theoretische Kriminalistik. In: E. Kube, H.U. Störzer & K. Timm, *Kriminalistik: Handbuch für Wissenschaft und Praxis, Bd. 1* (S. 1-17). Stuttgart: Boorberg.

Küch, U. (2013) Bundesdeutsche Politik – Grenzgänger zwischen Macht und Recht?, URL: https://www.bdk.de/der-bdk/aktuelles/der-kommentar/bundesdeutsche-politik-2013-grenzgaenger-zwischen-macht-und-recht, Abruf: 18.08.2015.

Kurrat, M. Die Bekämpfung des grenzüberschreitenden organisierten Ladungsdiebstahls. (2021) der kriminalist (9) 7 – 10.

Lang, G., Schneider, A. (1998). Planung der Kriminalitätskontrolle, In: *Lehr- und Studienbriefe Kriminalistik*, Nr. 24.

Landeskriminalamt NRW (2018). Kriminalitätsmonitor NRW. Raub: Entwicklung, Risikofaktoren und Anzeigeverhalten. Düsseldorf.

Landespräventionsrat Niedersachsen (2005) BECCARIA-STANDARDS zur Qualitätssicherung kriminalpräventiver Projekte https://www.beccaria.de/nano.cms/de/Beccaria_Standards1/ Abruf: 16.10.2023.

Lange, H.-J. (1999*). Innere Sicherheit im Politischen System der Bundesrepublik Deutschland,* Springer Fachmedien, Wiesbaden.

Lapp, M., (2011). Kriminalstrategie – ausgewählte Aspekte, In: Artkämper, H., Clages, H. *Kriminalistik – gestern – heute – morgen – Festschrift zum 10-jährigen Bestehen der Deutschen Gesellschaft für Kriminalistik.*

Laudan, S. (2019). Neue Wege in der Bekämpfung Schwerer und Organisierter Kriminalität – Die Täterorientierte Schwerpunktermittlung (ToSE), *Die Polizei, 110*, 225 – 231.

Laudan, S. (2021) Neue Wege in der Bekämpfung Schwerer und Organisierter Kriminalität – Die Täterorientierte Schwerpunktermittlung (ToSE) (2021) In: Berthel (Hrsg.), Kriminalistik und Kriminologie in der VUCA-Welt – Teil III, Ermittlungen, Rothenburger Beiträge, Bd. 106, 43 – 59.

Lederer, A. (1999). Polizeiliche BürgerInnenbefragungen: Ist die Polizei unterwegs zu mehr Bürgernähe. *Bürgerrechte und Polizei/Cillip* (64), 40-48.

Lekschas, J., Harrland, H., Hartmann, R., Lehmann, G. (1983). *Kriminologie, Theoretische Grundlagen und Analysen*, Berlin.

Lehmann, G. (1987). *Kriminalitätsvorbeugung in großen Städten Erfahrungen und Probleme*, Berlin.

Lehmann, G. (2011), Unser Land hat die beste Polizei. Eine politisch akzentuierte Teilwahrheit, in: *Behörden Spiegel* 27 (VII).

Leibniz, G.W. (1956). Monadologie.

Lemler, K. (2008). *Die Entwicklung der RAF im Kontext des internationalen Terrorismus.* Forum Junge Politikwissenschaft. Bonn: Bouvier.

Lennert, H. (2006). Die Neuausrichtung der Kriminalitätsbekämpfung beim Polizeipräsidium Mittelfranken aus der Sicht eines Leiters mit einer Kripo mit Flächenaufgaben. In Deutsche Hochschule der Polizei (Hrsg.), *Seminar Planung der Kriminalitätskontrolle.* [CD] Münster: DHPOL.

Lersch, R. (1998). *Die Rechtstatsachensammelstelle beim Bundeskriminalamt.* Rechtstatsachen im Bereich der Kriminalitätskontrolle, Münster.

Liu, L. & Eck, J. (eds.). (2008) *Artificial crime analysis systems: using computer simulations and geographic information systems.* Hershey: Information Science Reference.

Loftin, C. & McDowall, D. (1982). The Police, Crime and Economic Theory: An Assessmant. *American Sociological Review* (47), 393-401.

Lösel, F., Bender, D. & Jehle, J.-M. (Hrsg.). (2007). *Kriminologie und wissensbasierte Kriminalpolitik: Entwicklungs- und Evaluationsforschung.* Neue kriminologische Schriftenreihe: Bd. 110. Mönchengladbach: Forum-Verlag.

Lösel, F. und Plankensteiner, B. (2005). *Die Wirksamkeit der Videoüberwachung.* Verfügbar unter: http://www.kriminalpraevention.de/downloads/as/evaluation/Wirksamkeit_Videoueberw.pdf (15.02.2013).

Luff, J. (2000). *Kriminalität von Aussiedlern: Polizeiliche Registrierungen als Hinweis auf misslungene Integration?* Kriminologische Forschungsgruppe der Bayerischen Polizei. Zugriff am 07.11.2009. Verfügbar unter: http://www.polizei.bayern.de/content/4/3/7aussiedler.pdf.

Mahnken, J. K. (2020) *Auswirkungen der digitalen Transformation für die Aufgaben und Ausrichtung der Kriminalpolizei Wie die Technikbetroffenheit die Kriminalpolizei verändert – Figurations- und prozesssoziologische Analyse in den Polizeiwissenschaften*, Verlag für Polizeiwissenschaft.

Manchin, R. (2007). *The Burden of Crime in the EU: A Comparative Analysis of the European Crime and Safety Survey (EU ICS) 2005.* Zugriff am 19.05.2011. Verfügbar unter: http://www.europeansafetyobservatory.eu/downloads/EUICS%20-%20The%20Burden%20of%20Crime%20in%20the%20EU.pdf.

Mantel, G., Schwarz, U., Vetter, R. und Walser, W. (2003). *Polizeiliche Ermittlungsführung in Strafverfahren* (Texte der Fachhochschule Villingen-Schwenningen, Hochschule für Polizei, Bd. 34).

Mastrofski, S. (2006). Critic – Community policing: a sceptical view, in: D. Weisburd & A. Braga (eds.), *Police Innovation, Contrasting Perspectives* (44-77), New York: Cambridge University Press.

Mayring, P. (2010). Qualitative Inhaltsanalyse. In U. Flick, E. von Kardorff & I. Steinke (Hrsg.), Qualitative Forschung. Ein Handbuch (8. Aufl., S. 468–475). Reinbek bei Hamburg: Rowohlt-Taschenbuch-Verlag.

Mazarolle, L. & Ransley, J. (2006), Advocate – The case for third-party policing, in: D. Weisburd & A. Braga (eds.), Police Innovation: Contrasting Perspectives (S. 191-206), New York: Cambridge University Press.

McCord, J. (2003). Cures that harm: Unanticipated outcomes of crime prevention programs, *The Annals of the American Academy of Political and Social Science*, *587*, 16–30.

Meares, T., (2006). Critic – Third-party policing: a critical view, in: D. Weisburd & A. Braga (Hrsg.), Police Innovation: Contrasting Perspectives (S. 207-225), New York: Cambridge University Press.

Melz, J., Öffentlichkeitsfahndung im Internet – Im Spannungsfeld zwischen Recht und Praxis (2021). Duncker & Humblot, Internetrecht und Digitale Gesellschaft (IDG), Berlin, Bd. 26.

Metz, T. (2017). Agent-Based Modeling (ABM). In: Jäckle, S. (Hrsg.), *Neue Trends in den Sozialwissenschaften* (S. 11-50). Springer VS: Wiesbaden. https://doi.org/10.1007/978-3-658-17189-6_2

Meyer, M. Dahlen, L. & Berthold, M. (2021). Sicherheit und Gewalt in Nordrhein-Westfalen, *Kriminalistik*, *70*(2), 84 – 90.

Meyer, M. & Schwarz, K. (2023) Risikoanalysen zum Phänomen Geldautomatensprengungen. *Die Polizei*, *114*, 262 – 265.

Meyer-Goßner, L., Cierniak, J., Schwarz, O., Kleinknecht, T. & Meyer, K. (2008). *Strafprozessordnung: Gerichtsverfassungsgesetz, Nebengesetze und ergänzende Bestimmungen* (51., neu bearb.). Beck'sche Kurz-Kommentare: Bd. 6. München: Beck. Zugriff am 01.04.2009. Verfügbar unter: http://www.gbv.de/dms/ilmenau/toc/561415870.PDF.

Michel, St. & Walch, A. (2020). Organisierte Kriminalität – Das nationale Lagebild, neue Phänomene und Bekämpfungsstrategien, Die Politische Meinung, Zeitschrift der Konrad Adenauer Stiftung, Nr. 565.

Ministerium des Innern und für Sport Rheinland-Pfalz (2020) Künstliche Intelligenz gegen das Verbrechen: Kooperation gestartet, https://mdi.rlp.de/service/pressemitteilungen/detail/kuenstliche-intelligenz-gegen-das-verbrechen-kooperation-gestartet.

Ministerium des Innern und für Sport Rheinland-Pfalz (2022) Evaluationsbericht Harmonisierung der polizeilichen IT-Systeme, 18.09.2022, https://www.innenministerkonferenz.de/IMK/DE/termine/to-beschluesse/2022-12-02/anlage-zu-top-34.pdf?__blob=publicationFile&v=2.

Ministerium für Inneres, Digitalisierung und Migration Baden-Württemberg, 2015. *Polizei Baden-Württemberg startet Einsatz der Prognose-Software „precobs“*, Pressemitteilung v. 30.10.2015. Verfügbar unter: http://im.baden-wuerttemberg.de/de/service/presse-und-oeffentlichkeitsarbeit/pressemitteilung/pid/polizei-baden-wuerttemberg-startet-einsatz-der-prognose-software-precobs/.

Mischkowitz, R. (2015, Juni). *Fortentwicklung der PKS im Spannungsfeld von Erwartungen und Möglichkeiten: Gegenwart und Zukunft der PKS.* Rede anlässlich des „Forum KI" vom 24.-25. Juni 2015 in Wiesbaden. Verfügbar unter: http://www.bka.de/nn_193480/DE/Publikationen/ForumKI/Forum-KI2015/forumKI2015__node.html?__nnn=true.

Mokros, R. (2009). *Polizeiforschung für Studium und Praxis.* Lehr- und Studienbriefe Kriminalistik/Kriminologie: Bd. 11. Hilden: Verlag Dt. Polizeiliteratur.

Moore, H. & Trojanowicz, R. C. (1988). Policing and the Fear of Crime. *New Perspectives in Policing Bulletin 3.* Washington, D.C.: U.S. Department of Justice, National Institute of Justice. Zugriff am 11.12.2015. Verfügbar unter https://www.ncjrs.gov/pdffiles1/nij/111459.pdf.

Murck, M. (1995). Programme und Projekte. *Kriminalistik, 40* (6), *386-394.*

Münch, H. (2020). 70 Jahre AG Kripo: Paradebeispiel für gelebten Föderalismus. *Kriminalistik*, *69*(10), 465-471.

Münch, H. Digitalisierung, Diversität, Stabilität – Anforderungen an die Polizei in einer polarisierten Gesellschaft, Rede im Rahmen der BKA-Herbsttagung 2021, 4 ff..

Naplava, T., Kersting, S. & Krahwinkel, F. (2012). *Ländervergleichende Analyse von Aufklärungsquoten.* Düsseldorf: Landeskriminalamt Nordrhein-Westfalen.

Nassehi, A. (2017): Öffentliche Sicherheit – eine Vertrauensfrage. Vortrag anlässlich der BKA-Herbsttagung 2017. https://www.bka.de/SharedDocs/Downloads/DE/Publikationen/Herbsttagungen/2017/herbsttagung2017 NassehiLangfassung.pdf?__blob=publicationFile&v=4 (20.12.2023).

Naisbitt, J. (1982). Megatrends: Ten New Directions *Transforming Our Lives.* New York: Warner Books.

Nägel, Ch. (2016) Entstehung und Ausdifferenzierung der polizeiinternen kriminalistisch-kriminologischen Forschung in Deutschland, Wuppertal.

Neidhardt, K. (1998) *Zeitnahe Lageerhebung und -auswertung als Vorraussetzung effektiver Kriminalitätskontrolle.* Lagebild Innere Sicherheit in Europa, Münster: PFA.

Nilvall, K. (2014, Oktober). *The criminal arboristic approach – A method to combat organised crime.* Vortrag anlässlich der 7th Research Conference on Organised Crime: The different Faces of Organised Crime in Wiesbaden on 8 – 9 October 2014. Verfügbar unter: http://www.bka.de/nn_192960/EN/SubjectsAZ/Research/OrganisedCrimeResearch/2014/organisedCrimeResearch2014__node.html?__nnn=true.

Oevermann, U., Schuster, L. & Simm, A. (1985a). Zum Problem der Perseveranz in Delikttyp und modus operandi. In: U. Oevermann, L. Schuster & A. Simm (Hrsg.), *Zum Problem der Perseveranz in Delikttyp und modus operandi. Spurentext-Auslegung, Tätertyprekonstruktion und die Strukturlogik kriminalistischer Ermittlungspraxis* (BKA-Forschungsreihe, S. 129-437). Wiesbaden: BKA.

Oevermann, U., Schuster, L. & Simm, A. (Hrsg.). (1985b). *Zum Problem der Perseveranz in Delikttyp und modus operandi: Spurentext-Auslegung, Tätertyprekonstruktion und die Strukturlogik kriminalistischer Ermittlungspraxis.* BKA-Forschungsreihe: Bd. 17. Wiesbaden: BKA.

Ohlemacher, T. (2003). Diesseits von für und über? Verstehende Polizeiforschung verstehen: Kommentar zu Jo Reichertz und Norbert Schröer „Hermeneutisch-wissenschaftliche Polizeiforschung". In H.-J. Lange (Hrsg.), *Die Polizei in der Gesellschaft. Zur Soziologie der inneren Sicherheit* (S. 139–146). Opladen: Leske & Buderich.

Ott, K. (2008). *Verdeckte Ermittlungen im Strafverfahren: Die deutsche Rechtsordnung und die Rechtslage nach der EMRK in einer rechtsvergleichenden Betrachtung.* Europäische Hochschulschriften – Reihe II. Frankfurt am Main: Lang.

Pate, A. M. (1986). Experimenting with Foot Patrol: The Newark Experience. In D. P. Rosenbaum (Hrsg.), *Community Crime Prevention* (S. 137-156). Beverly Hills: Sage.

Paul, D. (2009). *Kontrollkriminalität im System polizeilicher Strafverfolgung* (Master's Thesis). Universität Osnabrück, Osnabrück.

Pausch, W. (2008). *Polizeiarbeit im Spannungsfeld zwischen Wirtschaftlichkeit und Sicherheitsauftrag: Aufgezeigt anhand von drei empirischen Kosten-, Nutzen- und Wirksamkeitsanalysen aus dem Bereich des Polizeipräsidiums Südhessen.* Dissertation, TU Darmstadt. Darmstadt. Zugriff am 14.6.2011. Verfügbar unter: http://www.gbv.de/dms/zbw/583957285.pdf.

Pearsall, B. (2010, May). Predictive Policing: The Future of Law Enforcement?, National Institute of Justice Journal, No. 266 S. 16-19, S. 16. Verfügbar unter: https://www.ncjrs.gov/pdffiles1/nij/230414.pdf.

Percy, S. (1980). Response Time and Citizen Evaluation. *Journal of Police Science and Administration* (8), 76-86.

Permantier, M. VUCA – eine weitere Floskel für den Paradigmenwechsel? (2020) https://die-werteentwicklung.de/blog/artikel/vuca-eine-weitere-floskel-fuer-den-paradigmenwechsel/, Abruf: 26.01.2020.

Perry, W. L., McInnis, B., Price, C. C., Smith, S.C., & Hollywood, J. S. (2013). *Predictive Policing: The Role of Crime Forecasting in Law Enforcement Operations,* o. O.: Rand Corporation. Verfügbar unter: http://www.rand.org/content/dam/rand/pubs/research_reports/RR200/RR233/RAND_RR233.pdf.

Peters, B. (2007). *Tödlicher Irrtum: Die Geschichte der RAF* (3. Aufl.). Frankfurt am Main: Fischer.

Pfeiffer, F. (2022) Qualitative Inhaltsanalyse nach Mayring in 5 Schritten, scribbr,18. März 2022, https://www.scribbr.de/methodik/qualitative-inhaltsanalyse/.

Plank, H. & Fiedler, A. (2023). Das „Spuren- und Indizienparadigma" – Bedeutung innerhalb der kriminalistischen Handlungslehre im Kontext der Cyberkriminalistik und -kriminologie. In T.-G. Rüdiger, & P.S. Bayerl (Hrsg), *Handbuch Cyberkriminologie: Theorien und Methoden Bd. 1* (S. 71-136). Springer VS.

Polizei Hamburg, Kriminologische Forschungsstelle, Unsere primären Aufgaben (2023), https://www.polizei.hamburg/kriminologische-forschungsstelle-a-552988, Abruf: 12.10.2023.

Polizei Nordrhein-Westfalen, Bevölkerungsbefragungen (2023) https://polizei.nrw/bevoelkerungsbefragungen, Abruf: 19.10.2023.

Polizei Sachsen, Forschungsprojekt »Pflegeforensik« abgeschlossen. (2023). https://www.polizei.sachsen.de/de/MI_2023_99300.htm. Abruf: 30.08.2023.

Polizeidirektion Coburg & Fachhochschule Coburg (Hrsg.). (2002). *Abschlussbericht „Bürgerbefragung der Polizei Coburg in Zusammenarbeit mit der Fachhochschule Coburg“.* Coburg.

Potter, A. (2015, January 16). Britain's first private police force charging £1 a week to protect locals' homes. Metro Online. https://metro.co.uk/2015/01/16/britains-first-private-police-force-charging-1-a-week-to-protect-locals-homes-5024070/, Abruf 28.2.2024.

Prittwitz, C. (2008). Kriminalpolitik in der Mediengesellschaft – Eine Skizze; in: *Festschrift für Rainer Hamm*, hrsg. von Michalke, R. u.a., Berlin.

ProPK-Programm Kriminalprävention der Länder und des Bundes (Hrsg.). (2009, 15. Dezember). *Qualitätssicherung in der Polizeiarbeit: Arbeitshilfe für Planung, Durchführung und Bewertung von Projekten.* Verfügbar unter: www.polizei-beratung.de/file_service/documents/LEITFADEN+-+Arbeitshilfe+Qualitätssicherung.pdf.

Putzke, H. (2006). Was ist gute Kriminalpolitik? Eine begriffliche Klärung; in. *Kriminalpolitik und ihre wissenschaftlichen Grundlagen, Festschrift für Hans-Dieter Schwind*, Hrsg. Feltes, T. Steinhilper, G. und Pfeiffer, Ch., Heidelberg.

Ratcliffe, J. H. (2008). *Intelligence-led Policing.* Cullompton: Willan.

Rauls, F. & Feltes, T. (2020). Der administrative Ansatz zur Prävention und Bekämpfung von Kriminalität am Beispiel des Vorgehens gegen „Rockerkriminalität“: Wird das Strafrecht durch das Verwaltungsrecht ausgehebelt? *Die Polizei, 111* (3), 85-92.

Read, T. und Tilley, N. (2000). Not rocket science? Problem-solving and crime reduction (Crime Reduction Series Paper Nr. 6.). London: Home Office.

Regierungskommission NRW (2020). „Mehr Sicherheit für Nordrhein-Westfalen“, Abschlussbericht, Düsseldorf, März 2020. https://www.land.nrw/sites/default/files/asset/document/abschlussbericht.pdf, Abruf: 30.08.2023.

Reez, N. (1995). *Das Wort „Kriminalstrategie*, Studien zur Geschichte und Karriere eines kriminalistischen Begriffs, Diplomarbeit, Hamburg.

Reiche, P. (2014) Fallbearbeitungssystem, wozu eigentlich? Der praktische Einsatz des Fallbearbeitungssystems rsCase. In: *Kriminalistik.*

Reichertz, J. (1998) Expertensysteme in der Kriminalistik, Kriminalistik, 47 – 53.

Reuband, K.-H. (1999). Wahrgenommene Polizeipräsenz in der Wohngegend und ihre Auswirkungen auf das Sicherheitsgefühl: Eine Analyse ostdeutscher Bevölkerungsumfragen. *Die Polizei, 95* (4), 112-116.

Reuband, K. H. (2004). Steigert Polizeipräsenz das Sicherheitsgefühl? Eine vergleichende Studie in west- und ostdeutschen Städten, in: H. Schöch & J.-M. Jehle (Hrsg.), *Angewandte Kriminologie zwischen Freiheit und Sicherheit.* Neue Kriminologische Schriftenreihe der Neuen Kriminologischen Gesellschaft e. V., Band 109. Mönchengladbach, S. 255-272.

Reuter, M. (2009a). Weniger Straftaten durch mehr Polizei!? *Kriminalistik, 63* (2), 67 – 70.

Reuter, M. (2009b). Weniger Straftaten und höhere Aufklärungsquoten durch mehr Polizei!? *Kriminalistik, 63* (10), 562-565.

Richter, F., (2021) Der Essener Weg in der Bekämpfung der Clankriminalität – Eine Betrachtung der bisherigen Maßnahmen. Polizei Info Report, 5/2021.

Richter, F. & Dienstbühl, D. (2022). Das Phänomen Clankriminalität als Katalysator für eine moderne Verbrechensbekämpfung. *Die Polizei, 113*, 415 – 421.

Rogge, H.-W. (2005). Strategische Analysen zur Planung der Kriminalitätsbekämpfung. *Kriminalistik*, *59*(3), 140-143.

Rosenbaum, D. (2006). Critic – The limits of hot spot policing, in: D. Weisburd & A. Braga (eds.), Police Innovation: Contrasting Perspectives (S. 245-259). New York: Cambridge University Press.

Rosenbaum, D. P. (Hrsg.). (1986). *Community Crime Prevention.* Beverly Hills: Sage.

Rossi, P. H., Freeman, H. E., Hofmann, G. (1988): *Programm-Evaluation. Einführung in die Methoden angewandter Sozialforschung.* Ferdinand Enke Verlag, Stuttgart.

Roth, J.-A., Roehl, J. & Johnson C. (2004). Trends in community policing, in: W. Skogan (ed.), Community policing: can it work? (S. 3-29). Belmont: Wadsworth.

Röhl, A. & Zerbin, D. Working Paper Wirtschaftskriminalität im Schatten der Pandemie – Unternehmen und die Gefahr einer dritten Krise (2020). Leibniz-Informationszentrum Wirtschaft – Leibniz Information Centre for Economics.

Rügemer, W. (1999). Polizeiliche Kriminalstatistik – Das verzerrte Bild [Themenheft Nr. 6]. *Deutsche Polizei, 48*(5).

Ruhr-Universität Bochum, Methodenzentrum (2023), Qualitative Inhaltsanalyse nach Mayring, https://methodenzentrum.ruhr-uni-bochum.de/e-learning/qualitative-auswertungsmethoden/qualitative-inhaltsanalyse/qualitative-inhaltsanalyse-nach-mayring/, Abruf: 30.10.2023.

Rzepka, D. (1999). *Zur Fairness im deutschen Strafverfahren.* Frankfurt am Main: Klostermann (Habilitationsschrift).

Sachs, S., Rühli, E., Schmitt, R. Egli, E. (2019) Strategische Kommunikation als Perspektive der Balanced Scorecard, *Management Weiterbildung Universität Zürich*, 2019, Heft 18.

Schäfer, H. (1973). *Kriminalstrategie und Kriminaltaktik* (Grundlagen der Kriminalistik, Bd. 11.) Hamburg: Steintor-Verl.

Schäfer, C. & Paoli, L. (2006). *Drogenkonsum und Strafverfolgungspraxis: Eine Untersuchung zur Rechtswirklichkeit der Anwendung des § 31a BtMG und anderer Opportunitätsvorschriften auf Drogenkonsumdelikte.* Berlin: Duncker & Humblot.

Scharf, W., Mühlenfeld, H.-U. & Stockmann, R. (1999). Zur Kriminalitätsberichterstattung in der Presse. *Kriminalistik, 53* (2), 87-94.

Schemer, S. (2007). *Kooperation trotz Statusunterschied?: Die Zusammenarbeit von Polizei und Staatsanwaltschaft unter dem Blickwinkel arbeits- und sozialpsychologischer Theorien* (Diss. Fernuniversität, Hagen; Kriminologie und Praxis; Bd. 55). Wiesbaden: Kriminologische Zentralstelle.

Schmelz, G. (2016). Skript Modul 3.3/3.4 „Kriminalitätskontrolle I und II", Studiengang Kriminalpolizei, 3. Auflage.

Schöch, H. (2007). Kriminalpolitik in Zeiten komplexer Bedrohungsformen. In F. Lösel, D. Bender & J.-M. Jehle (Hrsg.), *Kriminologie und wissensbasierte Kriminalpolitik. Entwicklungs- und Evaluationsforschung* (Neue kriminologische Schriftenreihe, S. 45-64). Mönchengladbach: Forum-Verlag.

Scholles, F. & Fürst, D. (2002). *Gesellschaftswissenschaftliche Grundlagen: Planungstheorie und Verwaltungshandeln,* Universität Hannover. Hannover.

Scholzen, R. (2003). Möglichkeiten und Grenzen des Aussagewertes Polizeilicher Kriminalstatistiken. *Die Polizei, 94*(1), 16-19.

Schröder, G. (2019) Der OK-Schwerpunktbildungsprozess: Grundlegende Neuausrichtung der OK-Bekämpfung in Deutschland? Kriminalistik 2019, 627 – 631.

Schulte, R. & Neidhardt, K. (1998). Kriminologie und Kriminalistik an der Polizei-Führungsakademie, In: H.-D. Schwind (Hrsg.), *Festschrift für Hans-Joachim Schneider zum 70. Geburtstag* (S. 681-692). Berlin: de Gruyter.

Schulz, A. (2023) *Interdisziplinäre Kriminalwissenschaften als Future Skills für Sicherheitsmanager,* PROTECTOR, 4. Oktober 2023. https://www.protector.de/interdisziplinaere-kriminalwissenschaften-als-future-skills-fuer-sicherheitsmanager.

Schwind, H.-D. (2007). *Kriminologie: Eine praxisorientierte Einführung mit Beispielen* (17. neubearb. und erw.). Heidelberg: Kriminalistik-Verl.

Schwind, H.-D. (2013). *Kriminologie; Eine praxisorientierte Einführung mit Beispielen* (22. Aufl.). Heidelberg: Kriminalistik-Verl.

Scott, M. & Clarke, R. (2000). A review of submission for the Herman Goldstein Excellence in Problem-Oriented Policing, in: C. Sole Brito & E. Gratoo (Hrsg.). Problem-Oriented Policing, Crime-specific problems, critical issues, and making POP work (Vol. 3). Washington: US Department of Justice.

Sehr, P. (2008). Neue Technologien und Technologieradar. In Deutsche Hochschule der Polizei (Hrsg.), *Seminar Kriminalität im Zusammenhang mit 'Neuen Medien'. Phänomenologie und Bekämpfungsansätze an der Deutschen Hochschule der Polizei.* Münster: DHPol.

Seiter, Ch. & Ochs, S. (2014). Megatrends verstehen und systematisch analysieren. *markeZin, 5* (1), 4-16.

Semmler, K. (2022). Analyse von Hasskommentaren im Netz und deren Bewertung durch Open Source Intelligence, Mittweida.

Shannon, C. E. & Weaver, W. (1976). *Mathematische Grundlagen der Informationstheorie.* München: Oldenbourg.

Sherman, L. W. (1997). *Preventing Crime: What works, what doesn't, what's promising: A report to the United States Congress.* College Park: University of Maryland (Office of Justice Programs research report).

Sherman, L., Gartin, P. & Buerger M., Hotspots of Predatory Crime: Routine Activities in the Criminology of Place, in: Criminology, 1/1989, 27-56.

Sinn, A. (2016) Organisierte Kriminalität 3.0, Springer.

Silverman, E. (2006). Advocate – Compstat's innovation, in: D. Weisburd & A. Braga (Hrsg.), Police innovation: Contrasting perspectives (S. 267-284), New York: Cambridge University Press.

Skogan, W. (2006). Advocate – The promise of community policing, in: D. Weisburd & A. Braga (Hrsg.), Police Innovation, Contrasting Perspectives (S. 27-44). New York: Cambridge University Press.

Skogan, W. (1990). *Disorder and decline: Crime and the spiral of decay in American neighborhoods.* New York: The Free Press.

Sluis, A. van, Marks, P. & Bekkers, V. (2010). Nodal Policing in the Netherlands: Strategic and Normative Considerations on an Evolving Practice. International Police Executive Symposium/Geneva Centre for Democratic Control of Armed Forces, Working Paper No. 25, S. 6. Verfügbar unter: http://ipes.info/WPS/WPS_No_25.pdf.

Sohn, W. (2015). Kriminologische Datenbanken – Mittel der Fachinformation (auch) für die Polizei. *Die Polizei, 5,* 131-135.

Sousa, W. & Kelling, G. (2006). Of „broken windows" criminology and criminal justice, in: D. Weisburd & A. Braga (Hrsg.), *Police Innovation: Contrasting Perspectives* (S.77-98). Cambridge University Press: Cambridge.

Sparrow, M. K. (2011). Governing Science. *New Perspectives in Policing Bulletin.* Washington, DC: U.S. Department of Justice, National Institute of Justice. Zugriff am 11.12.2015. Verfügbar unter https://www.ncjrs.gov/pdffiles1/nij/232179.pdf.

Sparrow, M. K. (2014). Managing the Boundary Between Public and Private Policing. New *Perspectives in Policing Bulletin.* Washington, DC: U.S. Department of Justice, National Institute of Justice. Zugriff am 11.12.2015. Verfügbar unter https://www.ncjrs.gov/pdffiles1/nij/247182.pdf.

Sparrow, M. K. (2015). Measuring Performance in a Modern Police Organization. *New Perspectives in Policing Bulletin.* Washington, DC: U.S. Department of Justice, National Institute of Justice. Zugriff am 11.12.2015. Verfügbar unter https://www.ncjrs.gov/pdffiles1/nij/248476.pdf.

Speckhardt, K.H., Fleischhack, M., Wiesbacher, F. & Rüter, K. (1968). *Handbuch „Die Verhütung und Bekämpfung der Häufigkeitskriminalität"*, Ministerium des Innern, Publikationsabteilung, Berlin.

Spelman, W. & Brown, D. (1981). *Calling the Police: Citizen Reporting of Serious Crime.* Washington D.C.: National Institute of Justice.

Ständige Konferenz der Innenminister und -senatoren der Länder, kurz Innenministerkonferenz (IMK). (1974). Programm Innere Sicherheit.

Ständige Konferenz der Innenminister und -senatoren der Länder, kurz Innenministerkonferenz (IMK). (2008/2009). Programm Innere Sicherheit. Forschreibung 2008/2009. Zugriff am 06.02.2016. Verfügbar unter http://www.mik.brandenburg.de/sixcms/media.php/1056/Programm_Innere_Sicherheit.pdf.

Steffen, W. & Elsner, E. (2000). Kriminalität junger Ausländer: Kriminalität ist keine Frage des Passes, sondern eine Frage von Lebenslagen. *Deutsches Polizeiblatt, 18,* (5), 20-24.

Steffen, W. (1980-82). *Untersuchungen der Möglichkeiten des datenmäßigen Abgleichs von Täterbegehungsmerkmalen zur Fallzusammenführung.* München: LKA.

Steffen, W. (1989). Steigerung der Effizienz polizeilicher Arbeit durch verstärkte Zusammenarbeit mit dem Bürger. In Polizei-Führungsakademie (Hrsg.), *Seminar Führung in der Polizei. Organisation* (S. 115-134). Münster: PFA.

Steffen, W. (1995). Veränderungen in der polizeilichen Aufgabenwahrnehmung – Gemeinwesenorientierung als moderne Zielperspektive? In Polizei-Führungsakademie (Hrsg.), *50 Jahre polizeiliche Bildungsarbeit in Münster-Hiltrup* (Schriftenreihe der Polizei-Führungsakademie, 3/4/95, S. 107-123). Münster: PFA.

Steffen, W. (2013). Gutachten für den 17. Deutschen Präventionstag: Sicher leben in Stadt und Land. In E. Marks & W. Steffen (Hrsg.). *Sicher leben in Stadt und Land: Ausgewählte Beiträge des 17. Deutschen Präventionstages 16. und 17. April 2012 in München* (S. 47-120). Mönchengladbach: Forum Verlag Godesberg.

Stegmaier, P. & Feltes, T. (2007). Vernetzung als neuer Effektivitätsmythos für innere Sicherheit. *Politik und und Zeitgeschichte, 55,* (12), 18-25.

Stehr, N. (2001). Moderne Wissensgesellschaften. *Politik und Zeitgeschichte, 36,* (8), 7-14.

Stelzer, E., (Hrsg.). (1977). *Sozialistische Kriminalistik*, Bd. 1 (Allgemeine kriminalistische Theorie und Methodologie). Berlin: DVW.

Stelzer, E., (Hrsg.). (1979). *Sozialistische Kriminalistik* Bd. 2 (Naturwissenschaftlich-technische Kriminalistik). Berlin: DVW.

Stelzer, E. (Hrsg.). (1986). *Sozialistische Kriminalistik*, Bd. 3/1, (Kriminaltaktik, Gegenstand, Erster Angriff, Ermittlungen). Berlin: DVW.

Stelzer, E., (Hrsg.). (1984). *Sozialistische Kriminalistik* Bd. 3/2 (Kriminaltaktik, Planung, Vernehmung weitere Untersuchung) Berlin: DVW.

Sterbling, A. (2015a). Bürgerbefragung zum Sicherheitsgefühl im Landkreis Görlitz – im Vergleich zu vorausgegangenen Untersuchungen und unter besonderer Berücksichtigung internationaler Einflussfaktoren, Teil I. *Die Polizei, 106*(10), 292-296.

Sterbling, A. (2015b). Bürgerbefragung zum Sicherheitsgefühl im Landkreis Görlitz – im Vergleich zu vorausgegangenen Untersuchungen und unter besonderer Berücksichtigung internationaler Einflussfaktoren, Teil II. *Die Polizei, 106*(11), 317-323.

Stock, J. & Kreuzer, A. (1996). *Was, wie und gegen wen ermittelt wird, entscheiden wir.: Drogen und Polizei: Eine kriminologische Untersuchung polizeilicher Rechtsanwendung.* (Gießener Kriminalwissenschaftliche Studien, Bd. 3). Bad Godesberg: Forum-Verlag.

Stock, R., Büchler, H. & Schneider, H. (1999). Konzepte der Kriminalitätsbekämpfung. *Kriminalistik, 53*(6), 385-390.

Stock, J. (2000). Lässt die Kriminologie Platz für eine Polizeiwissenschaft? In: Polizei-Führungsakademie (Hrsg.): Kriminologie 2000 – Positionen und Perspektiven, *Schriftenreihe der Polizei-Führungsakademie* 3/2000, 95-120.

Stockmann, R. (2002) *Was ist eine gute Evaluation. Saarbrücken*: Centrum für Evaluation, (CEval-Arbeitspapiere; 9).

Strauß, E. & Ackermann, R. (1984). Kriminalistische Untersuchungsplanung. In E. Stelzer. (Hrsg), *Sozialistische Kriminalistik, Bd. 3/2: Kriminaltaktik, Planung, Vernehmung weitere Untersuchung*, Berlin:.

Stümper, A. (1999). Das Primat der Politik aus polizeilicher Sicht. *der kriminalist, 31*(2), 58.

Stübert, D. F. (1999). Strategische Kriminalitätsanalyse im BKA. *Kriminalistik, 53*(6), 379-383.

Stümper, A. (2004). Polizeilich-militärische Gemengelagen – eine strategische Herausforderung der Sicherheitsorgane angesichts eines völlig neuen Lagebildes. *Die Kriminalpolizei, 22*(4), 112-117.

ten Kate, W. (2012). Investigating and prosecuting human trafficking in the Netherlands by the National Prosecution Service, In: U. Töttel, G. Bulanova-Hristova & H. Büchler (Hrsg.) *Research Conferences on Organised Crime at the Bundeskriminalamt in Germany (Vol. II): Organised Crime – Research and Practice in Western and Northern Europe 2011 – 2012* (Polizei + Forschung, Bd. 45) (55-80), Köln: Luchterhand.

Thier. J. K. M. (2015). *Bürgerbeteiligung in der Polizei Rheinland-Pfalz: Eine Betrachtung verankerter Beteiligungsinstrumente im Kontext innerorganisatorischer und externer Bedürfnisse* (Unveröffentlichte Masterarbeit). Deutsche Hochschule der Polizei, Münster. Zugriff am 10.12.2015. Verfügbar unter http://www.polizei-newsletter.de/documents/2015_THIER_Judith_Masterarbeit.pdf.

Thunert, M. (2003) Think Tanks in Deutschland – Berater der Politik? Bundeszentrale für politische Bildung, https://www.bpb.de/shop/zeitschriften/apuz/27231/think-tanks-in-deutschland-berater-der-politik/ Abruf: 11.10.2023.

Timm, K. (1995). Aspekte einer Kriminalstrategie auf Landesebene, In: H.-M. Zimmermann (Hrsg.), *Kriminalstrategie: Schlußbericht über das* Seminar vom 6. bis 9. März 1995 (S. 43-88). Münster: Polizeiführungsakademie.

Toffler, A. Der Zukunftsschock (2019) in: Sonnenberg, J.-Ph. Alvin Toffler's „Future Shock“ – 50 Jahre danach, KOMPAKTMEDIEN – Agentur für Kommunikation GmbH, Berlin, https://www.kompaktmedien.de/aktuelles/alvin-tofflers-future-shock-50-jahre-danach.

Travis, A. & Williams, Z. (2012, 2. März). *Revealed: government plans for police privatisation. West Midlands and Surrey police offer £1.5bn contract under which private firms may investigate crime and detain suspects.* The Guardian online. Zugriff am 10.10.2015. Verfügbar unter http://www.theguardian.com/uk/2012/mar/02/police-privatisation-security-firms-crime.

Troitzsch, K. G. (2014, September*). Distribution Effects of Extorsion Racket Systems. Vortrag anlässlich der Konferenz Artifical Economics 2014, Barcelona, 01.-02. September 2014.* Verfügbar unter: http://userpages.uni-koblenz.de/%7Ekgt/Pub/AE/Barcelona2014.pptx.

Troitzsch, K. G. (2015). Distribution Effects of Extortion Racket Systems. In: F. Ambard, F. J. Miguel, A. Blanchet and B. Gaudou (eds.), *Advances in Artificial Economics* [LNEMS vol. 676], (pp. 181-193), Cham: Springer, DOI 10.1007/978-3-319-09578-3.

Ullmann, R. (2000). Drogenkonsumräume – Ausweg oder Irrweg? *Kriminalistik, 54*(9), 578-584.

v. Lampe, K; Knickmeier, S. (2018) Organisierte Kriminalität, Die aktuelle Forschung in Deutschland, Forschungsforum öffentliche Sicherheit.

Volkmann, H.-R. & Jäger, J. (2000). *Evaluation kriminalpräventiver Projekte: Eine Grundlegung für die Praxis.* Münster: PFA.

Voregger, M. (2022). Gelsenkirchen testet Frühwarnsystem für Sicherheit und Ordnung, netzpolitik.org e. V. 02.08.2022. https://netzpolitik.org/2022/bka-pilotprojekt-gelsenkirchen-testet-fruehwarnsystem-fuer-sicherheit-und-ordnung/, Abruf: 30.08.2023.

Wagnest, J. (2013). Strategische Vorausschau im gesamtstaatlichen Lagebildprozess. Die Anwendung von Szenarioanalyse im Rahmen der strategischen Vorausschau [Elektronische Version]. *SIAK-Journal – Zeitschrift für Polizeiwissenschaft und polizeiliche Praxis, 10*(4), 32-42.

Walder, H., Hansjakob, Th., Gundlach, Th. E. & Straub, P. (2020) *Kriminalistisches Denken*, 11. Auflage. Heidelberg, Kriminalistik Verlag.

Walder, H., Hansjakob, T., Gundlach, Th. E. & Straub, P. (2024) Kriminalistisches Denken, 12. Auflage, Heidelberg, Kriminalistik Verlag.

Weber, K. (Hrsg.). (2003). *BtmG. Betäubungsmittelgesetz. Kommentar* (2. Aufl.). München: Beck.

Weimann, R. & de Vries, H. (2014). *Kriminalistik: Für Studium, Praxis, Führung* (13. völlig überarb. Aufl.). Hilden: VDP.

Weisburd, D. (2015). THE LAW OF CRIME CONCENTRATION AND THE CRIMINOLOGY OF PLACE: THE LAW OF CRIME CONCENTRATION. *Criminology*, *53*(2), 133–157. doi:10.1111/1745-9125.12070.

Weisburd, D. & Braga, A. (2006). Advocate – Hot spots policing as a model for police innovation, in: D. Weisburd & A. Braga (eds.), *Police Innovation: Contrasting Perspectives* (S. 225-244), New York: Cambridge University Press.

Weisburd, D. & Eck, J. (2004). What can police do to reduce crime, disorder, and fear?, *The ANNALS of the American Academy of Political and Social Science, 593*(1), 42-65. https://doi.org/10.1177/0002716203262548

Weisburd, D., Mastrofski, S., Willis J. & Greenspan, R. (2006). Critic – Changing everything so that everything remain the same: Compstat and American policing, in: D. Weisburd und A. Braga (eds.), *Police innovation: Contrasting perspectives* (S. 284-305), New York: Cambridge University Press.

Weisburd, D. & Neyroud, P. (2011). Police Science: Toward a New Paradigm. *New Perspectives in Policing Bulletin.* Washington, D.C.: U.S. Department of Justice, National Institute of Justice. Zugriff am 11.12.2015. Verfügbar unter https://www.ncjrs.gov/pdffiles1/nij/228922.pdf.

Weisburd, D., Groff, E. & Yang, S.-M. (2012). *The criminology of place: street segments and our understanding of the crime problem.* Oxford; New York: Oxford University Press.

Weiss, A. (2013). *Data-Driven Approaches to Crime and Traffic Safety (DDACTS): An Historical Overview.* U. S. Department of Transportation National Highway Traffic Safety Administration Washington.

Welsh, B.C. (2006). Advocate: Evidence-based policing for crime prevention, in: D. Weisburd & A. Braga (Hrsg.), *Police Innovation, Contrasting Perspectives* (S. 305-321), New York: Cambridge University Press.

Welsh, B.C. & Farrington, D.P. (2008). Effects of Closed Circuit Television Surveillance on Crime. *Campbell Systematic Reviews, 4*(1), 1-73. https://doi.org/10.4073/csr.2008.17

Westphal, N. (2004). *Orientierungsrahmen für die Erstellung kriminalstrategischer Konzepte. Thesenpapier. Vortrag anlässlich des Forums KI 1 am 23./24. Juni 2004 in Wiesbaden.* Verfügbar unter: http://www.bka.de/nn_194072/SharedDocs/Downloads/DE/Publikationen/ForumKI/ForumKI12004/kiforum2004WestphalLangfassung,templateId=raw,property=publicationFile.pdf/kiforum2004WestphalLangfassung.pdf, Abruf: 15.2.2013.

White, A. (2015). *The politics of police „privatization„: A multiple streams approach. Criminology and Criminal Justice 15*(3), 283-299.

Willems, O. (1996). *Kriminalstrategie: Strategiebegriffe und Entscheidungsebenen.* Seminararbeit für das Seminar „Kriminalstrategie", Polizei-Führungsakademie. Münster: PFA.

Wilson, J. Q. & Boland, B. (1979). *The Effect of Police on Crime.* Rockville: National Institute of Law Enforcement and Criminal Justice.

Wilson, J. Q. & Kelling, G., (1982). The police and neighbourhood safety: Broken Windows, *The Atlantic monthly*, *127*, S. 29-38 [deutsch: Wilson, I. W. & Kelling, G. (1996). Polizei und Nachbarschaftssicherheit: Zebrochene Fenster. *Kriminologisches Journal, 28*(2), 121-137].

Wienholtz, E. (2000). Kriminologie als Grundlage einer modernen Kriminalpolitik, In: Kriminologie 2000 – Positionen und Perspektiven, *Schriftenreihe der Polizei-Führungsakademie* (S. 121-131). Münster, PFA.

Winter, M. (1997). *Die Polizei – autonomer Akteur oder Herrschaftsinstrument?* Martin-Luther-Universität Halle-Wittenberg, Institut für Soziologie, (Der Hallesche Graureiher; 97,3).

Wissenschaftliche Dienste des Deutschen Bundestages (2008). Zum „Grundrecht auf Sicherheit“, https://www.bundestag.de/resource/blob/423604/6bc141a9713732fc4bb4334b6d02693b/wd-3-180-08-pdf-data.pdf, Abruf: 17.10.2023.

Witt, D. (2015). Der Schutz Kritischer Infrastrukturen als gemeinsame Herausforderung für Staat und Wirtschaft: Die 8. Wirtschaftskonferenz des Bundeskriminalamtes (BKA), *Die Polizei*, 113 – 117.

Ziercke, J., Jansen,H.-P. & Finkel, R. (1992), Aufklärung von Straftaten als strategische Aufgabe, in: Kube, E., Störzer, H. U. und Timm, K. J. (Hrsg.): *Kriminalistik – Handbuch für Praxis und Wissenschaft.* Band 1. Stuttgart.

Ziercke, J. (2002). Neue Sicherheitsarchitektur für Deutschland, In: *Kriminalistik, 51*(6) 346 – 351.

Ziercke, J. (2008). Kriminalität im Wandel: Kooperation der Sicherheitsbehörden gegen aktuelle Kriminalitätsphänomene. *der kriminalist, 40*, 259-263.

Ziercke, J., (2013a). Cybercrime – Bedrohung, Intervention, Abwehr, Rede anlässlich der BKA-Herbsttagung 2013.

Ziercke, J. (2013b). Kriminalistik 2.0 – effektive Strafverfolgung im Zeitalter des Internets aus Sicht des BKA, BKA-Herbsttagung 2013. 23.10.2013. (2013b) (URL: https://www.bka.de/SharedDocs/Downloads/DE/Publikationen/Herbsttagungen/2013/herbsttagung2013ZierckeVortrag.html. Abruf: 03.10.2023.

Zimbardo, P. (1969). The human choice: Individuation, reason, and order versus deindividuation, impulse, and chaos. In: W.J. Arnold & D. Devine (Eds.), *Nebraska Symposium on Motivation, Vol. 17* (237-307). University of Nebraska Press, Lincoln.

Zimbardo, P. G. (1995). *Psychologie.* 6. Auflage. Berlin: Springer.

Zimmermann, H.-M. (1996). Kriminalstrategie. In M. Kniesel, E. Kube & M. Murck (Hrsg.), *Handbuch für Führungskräfte der Polizei. Wissenschaft und Praxis* (S. 637-660). Wiesbaden: Schmidt-Römhild.

Zukunftsinstitut, Megatrend Sicherheit, (2023) https://www.zukunftsinstitut.de/dossier/megatrend-sicherheit/?utm_term=megatrend%20sicherheit&utm_campaign=Generic+%7C+Megatrends+(Search)&utm_source=adwords&utm_medium=ppc&hsa_acc=9538789204&hsa_cam=263867415&hsa_grp=98589044106&hsa_ad=424805553051&hsa_src=g&hsa_tgt=aud-1087510812389:kwd-1231531476146&hsa_kw=megatrend%20sicherheit&hsa_mt=p&hsa_net=adwords&hsa_ver=3&gclid=EAIaIQobChMIs5acm6jI9QIVUuh3Ch0-vwf0EAAYASAAEgL90fD_BwE. Abruf: 05.10.2023.

Sachverzeichnis

Die Zahlen verweisen auf Seitenangaben.